LE DJIHAD,
HISTOIRE SECRÈTE
DES HOMMES ET DES RÉSEAUX
EN EUROPE

DU MÊME AUTEUR

La Guerre sans visage : de Waddi Haddad à Oussama Ben Laden, les réseaux de la peur, Paris, Michel Lafon, 2002.

Histoire de l'espionnage mondial (avec Genovefa Étienne), Paris, Éditions du Félin, 1997. Édition entièrement revue et augmentée, deux volumes, 2000 et 2002.
Vol. I : *Les Services secrets de l'Antiquité à la Seconde Guerre mondiale.*
Vol. II : *De la guerre froide à la guerre antiterroriste.*

Le Journal de Lumi, la guerre à sept ans (avec Genovefa Étienne), traduction, adaptation en français et présentation, Paris, Éditions de l'Archipel, 2000.

Les Dossiers noirs de la Belgique, Paris, Michel Lafon, 1999.

Les Affaires Dutroux et Derochette, Paris, Éditions du Félin, 1997.

Touvier, un milicien à l'ombre de l'Église, Paris, Olivier Orban, 1989.

Histoire des Juifs soviétiques, Paris, Olivier Orban, 1989.

Claude Moniquet

LE DJIHAD, HISTOIRE SECRÈTE DES HOMMES ET DES RÉSEAUX EN EUROPE

Éditions Ramsay

Prologue

La guerre

Paris, près de l'arc de triomphe, 15 h 30

La sonnerie du téléphone portable dérangea dans sa méditation le chauffeur de la camionnette garée dans le haut de l'avenue de Friedland, à quelques dizaines de mètres de l'Arc de triomphe. Il était arrivé sur place une demi-heure plus tôt, avait garé son véhicule de location aux emplacements que deux voitures venaient fort opportunément de libérer. Il avait immédiatement approvisionné le parcmètre. Puis, après avoir fermé à clef les portières du véhicule, il était descendu à pieds au coin de la rue du Faubourg-Saint-Honoré et avait vérifié l'état de la circulation. Grâce soit rendue à Dieu, elle était fluide. En ce jour d'été, même en pleine semaine, on roulait bien à Paris. Avec une pensée reconnaissante pour les frères qui avaient procédé aux préparatifs de cette journée décisive, il retourna tranquillement vers son véhicule, grimpa dans la cabine, la verrouilla de l'intérieur et se laissa aller sur le siège, les yeux fermés.

Il avait longuement veillé la nuit précédente et avait beaucoup prié. Mais, à quelques instants de rencontrer, enfin, son créateur, il fut pris d'un frisson. Il comprit qu'il avait peur mais n'en éprouva aucune honte. Le moment venu, il trouverait la force de faire ce qui devait être fait. Il se répéta en lui-même : « Ô Dieu qui réponds aux prières et réponds à ceux qui t'implorent, je te demande ton aide. Je te demande ton pardon. Je te demande d'éclairer ma route. Je te demande de lever ce poids sur mon cœur. Ô Dieu, toi qui ouvres toutes les portes, ouvre-moi toutes les avenues… » La sonnerie de son portable l'interrompit.

Il porta rapidement l'appareil à son oreille. La voix ne prononça qu'une phrase :

– Il est temps de faire pâlir le soleil, mon frère…

– *Inch'Allah…*

Il éteignit le téléphone, sortit de dessous son siège une boîte en carton qu'il posa sur ses genoux pour l'ouvrir. De la boîte, où était dissimulé un boîtier muni d'un interrupteur, sortaient quelques fils, qui disparaissaient à l'arrière de la grosse fourgonnette. Il mit le contact et démarra. Au moment où il déboîtait pour s'engager dans la circulation, il jeta un coup d'œil dans son rétroviseur à l'énorme masse de l'Arc de Triomphe, et sourit : dans quelques minutes, l'arrogance de cette France orgueilleuse qui avait aidé tant de régimes impies à persécuter les Musulmans et avait décidé, un an auparavant, d'interdire aux jeunes filles de porter le voile islamique dans ses écoles, cette arrogance serait réduite en cendres.

Paris, Ligne A du RER,
station Châtelet-les-Halles, 15 h 35

Rien ne permettait de deviner que les attaché-case que portaient les trois hommes en costume cravate en déambulant sur le quai pesaient aussi lourd. Dans chaque mallette pourtant, une charge de huit kilos d'explosif était entourée de quatre kilos de vis, boulons, écrous et autres clous. Quant au sac à dos de celui qui semblait être un jeune touriste, il était nettement plus lourd : douze kilos de dynamite, six kilos de mitraille. Lorsque la rame s'arrêta, le jeune homme monta dans la première voiture, et les trois autres se dispersèrent dans les suivantes. Avec un chuintement, les portes se refermèrent et le train démarra vers la banlieue ouest.

Paris, Place Beauvau, 15 h 45

Il avait repéré ce trajet trois fois en voiture, et savait exactement que faire. Lorsque le feu passa au vert, à l'angle de la rue de Matignon, le chauffeur fit hurler son moteur en mettant les gaz. Il lui restait à peine deux cents mètres à parcourir dans la rue du Faubourg Saint-Honoré. Lorsqu'il atteignit la place Beauvau, il se déporta légèrement sur la droite pour se donner encore plus d'élan, puis vira sur la gauche et, le pied au plancher, fonça vers la grille du ministère de l'Intérieur. Un véhicule venait d'entrer dans la cour et les battants se refermaient lentement. Il lui restait à peine cinq secondes à vivre et il n'eut que le temps de s'écrier « *Allah Ô Akkbar* ». Il vit l'un des policiers en faction devant l'immeuble lever son pistolet-mitrailleur, mais tout était déjà consommé. La camionnette percuta la grille encore entrouverte et la franchit. Le chauffeur n'eut qu'une fraction de seconde pour enfoncer l'interrupteur commandant l'explosion des cinq cents kilogrammes de dynamite industrielle auxquels il était adossé, avant que son véhicule ne s'écrase contre un mur.

Pendant ce temps-là, la rame de RER provenant de Châtelet-les-Halles pénétrait dans la station La Défense. Le jeune routard déclencha la mise à feu de sa bombe au moment précis où la première voiture surgissait du tunnel, mais les autres bombes explosèrent dans celles qui se trouvaient encore sous la voûte. L'effet du souffle se répercutant sur les parois de l'étroit passage fut maximisé.

Quelques minutes plus tard, deux autres martyrs se faisaient sauter devant la Tour Eiffel, l'un au pilier nord, l'autre au bar du restaurant du premier étage. À seize heures, enfin, deux valises piégées semaient la mort et la destruction à l'aéroport de Roissy.

Les quatre attentats firent plus de cent cinquante morts et deux cents blessés. Le même jour, approximativement au même moment, d'autres bombes et des opérations de martyrs tuaient au cœur de Francfort, première place financière d'Europe, tandis qu'un véhicule piégé explosait à l'entrée du quartier général de l'Otan, à Bruxelles.

Partout dans le monde les bourses plongeaient de plusieurs centaines de points, tandis que les principaux centres touristiques européens se vidaient de toute présence et que les systèmes de transport public étaient purement et simplement mis à l'arrêt dans plusieurs pays.

Ceci, bien sûr, n'est qu'un scénario. Mais il est malheureusement possible – probable ? – que l'Europe soit confrontée, dans un avenir proche, à une tragédie de cette ampleur. Tout est en place pour que le drame que New York, Washington ou Madrid ont connu se reproduise. Jamais, ainsi qu'on le découvrira dans ce livre, la menace que les réseaux du djihad font peser sur le monde n'a été aussi élevée.

Mais commençons par revenir à Madrid, où, le 11 mars 2004, la guerre arriva en Europe.

1

Massacre à Madrid : l'Europe pour cible

Le jeudi 11 mars 2004, un peu avant huit heures du matin, plusieurs radios espagnoles annoncent qu'une explosion, presque certainement d'origine criminelle, vient de se produire à la gare d'Atocha, dans le centre de Madrid. Elle aurait fait une dizaine de victimes.

Dans l'heure qui suit, les éléments rapportés par les médias se feront plus précis : il y aurait eu trois explosions dans un train à l'arrêt en gare d'Atocha, à 7 h 39, quatre bombes auraient détoné, trois minutes plus tard, dans un autre convoi s'approchant de la gare, à un kilomètre de là. Au même moment, deux bombes auraient explosé encore dans un train qui venait d'entrer en gare d'El Pozo, dans la banlieue Sud de la capitale. Une dernière déflagration se serait produite dans le wagon d'un train pénétrant dans la gare de Santa Eugenia. D'heure en heure, le bilan de l'attentat ne cessera de s'alourdir : de 30 morts à 9 h 15, on passera à 60 à 9 h 48, à 131 à 11 h 50, puis à 186 morts à 16 h 10.

En fin de journée, on saura que près de 200 personnes ont perdu la vie, et que près de 2 000 autres ont été blessées [1]. Plusieurs dizaines de ces blessés sont alors dans un état critique, ce qui signifie sans doute que, à l'unité près, on ne connaîtra jamais le nombre exact des morts. Il est courant, après un attentat, que des victimes décèdent plusieurs semaines, voire des mois, après avoir été touchées. Les brûlés, en particulier, peuvent subir une interminable agonie. Mais au-delà de cette macabre comptabilité, ce que l'on retiendra, c'est que l'attentat de Madrid est le plus grave qui ait jamais touché l'Europe : il a tué deux fois plus que l'attentat d'extrême droite commis à Bologne – dans une gare, déjà – en 1980. Et il restera dans l'histoire comme le premier attentat islamiste commis sur le sol européen après ceux du 11 septembre 2001, à New York et à Washington.

La réaction espagnole :
exemple de ce qu'il ne faut pas faire

Dès les premières minutes qui suivent l'attentat, l'opinion du gouvernement espagnol est faite. Il ne se prive pas de le faire savoir : l'attaque ne peut être due qu'à l'ETA, l'organisation terroriste basque qui s'est rendue coupable de centaines d'attentats meurtriers, depuis une trentaine d'années. Curieusement, alors que ses priorités devraient aller à l'enquête – et que la prudence la plus élémentaire conseillerait d'attendre les premiers résultats avant de se prononcer sur les coupables potentiels –, le gouvernement de José Maria Aznar semble plus préoccupé, dans les heures qui suivent la

1. Les victimes étaient de dix nationalités différentes et de toutes les religions, ce qui prouve, une fois de plus, que le terrorisme est une menace pour tous. Au nombre des morts, une Française de trente ans, Marion Supervieille. Amoureuse de l'Espagne, mariée à un Espagnol, elle vivait à Alcala de Henares, la petite ville de banlieue d'où sont partis les trains visés. Elle travaillait à la Bibliothèque nationale espagnole, et elle était mère d'une fillette de onze mois qui ne gardera d'elle aucun souvenir...

tragédie, de sa communication que de la sécurité de ses concitoyens. C'est que le gouvernement a un agenda très particulier qui ne tient compte que d'un seul facteur : les élections du dimanche 14 mars. Dans ce contexte, un attentat de l'ETA ne nuirait pas à l'équipe en place ; la récurrence du terrorisme basque est probablement de nature à faire naître un sentiment d'union nationale et à pousser les électeurs à plébisciter un parti qui a fait de la lutte contre l'ETA l'une de ses priorités. Il en irait peut-être tout autrement si la piste islamiste venait à être privilégiée. José Maria Aznar doit faire face à une opinion publique qui s'est majoritairement opposée à la guerre en Irak et à la présence de troupes espagnoles dans ce pays. L'exécutif madrilène est tétanisé à l'idée de devoir affronter une tragédie que l'opposition pourrait lui reprocher d'avoir « suscitée » à cause de son soutien à Washington.

Par un étonnant retournement, en choisissant de fuir ses responsabilités, José Maria Aznar va provoquer la catastrophe électorale qu'il redoute. Dès 9 h 30, ce jeudi 11 mars, certains ministres – et même le premier d'entre eux – téléphonent aux rédacteurs en chef et aux directeurs de grands médias audiovisuels et de la presse écrite. Antonio Franco, le directeur du quotidien barcelonais *El Periódico*, racontera, quelques jours plus tard, que le chef du gouvernement l'a appelé après que lui-même avait fait part de ses propres interrogations sur les ondes de la radio nationale : « Tu ne dois avoir aucun doute. C'est l'ETA... » Fermement convaincu que le Premier ministre ne pourrait s'engager en ces termes s'il n'avait pas de certitudes, et qu'il serait encore moins susceptible de mentir en des circonstances aussi dramatiques, Antonio Franco sortira une édition spéciale attribuant la paternité du massacre à l'ETA. Mais c'est dans les médias publics que la pression sera la plus forte. Miguel Platon, directeur de l'information de l'Agence nationale d'information, sera mis en cause par ses journalistes et par le comité d'entreprise de la maison qu'il dirige pour avoir imposé un « régime de manipulation et de censure destiné à favoriser les intérêts du Parti populaire aux élections du 14 mars »…

Après son apparition à une conférence de presse dans la soirée du 11 mars, le ministre de l'Intérieur, Manuel Acebes, très tendu, est certes obligé de reconnaître qu'il existe d'autres pistes, mais il confirme que celle de l'ETA est la plus plausible ; Aznar et certains de ses proches décrochent alors à nouveau leur téléphone pour répandre la bonne parole.

La manipulation orchestrée par Madrid ne va pas se limiter à la sphère médiatique. Dans la matinée du jeudi, la ministre des Affaires étrangères envoie un message urgent aux ambassadeurs d'Espagne à travers le monde. Est-ce pour leur demander de s'assurer de la solidarité des gouvernements amis et les pousser à prendre les mesures de sécurité qui semblent s'imposer ? Non. Les représentants espagnols se voient délivrer un message univoque et comminatoire : ils sont fermement priés de ne pas laisser le moindre doute à leurs interlocuteurs sur la responsabilité de l'ETA. Point final.

Durant plus de quarante-huit heures, l'équipe gouvernementale va persister dans sa version des faits, contre toute raison et en dépit des dénégations quasi immédiates de l'ETA, qui rejette toute responsabilité dans la tuerie, alors que les terroristes basques ont toujours revendiqué leurs attentats. Même une revendication crédible, par le biais d'une cassette vidéo, émanant de la mouvance islamiste rattachée à Al-Qaïda n'empêchera pas Manuel Acebes de continuer à prétendre, dans la journée de dimanche, que la piste de l'ETA reste la plus sûre. Il faut préciser qu'à l'heure où le ministre de l'Intérieur parle, les bureaux de vote ne sont pas encore fermés. La dernière pirouette du gouvernement pour tenter de justifier ce mensonge – qui n'a même pas pour excuse d'être un mensonge d'État, puisqu'il n'est qu'une imposture électoraliste – sera l'évocation d'une possible « collaboration » entre les islamistes et l'ETA. Une hypothèse plus qu'improbable.

Dans le djihad, en effet, l'élément religieux est aussi important, voire plus important, que l'élément politique. En d'autres termes, comme ils le disent régulièrement, c'est aussi (surtout ?) « pour faire plaisir à Dieu » que les djihadistes mènent leur lutte et commettent leurs attentats. De fait, comment pourraient-ils accomplir ce qui est aussi un cheminement spirituel s'ils s'alliaient à des « infidèles » ? Il n'y a d'ailleurs, à ce jour, aucun exemple d'une action terroriste menée par des islamistes internationalistes en collaboration avec des non-musulmans. Bien entendu, il aurait été possible que certains ex-Etarras convertis à l'islam aient été recrutés par la mouvance du djihad et aient mis leurs talents à sa disposition ; on trouve en effet des convertis dans de très nombreux réseaux islamistes. Mais rien, dans l'enquête sur les attentats de Madrid, ne viendra étayer cette spéculation.

Reste qu'il y a plus grave encore que cette manipulation médiatique et ces mensonges diplomatiques qui ont suivi l'attentat. La pression maximale exercée par les autorités espagnoles aura eu, dans le domaine du contre-terrorisme, un effet pervers sur la coopération internationale. Certaines de mes relations de travail habituelles dans la communauté du renseignement, tout comme les services antiterroristes, m'ont affirmé à plusieurs reprises que, au sein du Centro nacional de inteligencia (CNI, les services de renseignement de Madrid) et des services antiterroristes de la police, nombre de spécialistes étaient arrivés, dès la mi-journée du 11 mars, à la conclusion que l'attaque était plus probablement due à la mouvance djihadiste qu'à l'ETA. Après avoir collecté suffisamment de témoignages et d'éléments concrets, ils s'apprêtaient à procéder aux premières arrestations. Ils reçurent alors des autorités gouvernementales, qui étaient évidemment tenues informées en temps réel – oralement à tout le moins – des progrès de l'enquête, l'ordre de nier la réalité de la piste islamiste dans tous leurs contacts avec leurs homologues européens. Et ce, jusqu'au samedi, voire au dimanche. Des membres de cinq services de sécurité appartenant à trois pays européens différents m'ont expliqué depuis que certains de leurs collègues espagnols avaient présenté leurs excuses. Quelques-uns, évoquant le climat détestable qu'avait fait régner la politisation de l'enquête, avaient même envisagé de présenter leur démission.

Soyons clair : dans la confusion qui suivit l'attentat, l'hypothèse d'une action imputable à l'ETA pouvait, certes, être considérée comme valable. Et ce, pour plusieurs raisons. Depuis les années 1980, et en dépit de la concurrence que lui a faite à une certaine époque le GRAPO [1], l'ETA est, virtuellement, le seul véritable acteur de la violence « politique » en Espagne. On sait d'autre part que, durement touchée par les arrestations opérées ces dernières années en Espagne et en France, l'ETA est de plus en plus radicalisée et groupusculaire. Coupés de toutes réalités, des « durs » parmi les durs auraient donc pu décider de frapper directement le public,

1. Fondé en 1975, le Grupo de resistencia anti-fascista Primero de Octubre (GRAPO) est le produit de la radicalisation d'une frange de l'appareil clandestin du Parti communiste espagnol, illégal durant toute la dictature franquiste. D'obédience clairement marxiste-léniniste, il refusait le jeu politique et électoral normal et prétendait renverser les autorités de la jeune démocratie espagnole pour établir la dictature du prolétariat. Farouchement anti-américain, le GRAPO a surtout été actif de la fin des années 1970 à la fin des années 1980. Il est responsable d'actions terroristes ayant entraîné la mort d'une centaine de personnes et en ayant blessé plus de deux cents autres. Il n'a plus commis d'attentat depuis 2000 et serait aujourd'hui réduit à une vingtaine de membres contraints de pratiquer des attaques à main armée pour survivre.

même si cela n'avait plus été le cas depuis l'attentat commis contre un grand magasin, à Barcelone, en 1987, au cours duquel une vingtaine de personnes avaient été tuées. Un argument, au moins, donnait un certain poids à cette hypothèse : dans les mois précédant l'attaque du 11 mars, deux jeunes Etarras avaient été arrêtés alors qu'ils venaient de placer un sac piégé dans un train à destination de Madrid. Enfin, la thèse de l'« accident » était également plausible : une bombe de l'ETA transportée à bord d'un train aurait pu « partir » prématurément.

Dès avant neuf heures du matin, pourtant, la thèse d'un attentat dû à l'ETA s'avérait fragile. Il ne m'appartient pas de juger des motivations politiques de M. Aznar (ce point a d'ailleurs été tranché par les électeurs espagnols), mais, du point de vue qui est le mien – l'analyse stratégique des questions de sécurité –, je ne puis que souligner l'aspect pernicieux de cette attitude peu responsable : plusieurs États alliés de l'Espagne, estimant que l'attentat était une affaire purement ibérique, négligèrent de relever leur propre niveau de sécurité. Par ailleurs, dans les premières heures de l'enquête, souvent décisives, les services étrangers ont été dissuadés de mener des investigations sur les éventuelles connexions internationales des poseurs de bombes. On imagine les conséquences que les mensonges et les manipulations du gouvernement madrilène auraient pu avoir. Il y a là, très clairement, une nouvelle démonstration de la profonde nocivité du « cadrage politique » du renseignement. L'activité de renseignement et d'analyse des menaces ne peut s'exercer pleinement et avec efficacité que dans l'indépendance intellectuelle la plus totale et hors de toute influence politique. Enfin, on peut estimer que les mensonges de Madrid ont retardé la prise de conscience par l'Europe qu'elle était, à son tour, visée par l'islamisme armé. Il est possible que, si l'émotion suscitée par l'horreur de l'acte avait coïncidé avec la révélation que celui-ci était dû aux djihadistes, la réaction politique européenne aurait été assez différente.

Tout désignait la mouvance du djihad

Cet acharnement politique mis à défendre l'hypothèse d'un attentat dû à l'ETA explique probablement que la presse mondiale, dans sa majorité, ait privilégié cette piste, à l'unisson des médias espagnols, et au moins durant les premières vingt-quatre heures. Je comprends moins bien, en revanche, que des « experts » médiatiques, parfois réputés, censés être de fins analystes de la chose stratégique et du terrorisme se soient également laissé prendre au piège. C'est pourtant ce qui se passa, ainsi qu'en témoignent nombre d'interviews. Je sais qu'il est toujours facile d'être intelligent et clairvoyant après coup, et que quiconque est capable de donner dans l'ordre les résultats du tiercé qui s'est couru la veille, mais, en l'occurrence, l'*European Strategic Intelligence and Security Center* (ESISC), le centre de recherches que je dirige à Bruxelles, a été le premier à rompre cet incompréhensible consensus.

Dès la fin de matinée, moins de quatre heures à peine après les explosions, nous avons publié une note d'analyse intitulée « La piste islamiste dans les attentats de Madrid ». Reprise ou au moins citée par des médias dans le monde entier – de l'Australie à la Russie, en passant par les États-Unis, le Japon, le Moyen-Orient et l'Amérique latine –, cette analyse éveilla, curieusement, fort peu d'échos en France[1], où plusieurs de nos

1. Aux notables exceptions, il faut le souligner, du quotidien *Le Monde*, de Radio Classique, de France 3, ainsi que de l'hebdomadaire *VSD* et de plusieurs listes de diffusion spécialisées sur Internet.

collègues nous firent très confraternellement remarquer : « Cette fois-ci, vous vous plantez… »

Dans cette note analytique, nous évoquions les cinq raisons majeures qui permettaient de douter de l'implication de l'ETA dans l'attentat qui s'était produit quelques heures plus tôt :

1° En règle générale, l'ETA prévient les autorités avant de déclencher des attentats pouvant toucher les civils. Cela ne fut pas le cas ce jeudi.

2° Depuis plusieurs années, l'ETA cible les représentants de l'autorité – policiers, magistrats –, les politiques ou les journalistes.

3° Lorsqu'elle frappe des « cibles » qui ne sont pas des individus, l'ETA privilégie des lieux symboliques : casernes, commissariats, bâtiments administratifs, etc.

4° L'ETA revendique toujours ses attentats.

5° L'ETA n'a jamais pratiqué le « ciblage multiple » (plusieurs cibles frappées simultanément ou dans un court laps de temps).

Nous faisions suivre cette énumération d'une très rapide analyse politique : si les attentats étaient liés à l'ETA, cela ne pouvait que couper définitivement de toute sympathie populaire l'organisation, déjà rejetée par la majorité des Espagnols et des Basques. Cet épisode sanglant aurait probablement marqué un tournant dans son histoire et le début d'une dégénérescence peut-être mortelle pour elle : il est probable que, même en son sein, des voix se seraient élevées pour condamner cette action barbare que les plus extrémistes des Etarras eux-mêmes pouvaient juger totalement contre-productive. Par ailleurs, les sympathisants de l'ETA auraient perdu toute chance de pouvoir faire entendre la voix de la « branche politique » de l'organisation. Bref, un suicide. *A contrario*, quatre éléments nous semblaient plutôt être de nature à incriminer la piste de la « mouvance du djihad » :

1° Le « ciblage multiple » est une « marque de fabrique » des attentats islamistes, qu'ils soient le fait d'Al-Qaïda ou d'une autre branche ou organisation de la mouvance du djihad. Les précédents sont connus : attentats contre les ambassades américaines au Kenya et en Tanzanie le 7 août 1998, New York et Washington le 11 septembre 2001, Bali, Casablanca, Riyad, Istanbul, Irak : autant de lieux où cette technique a été utilisée avec succès.

2° L'attentat massacre est une technique appréciée des djihadistes.

3° L'Espagne est une « cible légitime » pour la mouvance du djihad : elle est étroitement alliée aux États-Unis, elle a soutenu la guerre en Irak et elle participe, avec les forces de la Coalition, à la reconstruction de ce pays.

4° Depuis 2001, plusieurs réseaux islamistes liés à la mouvance du djihad ont été démantelés en Espagne, ce qui témoigne d'une forte implantation locale.

Nous nous permettions enfin de rappeler que cette attaque ne devait pas surprendre, et que, en tout cas, elle ne nous surprenait guère. Dans une étude publiée en septembre 2003 [1], nous avions classé, pour diverses raisons, l'Espagne en huitième position sur la liste d'une quinzaine de « pays occidentaux les plus menacés par la mouvance du djihad ». Et, dans une autre « note brève », diffusée moins de dix jours avant l'attentat de Madrid [2], nous avions bien précisé que les pays participant aux efforts de la coalition internationale en Irak (y compris l'Espagne) pouvaient s'attendre à être les cibles d'attentats islamistes sur leur propre sol. Soulignons-le à nouveau, car c'est important : cette note du 11 mars 2004

1. « Al-Qaïda et la mouvance du djihad deux ans après le 11 septembre 2001 », rapport diffusé par l'ESISC le 11 septembre 2003.

2. « Le terrorisme islamique en Irak », note brève diffusée le 2 mars 2004.

se fondait exclusivement sur une analyse du contexte politique des attentats, sur un examen de ce qui était alors connu de leur *modus operandi* et sur la confrontation des résultats de cette double démarche avec notre connaissance propre de l'état de la menace terroriste dans le monde [1]. Nous avions commencé à travailler peu après huit heures du matin et, trois heures plus tard, nous étions en mesure de publier un document cohérent de trois pages mettant en lumière les différents éléments qui plaidaient pour un attentat islamiste. Et ce, malgré la déferlante de la propagande madrilène.

Ce n'est nullement pour succomber aux délices de l'autosatisfaction que je souligne ce fait, mais pour faire comprendre ce qu'une petite équipe d'analystes stratégiques et de spécialistes de la menace terroriste pouvait découvrir à 1 556 kilomètres du lieu où s'était produit l'attentat. Les services locaux, disposant de moyens bien plus considérables et ayant accès à la « scène du crime », aux indices matériels, ne pouvaient évidemment pas ignorer cette hypothèse. Des analystes de plusieurs services de renseignement et de sécurité avec lesquels nous entretenons des relations de travail parfois quotidiennes, ont d'ailleurs pris contact avec nous pour nous dire qu'ils partageaient notre approche et se plaindre amèrement que, pour les raisons que j'ai exposées précédemment, tout dialogue sur ce point fût impossible avec leurs collègues espagnols.

Double victoire, stratégique et tactique

Le fait d'être arrivée, pour la première fois depuis le 11 septembre 2001, à frapper un État occidental sur son

1. L'une des missions de l'ESISC est de réaliser, pour différents partenaires et clients, une estimation quotidienne, en temps réel, de la menace terroriste au plan mondial et sous toutes ses formes.

propre sol représente une victoire stratégique majeure pour la mouvance du djihad. À Madrid, elle a prouvé qu'elle gardait toute sa capacité de nuisance et que ses cellules étaient toujours capables de monter des opérations particulièrement complexes. Ce succès aura certainement pour effet d'augmenter le prestige du djihadisme et de faciliter, entre autres choses, le recrutement futur de nouveaux membres.

Cette victoire stratégique s'est doublée, hélas, d'une victoire tactique puisque, quatre jours après l'attentat, les vainqueurs socialistes des élections législatives annoncèrent que les troupes espagnoles allaient se retirer d'Irak. Bien entendu, le PSOE, le Parti socialiste espagnol, avait fait de ce désengagement un des mots d'ordre de sa campagne électorale, et le lien de causalité directe entre ce désengagement et l'attentat du 11 mars est sujet à caution. Comme est discutable la relation directe établie par certains observateurs entre l'attentat et la défaite des conservateurs. Nous sommes quelques-uns à penser que ce n'est pas le massacre terroriste du 11 mars qui a provoqué la défaite de la droite, mais bien les mensonges et les manipulations de l'équipe Aznar à laquelle les Espagnols n'ont pas pardonné d'avoir fait de la basse politique en « surfant » sur les cadavres de deux cents de leurs concitoyens.

Mais il ne fait guère de doute que la victoire représentée par l'annonce du retrait espagnol d'Irak sera, elle aussi, très largement exploitée par la mouvance du djihad. Pour la toute première fois, celle-ci peut en effet mettre en avant un succès politique lié à une action de terreur. C'est évidemment un signal extrêmement dangereux : si, chez les djihadistes internationalistes, l'idée s'implante que la terreur paie, non pas à long terme – ce qui est son but – mais presque immédiatement, cela encouragera l'apparition d'un terrorisme islamiste de type revendicatif, comme l'étaient, dans les années 1980, celui du

Hezbollah et le terrorisme d'inspiration iranienne. Cette évolution pourrait entraîner une multiplication des passages à l'acte. On remarquera que ce risque s'est encore accru depuis. Au début du mois d'avril 2004, deux chaînes de télévision satellitaire arabes ont diffusé un message attribué à Oussama Ben Laden proposant une « trêve » à l'Europe si celle-ci se désengageait de la « guerre menée contre l'Islam ». Deux jours plus tard, le nouveau Premier ministre espagnol, José Luis Rodriguez Zapatero, annonçait que les troupes espagnoles en Irak se replieraient « dans les plus brefs délais » et, en tout état de cause, sans attendre la date du 30 juin qu'il avait pourtant évoquée à plusieurs reprises. À nouveau, cette décision ne peut être interprétée que comme un signe de faiblesse – voire de lâcheté – propre à satisfaire les terroristes.

Un terrorisme « franchisé »

Autre enseignement essentiel de l'attentat de Madrid : il éclaire l'essaimage et la dispersion des cellules et réseaux islamiste de par le monde et souligne le danger que représente ce type de développement. Par essence, le terrorisme islamique est un terrorisme franchisé. Il est, aujourd'hui, articulé autour d'Al-Qaïda, mais cette organisation ne doit pas être perçue comme un « commandement général », au sens militaire du terme, mais, plutôt, comme une multinationale qui a formulé un concept, celui du « Djihad contre les Juifs et les Croisés ». Une croisade qu'Oussama Ben Laden a, très officiellement, lancée en février 1998 sous la bannière du Front islamique mondial, lequel a, par la suite, été rejoint par de nombreuses organisations. Entre 1998 et 2001, de très nombreux volontaires – isolés ou envoyés par les mouvements auxquels ils appartenaient – ont été formés dans les camps d'Afghanistan, comme ils le sont aujourd'hui dans les camps tchétchènes. Ces hommes sont ensuite rentrés chez eux pour y créer des cellules plus ou moins autonomes. Aujourd'hui, Al-Qaïda et ses dirigeants historiques – tels Ben Laden ou l'Égyptien Ayman al-Zawahiri – font davantage figure d'inspirateurs que de véritables chefs : ils tracent le cadre général de l'action et décrètent quelle cible est légitime ou prioritaire. Ensuite, les organisations, cellules ou réseaux locaux n'ont plus qu'à passer à l'action. C'est ce qui s'est produit à Madrid.

Ce fonctionnement en franchise et l'autonomie des réseaux locaux et des cellules montrent, une fois de plus, que l'élimination des principaux dirigeants ou inspirateurs de la mouvance djihadiste ne permettra pas de mettre fin à la menace. Bien au contraire, celle-ci devrait croître dans un avenir prévisible. Car, bien que « franchisés », certains réseaux n'en sont pas moins puissants et particulièrement ramifiés : les attentats de Madrid ont nécessité la collaboration, à un moment ou à un autre, d'une trentaine d'opérateurs et de logisticiens dont beaucoup étaient en contact avec d'autres cellules terroristes.

Riposte européenne : un simple effet d'annonce ?

L'attentat de Madrid aurait nécessité la réponse vigoureuse et rapide d'une Europe unie. Cela n'a pas été le cas. Il a certes donné lieu à diverses prises de position de dirigeants européens qui ont évoqué la nécessité de prendre de nouvelles mesures. A ainsi circulé, lancée notamment par le Premier ministre belge, Guy Verhofstad, et la ministre française des Affaires européennes, Noëlle Lenoir, l'idée de créer un « centre de coordination » européen antiterroriste ou une « CIA européenne ». Il s'agit, typiquement, de la fausse bonne idée : rien ne sert de créer des « gadgets » politiques et d'empiler les organigrammes. En réalité, de nombreux systèmes de coordination existent déjà, de même que des embryons de cellules d'échange du renseignement. Sans compter les communications directes – bilatérales ou multilatérales – entre services. Ainsi, en décembre 2003 et en janvier 2004, lorsqu'une alerte terroriste jugée crédible a amené à annuler ou retarder plusieurs vols transatlantiques, une cellule *ad hoc* rassemblant les représentants des différents services de sécurité et de renseignement américains, français et britanniques s'est créée en temps réel et la liaison est restée opérationnelle le temps voulu.

La meilleure preuve que la coopération entre services de renseignement et de sécurité européens ne fonctionne pas si mal est évidemment apportée par le fait que, depuis septembre 2001, des centaines de terroristes présumés ont été arrêtés en Europe, aux États-Unis ou ailleurs, et qu'au moins une dizaine d'attentats de grande ampleur ont été empêchés, entre autres à Londres, Paris ou Rome. Il s'avère donc primordial de renforcer les équipes existantes, de leur donner plus de moyens techniques et humains (donc financiers) et, dans les pays où cela n'a pas encore été fait, d'adapter le cadre juridique aux nouvelles réalités et nécessités de la lutte antiterroriste, voire de soutenir les équipes de recherches privées. Créer de nouvelles structures serait comme un désaveu des services existants, et compliquerait finalement l'acheminement et l'exploitation du renseignement.

Finalement, les diverses réunions européennes qui ont suivi le 11 mars n'ont accouché que de mesures insignifiantes, de vœux pieux concernant une meilleure coopération internationale et la nomination d'un coordinateur européen de la lutte antiterroriste. Avec beaucoup de mal, l'Union européenne se retrouve, en fait, au stade où elle aurait dû être dès septembre 2001. On notera du reste que l'une des décisions prises – renforcer le rôle central d'Europol, cet embryon de police européenne dans le contre-terrorisme – avait déjà été arrêtée par un sommet européen dans les jours qui avaient suivi les attentats de New York et Washington. Mais deux ans et demi plus tard, au moment où de nouvelles bombes explosaient dans les trains madrilènes, Europol attendait toujours le premier euro et le premier fonctionnaire supplémentaire pour remplir l'ambitieuse mission de coordination qui lui avait été confiée. L'avenir dira si les attentats du 11 mars 2004 auront rendu nos dirigeants plus conséquents. *A priori*, malheureusement, il est permis d'en douter.

2

La filière marocaine d'Al-Qaïda : un exemple de terrorisme « franchisé »

L'attentat de Madrid du 11 mars 2004 a mis en lumière l'existence d'un groupe terroriste encore peu connu du public, le Groupe islamique combattant marocain (GICM), un réseau « franchisé » par Al-Qaïda. En dépit des manipulations du gouvernement Aznar, l'enquête, sur le terrain, progressa à pas de géant dans les heures qui suivirent l'attentat de Madrid. Dans la matinée, la police faisait sauter trois sacs à dos suspects retrouvés sur les voies, parmi les affaires des victimes. Dans la soirée, la sonnerie d'un téléphone portable, provenant d'un quatrième sac à dos découvert dans la gare d'Atocha, attira l'attention d'un enquêteur. Le sac contenait la quatorzième bombe qui n'avait pas explosé. À l'intérieur, 10,2 kilos d'une dynamite de fabrication espagnole, généralement utilisée sur des chantiers ou dans des carrières, la *Goma 2 Type Eco*, et 600 grammes de mitraille – dispersée par l'explosion, elle hache les chairs et provoque de terribles mutilations – enveloppée dans un sac-poubelle bleu. Le sac contenait aussi un détonateur et un système de mise à feu relié à un téléphone portable muni d'une carte prépayée. L'horloge interne de ce téléphone était censée servir de retardateur : pour que l'appareil fonctionne, il fallait l'activer à l'aide d'un premier appel, ce qui n'avait pas été fait.

Même s'il n'y avait encore là rien de décisif, deux éléments étaient révélateurs : l'utilisation d'un sac à dos – un classique des islamistes –, mais aussi et surtout la présence de la mitraille que l'on retrouve, systématiquement, dans toutes les bombes artisanales de la mouvance du djihad depuis les années 1990, et qui est notamment utilisée en Europe par le Groupe islamique armé algérien. Cet ajout de pièces métalliques – boulons, vis, écrous, petits morceaux de ferraille – a pour effet évident de maximiser les dégâts humains d'une bombe.

De manière classique, une bombe, qu'elle utilise un explosif à « effet de souffle » ou à « effet brisant », provoque trois types de lésions. Les premières blessures sont dues au souffle (le « blast ») qui agit sur les organes (notamment les poumons et le cerveau), les déchire ou les fait éclater, et crée d'importantes hémorragies internes. Une victime qui a l'air d'être « sonnée » mais ne porte aucune trace externe peut décéder en quelques minutes, ou des heures plus tard, du fait de ces dommages. Il faut compter ensuite avec les fractures et les lésions externes entraînées par la projection des corps, des objets ou des débris, les chutes et l'effondrement éventuels des structures. Quant aux brûlures, elles sont dues à l'explosion elle-même, si l'on s'est trouvé à proximité, ou à l'incendie déclenché par la bombe. Pour les terroristes, la mitraille a l'énorme avantage d'ajouter un quatrième type de lésions : les lacérations et pénétrations – parfois très profondes – dues à de petites pièces métalliques agissant comme autant d'éclats mortels. Dans certains cas, cette mitraille peut avoir été trempée dans des produits qui provoqueront des infections ou rendront plus difficile la cicatrisation.

Dans la soirée de jeudi, les services espagnols compétents détenaient la bombe trouvée à Atocha comme pièce à conviction et le véhicule utilisé par les terroristes avant de passer à l'action. Quelques heures avant la découverte de l'engin non explosé, la police, alertée par des témoins, avait trouvé une camionnette Renault Kangoo blanche, abandonnée sur le parking de la gare d'Alcala de Henares. Les témoins affirmaient en avoir vu descendre, vers sept heures du matin, plusieurs hommes portant des sacs à dos qui s'étaient dirigés vers la gare, en tentant de dissimuler leur visage. Le véhicule fut rapidement identifié (il avait été volé fin février à Madrid) et fouillé avant d'être remorqué. Bonne pioche : à l'intérieur de la Kangoo, les spécialistes de l'antiterrorisme devaient découvrir des vêtements, des sacs-poubelle bleus, des détonateurs et de la *Goma 2 Type Eco*. Sans compter une cassette de versets du Coran en langue arabe. Dans les heures qui suivirent, des dizaines d'empreintes digitales différentes étaient relevées, tant sur le sac et son contenu qu'à l'intérieur de la camionnette et sur les objets trouvés récupérés dans celle-ci.

Jamal Zougam : le profil classique d'un djihadiste européen

L'exploitation de ces différents indices – les empreintes comme les éléments plus techniques, tel le téléphone portable connecté à la bombe qui n'avait pas explosé – permit aux services antiterroristes d'effectuer leurs premières arrestations dès le samedi 13 mars, deux jours à peine après l'attentat. Trois Espagnols d'origine marocaine et deux citoyens indiens étaient interpellés par la police. Assez rapidement, il apparaît que les Indiens n'avaient joué qu'un rôle secondaire dans l'opération, en fournissant, entre autres, les téléphones utilisés le 11 mars, et dont ils ne savaient pas à quoi ils devaient servir. Le profil des trois Marocains était très différent. Surtout celui de Jamal Zougam.

Zougam, qui, comme par hasard, est le propriétaire d'une boutique de téléphonie mobile, était loin, en effet, d'être un inconnu pour la police : il était même fiché dans plusieurs pays. Et c'était tant mieux pour l'enquête, car on ne pouvait compter sur le suspect pour aider la justice : l'homme, après son arrestation, refusa de s'expliquer, répétant sans cesse qu'il n'avait « de comptes à rendre qu'à Dieu » et que seul le jugement de celui-ci lui importait.

Le profil de Zougam est relativement représentatif de ceux que l'on rencontre habituellement dans les rangs européens des djihadistes : une enfance et une adolescence banales, mais vécue dans l'immigration et au sein d'une famille fragilisée, ce qui implique peut-être de secrètes blessures, puis, un peu après vingt ans, l'enchaînement des mauvaises rencontres et des amitiés dangereuses qui conduisent peu à peu à l'illégalité puis à l'engagement terroriste. Fils d'un petit commerçant tangerois, Jamal Zougam est arrivé en Espagne en 1983, avec sa mère et son demi-frère. Ce dernier, Mohammed Chaoui, de trois ans l'aîné de Jamal, sera interpellé avec lui ce samedi 13 mars. En 2000, après avoir été marchand de fruits et légumes, Zougam ouvrit une échoppe de réparation de téléphones portables. L'endroit semblait servir, entre autres, de couverture à de petits trafics d'appareils volés, entre l'Espagne et le Maroc où il se rendait souvent. Et pour cause : en 2000, Jamal Zougam était déjà fortement impliqué dans la mouvance islamiste marocaine.

Dès 1993, un peu après ses vingt ans, il avait été repéré et approché par le Franco-Marocain Abdelaziz Benyaïch, une figure historique de l'islamisme en Espagne, voire en Europe ; les deux hommes partageront même un appartement. Commença alors la routine du recrutement dans un réseau terroriste. Benyaïch discutait beaucoup avec Zougam. Il lui présentait des amis, l'interrogeait sur ses convictions religieuses, le sondait sur ce qu'il pensait de cette Espagne dans laquelle il vivait. Il prenait son temps, puis, quelques années plus tard, lorsqu'il estima que son jeune protégé était prêt, il le mit en relation avec un Syrien installé dans la péninsule Ibérique, Hemadine Barakat Yarkas, dit Abou Dahda. C'est Abou Dahda qui formalisa le recrutement de Jamal Zougam au sein de la mouvance islamiste. Mais Zougam avait d'autres amis bien placés dans ces milieux. Parmi eux, le mollah Krekar, réfugié à Oslo, le fondateur du mouvement islamiste kurde Ansar al-Islam – qui fut à la fois lié à Al-Qaïda et aux services spéciaux de Saddam Hussein qui l'utilisaient pour damner le pion aux indépendantistes kurdes –, auquel le jeune Marocain rendit visite à plusieurs reprises. Autre relation : Mohammed el-Fezzazi, l'un des principaux « émirs » marocains, condamné à trente ans de prison pour son implication dans les attentats de Casablanca.

Dès son recrutement, Zougam devait multiplier les « petits services » et les missions de contact qui servent autant à maintenir les liens et la cohésion des réseaux qu'à tester la fidélité, l'intelligence et la solidité de l'engagement des nouvelles recrues. Ainsi, en 1998, il rencontra, à Madrid, le Français David Courtaillier, un converti devenu l'un des protagonistes de ce que l'on appelle les « filières afghanes », en référence à ces jeunes Européens qui sont allés suivre différents stages dans les camps d'Al-Qaïda en Afghanistan. Le juge Baltazar Garzon, qui dirige l'enquête espagnole sur les attentats du 11 septembre 2001 à New York – une réunion finale de préparation de ces attentats, à laquelle assistait leur concepteur et principal organisateur, Mohamed Atta, s'était déroulée en Espagne dans le courant de l'été 2001 –, s'intéressa également à Zougam qui était cité à plusieurs reprises dans son dossier, mais ne fut pas inculpé. Un trop petit poisson, manifestement. Les services de sécurité commençaient pourtant à s'intéresser assez sérieusement à lui et prirent l'habitude de perquisitionner son domicile. Ce fut le cas, notamment, dans le cadre d'une enquête sur les réseaux afghans en France, sur commission rogatoire du juge Bruguières.

C'est une mouvance du même type – des islamistes, dont beaucoup d'entre eux ont fait le détour par les camps afghans – qui est responsable des attentats du 16 mai 2003 à Casablanca (45 morts). À nouveau, dans le sillage de ces « Afghans » du Maroc, on devait trouver Jamal Zougam : il était au Maroc dans les semaines qui ont précédé les attentats et avait fréquenté le converti Pierre Robert, le seul Français impliqué dans l'affaire de Casablanca, considéré comme un émir, un chef militaire ; enfin Zougam était en relation avec son mentor, Abdelaziz, qui sera arrêté pour son implication dans la tuerie. Le frère de ce dernier, Salaheddine Benyaïch, a d'ailleurs été condamné par la justice marocaine pour avoir participé à la préparation des événements du 16 mai. On soulignera, au passage, la profonde implication de la famille Benyaïch dans la mouvance djihadiste : deux frères liés aux attentats de Casablanca et un troisième, Abdallah, qui a appartenu à l'entourage d'Oussama Ben Laden – il a été tué dans les bombardements des montagnes de Tora Bora, en décembre 2001. Bref, le domicile de Zougam fut perquisitionné après les attentats de Casablanca, mais, quoiqu'on y ait trouvé les numéros de téléphone de trois membres de ce que la police considérait comme la « cellule madrilène d'Al-Qaïda », on le laissa, une fois encore, en liberté.

Très vite, après les arrestations du 13 mars 2004, les spécialistes espagnols furent persuadés de tenir des suspects essentiels : un témoin affirmait avoir vu Zougam dans l'un des trains, peu avant les explosions, nonchalamment adossé à une cloison. Son demi-frère, Mohammed Chaoui, serait aussi l'un des auteurs matériels des attentats. Le diplôme d'un troisième complice a de quoi intéresser les enquêteurs : Mohammed Bekkali, né à Tanger, comme ses deux coïnculpés, est licencié en chimie de l'université de Tétouan ; il est venu s'installer à Madrid en 2002. Deux jours après l'attentat de Madrid, le 13 mars, en croisant les renseignements tirés des exploitations techniques (puces téléphoniques, listing de communications, mémoires des ordinateurs) avec ceux qui ressortaient de l'établissement du réseau relationnel des suspects, les services espagnols interpellaient une douzaine d'autres personnes – dont une femme. À la fin du mois de mars, les policiers examinaient longuement la petite maison perdue dans la campagne, au sud-est de Madrid, où les bombes avaient été fabriquées. C'est de là qu'étaient partis les terroristes, à l'aube du 11 mars. Sur les lieux, à nouveau, des centaines d'empreintes, dont celles de Jamal Zougam.

Mais tout danger n'était pas écarté. Le 2 avril, un employé des chemins de fer espagnols découvrait, à soixante kilomètres de Madrid, non loin de Tolède, un engin explosif déposé sur la voie empruntée par les trains à grande vitesse à destination de Séville. L'examen de l'engin fit apparaître qu'il était constitué de 12 kilos de *Goma 2 Type Eco* et que le détonateur était similaire à ceux qui avaient été utilisés le 11 mars. Cependant, aucun système de mise à feu ne lui était raccordé, ce qui pouvait indiquer que les terroristes avaient été dérangés avant d'avoir fini leurs préparatifs.

Deux jours plus tard, dans la soirée du samedi 3 avril, la police cerna un immeuble de Lenares, une banlieue-dortoir du sud de Madrid. Se voyant repérés, la demi-douzaine de terroristes qui se cachaient là ouvrirent le feu en entonnant des chants en arabe. Puis, quelques minutes plus tard, et alors que les forces de l'ordre s'apprêtaient à donner l'assaut, les hommes retranchés dans l'appartement se firent sauter. Parmi les morts : Jamal Ahmidan

– alias Mowgli ou le Chinois – et Serhane Ben Abdelmajid Fakhet dit le Tunisien, tous deux considérés comme les principaux responsables de la cellule qui a commis les attentats du 11 mars. Leur disparition était un succès incontestable, même s'il reste certainement en Espagne de nombreux terroristes marocains dans la nature.

À Lenares, les policiers firent d'importantes découvertes. Ainsi, si l'on retrouvait sur place une dizaine de kilos d'explosifs, et qu'on pouvait estimer que la même quantité, ou peut-être le double, avait été utilisée pour le suicide collectif final, on dénombrait aussi deux cents détonateurs. Le compte n'y était manifestement pas : il est probable que, quelque part en Espagne, plusieurs centaines de kilos d'explosifs sont toujours cachés, prêts à être employés, ou que d'autres produits devaient arriver pour permettre leur utilisation. Autre sujet d'inquiétude : l'un des cadavres était porteur d'une ceinture d'explosifs du type de celles utilisées en Israël par les « martyrs » du Hamas ou du Djihad islamique, ce qui semble indiquer que certains, dans la mouvance djihadiste espagnole, envisageaient sans doute de se faire sauter dans des lieux publics, des transports en commun ou au contact de « cibles » assez symboliques et importantes pour justifier ce type d'action.

La responsabilité de la mouvance du djihad, en tout cas, ne faisait plus aucun doute. Dès le jeudi 11 mars, un journal arabophone londonien avait reçu une revendication écrite d'Al-Qaïda, mais celle-ci, dans un premier temps, sembla assez peu crédible. Le dimanche 14 mars, une cassette vidéo contenant un message enregistré fut déposée dans une poubelle du centre de Madrid. La revendication était, cette fois, sans aucune ambiguïté. Un homme se présentant comme le « porte-parole militaire d'Al-Qaïda en Europe » et se faisant appeler Abu Dujan al-Afgani affirmait : « Nous déclarons notre responsabilité sur ce qui s'est passé à Madrid, exactement deux ans et demi après les attentats de New York et Washington. C'est une réponse à votre coopération avec les criminels Bush et ses alliés [...] C'est une réponse aux crimes que vous avez commis dans le monde et concrètement en Irak et en Afghanistan. Et il y en aura plus si Dieu le veut [...] Vous voulez la vie et nous voulons la mort, ce qui donne un exemple de ce qu'a dit le prophète Mahomet. Si vous ne cessez pas vos injustices, du sang sera encore versé et ces attaques ne seront en rien comparables à celles qui viendront et que vous, vous appelez terrorisme... »

Aux origines du djihadisme marocain

Tous les suspects arrêtés, morts ou en fuite – en tout une vingtaine de personnes – appartiennent donc à la même organisation : le Groupe islamique combattant marocain (GICM) dernier avatar du courant djihadiste marocain. Les médias n'ont commencé à évoquer ce groupe qu'en 2002. C'est du reste la même année qu'il a été inscrit sur la liste noire de l'Union européenne, qui recense les personnes et organisations soupçonnées de terrorisme en vue de prendre à leur encontre des mesures restreignant leurs capacités de déplacement, ou de mettre leurs biens et comptes bancaires sous séquestre [1]. Mais le GICM est actif, en fait, depuis 1997 ou 1998.

L'essor du djihadisme au Maroc n'est pas une réelle surprise. Ce pays traverse, depuis plusieurs décennies, une profonde crise sociale ; l'agriculture – activité économique principale du pays – souffre de maux récurrents qui chassent des campagnes nombre de jeunes gens qui, faute de formation suffisante ou d'emploi, restent

1. Décision 1823/2002 de la Commission européenne en date du 11 octobre 2002.

désœuvrés dans les villes où ils échouent, fournissant une importante base de recrutement aux organisations subversives ou armées. Un problème d'autant plus inquiétant que les moins de vingt-cinq ans constituent 55 % de la population, alors que le taux d'accroissement de la population reste élevé (1,62 % par an). Ajoutons que seuls 48,3 % des quelque trente millions de Marocains sont alphabétisés [1], ce qui tend à rendre une grande partie de la population relativement manipulable par les extrémistes.

D'autre part, le Maroc est une terre de choix pour une guerre aussi idéologique que le djihad. L'une des justifications de celui-ci est en effet la libération des lieux saints de l'Islam – Médine, La Mecque et Al Qods (Jérusalem) –, mais aussi la lutte contre les « régimes impies » qui, en terre musulmane, pactisent avec les infidèles ou s'éloignent de l'Islam. Or, selon la tradition, le roi du Maroc est le descendant du Prophète et le « commandeur des croyants ». Il est par ailleurs, comme son père le fut avant lui, un fidèle allié de l'Occident et des États-Unis, et, crime impardonnable, le royaume marocain entretient de bonnes relations avec Israël. Dernier point à souligner : la répression qui a caractérisé ce que les élites et la presse marocaines appellent aujourd'hui les « années de plomb » (du temps de feu Hassan II), durant lesquelles toute contestation légale du régime fut interdite, a favorisé la croissance, ici comme ailleurs, des mouvements islamistes, qui sont passés du prosélytisme religieux à l'action politique, et de la politique à la violence. On notera que la principale opposition politique est, aujourd'hui, islamiste : le PJD (Parti de la justice et du développement) représente la troisième force politique du pays [2].

1. Ces données chiffrées proviennent de la documentation de l'ambassade du Maroc en France, consultable sur le site : *www.ambafrance-maroc.org*
2. Voir « Le Maghreb vers un deuxième djihad ? ».

Ces justifications idéologiques et religieuses, alliées au contexte social que j'ai brièvement évoqué, ont permis au djihadisme de se développer rapidement au Maroc. Dès 1969, le pouvoir autorisait, essentiellement par calcul politique, pour combattre les partis de gauche, la création du Chabiba Islamiyya, l'une des premières formations islamistes du Maghreb, dirigé par Mustapha Moti. Très vite, cette organisation allait sombrer dans la violence, multipliant agressions et assassinats.

Au début des années 1990, l'organisation Salafia Djihadia (SD) était créée par une quarantaine de moudjahidin de retour d'Afghanistan, où ils avaient combattu l'armée soviétique. Comme souvent dans la galaxie islamiste, le SD était bien davantage une mouvance, fournissant un cadre idéologique à l'action, qu'une véritable organisation structurée et centralisée. Mais cette mouvance allait être le fer de lance d'Oussama Ben Laden et d'Al-Qaïda au Maroc. La fascination que les « Afghans » exerçaient sur les déclassés, eux qui avaient « défait la deuxième armée du monde », n'avait d'égal que l'intérêt que la doctrine djihadiste internationaliste – développée par Oussama Ben Laden et ses proches – suscitait auprès de certaines élites et autres membres des classes moyennes gagnés à l'islamisme.

L'une des caractéristiques immédiates du djihadisme marocain fut de se répandre très rapidement hors des frontières du royaume. Du fait de l'importance de l'émigration marocaine vers l'Europe, les mouvements islamistes, djihadistes ou simplement « politiques » ont fortement essaimé en France, en Belgique, en Allemagne en Grande-Bretagne ou en Espagne dès la moitié des années 1990. À Marrakech, le 24 août 1994, des hommes encagoulés attaquèrent un groupe de touristes à l'hôtel Atlas-Asni. Deux Espagnols furent tués et une Française grièvement blessée. Arrêtés un peu plus tard, les membres du commando – Stéphane Aït Idir, Redouane

Hammadi et Tarek Felah, trois jeunes de la cité des Quatre-Mille, à La Courneuve – passèrent aux aveux. Ils participaient à ce qui devait être une opération complexe impliquant plusieurs groupes chargés de perpétrer des attentats à Marrakech, Casablanca, Tanger et Fès, en direction des touristes, de la communauté juive et de la police.

Deux ans plus tard, en 1996, était publié à Londres le premier numéro du bulletin clandestin *Sada'el Maghreb* (*L'Écho du Maroc*), l'organe du Groupe islamique combattant (GIC, en arabe : Haraka el-Islamiyya el-Mouqatila). L'équipe rédactionnelle de cette publication était étroitement associée à Abou Koutada, l'un des principaux relais d'Oussama Ben Laden à Londres. Chargé, entre autres, de l'organisation du djihadisme maghrébin, Abou Koutada supervisait également l'édition de bulletins de liaison du GIA et des islamistes libyens. En 1997, sous les ordres de l'Algérien Abdallah Kinai, membre du GIA, ce sont deux Marocains, Mohamed el-Koutoubi et Mounir Anouar qui furent chargés d'assassiner Dalil Boubakeur, le recteur de la Grande Mosquée de Paris, une institution dont le contrôle est, depuis plusieurs années, l'objet d'une âpre lutte de clans. Le complot ne devait pas aboutir. En 1998, l'aile « internationaliste » du Groupe islamique armé algérien (GIA), regroupée autour de Hassan Hattab [1], planifia des attentats spectaculaires contre la Coupe du monde de football qui devait se tenir à Paris. En deux vagues, entre le 5 mars et le 27 mai 1998, des dizaines de suspects furent interpellés à travers l'Europe, sur la base de commissions rogatoires émises par Jean-Louis Bruguières. Si les Algériens étaient majoritaires au sein de la nébuleuse qui s'apprêtait à frapper Paris, on y trouvait également des Marocains. Ils appartenaient au GIC, aussi appelé, à

1. Voir « Groupe salafiste pour la prédication et le combat », en annexe.

l'époque, « GIA marocain », et qui allait devenir le GICM. Ce dernier était « officiellement » créé en Afghanistan, en 1998, par Mohammed el-Guerbouzi.

Le GICM : une organisation en croissance ou un simple relais d'Al-Qaïda ?

Les membres du GICM restés au Maroc s'étaient progressivement éloignés de l'action violente directe pour se spécialiser dans la fourniture de moyens logistiques aux sympathisants d'Al-Qaïda transitant par le Maroc, ou par d'autres pays dans lesquels il s'était implanté. Ils fournissaient des épouses, permettant ainsi à certains opérateurs terroristes de contracter des mariages blancs qui les autorisaient à s'installer au Maroc ou en Europe. La dispersion, après octobre 2001, des sympathisants d'Al-Qaïda concentrés en Afghanistan a eu pour effet de pousser les internationalistes à rentrer chez eux – en l'occurrence, pour les Marocains, au Maroc ou en Europe –, ce qu'ils ont commencé à faire à l'automne 2001. Tout naturellement, un certain nombre d'entre eux ont alors intégré les réseaux GICM de Mohammed el-Guerbouzi, puisque ce dernier était directement lié à Al-Qaïda ; il leur était facile d'entrer en contact avec ses membres. C'est à cette époque, ou peu avant, que le groupe s'est transformé et a évolué d'une structure logistique à une structure opérationnelle.

À l'automne 2002, le nombre des sympathisants du djihadisme dans le royaume marocain était estimé, par les services officiels, à plusieurs centaines. Ils étaient probablement plutôt quelques milliers, nul n'était capable de livrer une estimation précise de l'importance de cette mouvance hors des frontières marocaines. Sur le terrain, le GICM continuait sa mue et se réorganisait. Ainsi, en 2002 dans des forêts proches de Rabat, étaient organisés des stages d'artificiers conduits par Youssef el-Jamaïqui, de son vrai nom Andrew Rowe, un converti britannique d'origine jamaïcaine, qui a fait ses premières armes djihadistes en Bosnie.

C'est en 2002 également que le groupe a réellement commencé à attirer l'attention des autorités, suite à une série d'arrestations opérées par les services de sécurité marocains. Mais celles-ci n'ont pas empêché les attentats du 16 mai 2003 à Casablanca. La réaction du gouvernement fut immédiate : des vagues d'arrestations secouèrent la scène islamiste et, dans les mois qui suivirent, un millier de suspects étaient jugés dans des dizaines de procès à l'issue desquels quatorze peines de mort et de très lourdes peines de prison étaient prononcées [1]. Les services de renseignement marocains signalèrent également à leurs homologues européens la présence de « cellules dormantes » et de nombreux activistes hors des frontières marocaines ; un certain nombre d'entre eux furent placés sous surveillance. L'Espagne, de son côté, renforça la présence du CNI, son service de renseignement, à son ambassade de Rabat. Mais aucun des officiers en poste ne parlant l'arabe, ils étaient incapables de se livrer à un travail de collecte indépendant et se reposèrent entièrement sur leurs confrères marocains. Ceux-ci, d'ailleurs, ne firent pas du mauvais travail puisqu'ils signalèrent, dès la fin du printemps 2003, l'extrême dangerosité de Jamal Zougam.

En fait, il est manifeste que les services de sécurité marocains et européens ne connaissent toujours pas très bien le GICM, même après les attentats de Madrid. On

---

1. On remarquera que, fin avril 2004 (plus d'un mois après l'attentat de Madrid), Abdelilah Benkirane, un dirigeant du PJD, demanda au roi du Maroc de donner ses « instructions pour rouvrir une enquête concernant ces dossiers », et réclama qu'il soit fait « preuve d'équité vis-à-vis des victimes de l'injustice ». Ces dossiers sont ceux des attentats de mai 2003, et les « victimes de l'injustice » ne seraient donc pas les victimes de ces attentats, mais, bien évidemment, les complices et commanditaires des terroristes ! Voilà qui en dit long sur la modération de ce parti.

ignore l'importance exacte du mouvement, même si l'on sait qu'il est implanté en France, en Belgique, aux Pays-Bas, en Espagne, probablement au Royaume-Uni, mais aussi au Canada et peut-être aux États-Unis. Les arrestations opérées en France et en Belgique dans la foulée du 11 mars 2004 avaient donc autant pour but de mettre hors d'état de nuire des cellules logistiques pouvant se muer en cellules opérationnelles ou de soutien à des opérateurs venus de l'extérieur, que de tenter de dresser un organigramme relativement précis des ramifications du GICM dans le monde.

On ignorait encore, au printemps 2004, qui était le véritable émir du GICM, c'est-à-dire son chef militaire, et même si une telle centralisation du pouvoir existait dans cette organisation – ne s'agirait-il pas plutôt d'un ensemble flou, formé de cellules très indépendantes les unes des autres, placées hors de toute structure verticale (et donc hiérarchique) et s'articulant les unes aux autres par des relations personnelles tissées entre les différents responsables, en Afghanistan ou ailleurs ? Si « chef » il y a, cela peut être Mohammed el-Guerbouzi – alias Abou Issa –, le fondateur du GICM, aujourd'hui réfugié en Grande-Bretagne, mais aussi Abdelkrim Thami Mejjati, l'un des principaux activistes du groupe.

Une personnalité intéressante, ce Mejjati. On est loin ici du poncif selon lequel les islamistes sont tous de pauvres bougres vivant dans la misère et manipulés par une quelconque « main invisible ». Ce Franco-Marocain de trente-six ans est un enfant de la bourgeoisie de Casablanca – son père est un riche commerçant. Dans son adolescence, il a fréquenté le lycée Lyautey, un établissement haut de gamme, avant de partir étudier la médecine en France. Il ne finira pas ses études supérieures et a laissé à ses camarades de l'époque un souvenir qui n'évoque en rien l'islamiste qu'il allait devenir : « C'était un garçon bon vivant, il aimait les filles et les sorties, mangeait du porc... Il avait reçu une éducation de type européen. Son arabe était déplorable. Son rêve était d'aller aux États-Unis, dont le cinéma le fascinait[1]... » Une personnalité et une jeunesse qui évoquent, en un étrange écho, celles de Mohamed Atta, le chef des kamikazes du 11 septembre 2001. Revenu au Maroc, Mejjati multipliera les allées et venues entre son pays et les États-Unis avant de gagner le Cachemire et l'Afghanistan pour s'y former aux techniques du terrorisme, dans les camps d'Al-Qaïda et d'organisations affiliées. Il aurait également effectué de fréquents séjours en Arabie Saoudite, où les autorités le suspectent de complicité dans les attentats de Riyad. Alors qu'on devine sa silhouette, en filigrane, derrière les attentats de mai 2003 à Casablanca[2], Abdelkrim Mejjati se serait trouvé à Madrid dans les jours précédant l'attentat du 11 mars.

On croit savoir encore que le GICM aurait une structure permanente assez souple et légère, constituée essentiellement de cadres, souvent issus des classes moyennes, capables de concevoir ou d'organiser des attentats et de mettre en place la logistique nécessaire. Les poseurs de bombes, eux, seraient recrutés au dernier moment, dans les quartiers pauvres des grandes villes marocaines ou dans certaines métropoles européennes, et parfois à la lisière des milieux délinquants. Rapidement et énergiquement pris en main, ils se transformeraient, en quelques jours, en tueurs ou en futurs « martyrs ». Le suicide collectif du 4 avril 2004, dans la banlieue de Madrid, démontre que cet engagement est très loin d'être superficiel. Cela en dit long, à la fois sur la force de persuasion des émirs du GICM et sur la force d'attraction de la

1. *Le Monde*, 31 mars 2004.

2. Abdelahak Bentassser, un artisan de Fès impliqué dans les attentats, aurait reconnu avoir été en contact avec lui. Malheureusement, Bentasser est décédé dans les locaux de la police marocaine quelques jours après son arrestation.

dialectique djihadiste dans le monde arabo-musulman. Cela suffit aussi à démontrer à quel point le GICM est dangereux : rien n'indique qu'il soit en passe, dans l'avenir prévisible, de manquer de recrues prêtes à offrir leur vie à la cause.

La seule certitude que l'on puisse avoir à l'heure actuelle est que les réseaux marocains du GICM ont sans doute pris, sur la scène européenne, la place qui était, jusqu'en 2003, celle des réseaux algériens rattachés au GSPC de Hassan Hattab. De profondes divisions apparues au sein de la direction de cette organisation, sa marginalisation sur le terrain algérien et les nombreuses arrestations dont elle a eu à souffrir en Europe depuis septembre 2001, semblent en effet largement obérer ses capacités opérationnelles – ce qui n'est manifestement pas le cas du GICM, qui apparaît comme une organisation en pleine croissance. Ayant démontré son efficacité à Madrid, ce dernier est susceptible de servir de base de coordination, de support logistique et de fournir des exécutants pour des attentats commis en Europe.

On se trouve ici confronté à l'une des caractéristiques qui expliquent la dangerosité d'Al-Qaïda : sa capacité de « centre » (Al-Qaïda *stricto sensu*) à « franchiser » des organisations à travers le monde, à les instrumentaliser dans le cadre d'opérations coordonnées, ou à les faire agir, si nécessaire, isolément. Actives dans leurs pays d'origine où elles maintiennent (ou préparent) des foyers locaux de djihad, ces organisations, par le biais de leurs cellules dispersées à travers le monde, sont à même de frapper l'ennemi sur son propre sol.

Reste à savoir comment s'opère la coordination – quand coordination il y a – entre ces mouvements « franchisés » et le « centre ». Dans le cas présent, on estime généralement, dans la communauté du renseignement, que le GICM se rattache à la branche de la mouvance internationale du djihad guidée par Musab al-Zarqawi, l'un des « chefs militaires » les plus redoutables de la nébuleuse, et l'un de ceux qui possèdent les meilleures connexions internationales.

Mais avant d'examiner plus en détail la manière dont fonctionne la mouvance du djihad, il nous faut revenir à l'essentiel, c'est-à-dire au fondement idéologique et religieux qui forme les racines du djihadisme contemporain. Faute de percevoir à quel point cet aspect religieux est important, on se condamne à ne rien comprendre à la tempête qui secoue aujourd'hui le monde musulman et qui menace l'Occident.

3

Les racines de l'islamisme moderne

En Europe, comme dans le reste du monde occidental, on ignore ou sous-estime trop souvent l'importance du fait religieux dans l'islamisme politique ou armé. Cela équivaut à réduire le premier à un mouvement politique « comme les autres » et le second à un terrorisme classique de type revendicatif. Cette perception induit l'idée fausse qu'il serait possible de composer avec les islamistes politiques et, surtout, de négocier avec les islamistes armés, ou de leur faire des concessions qui les ramèneraient à la raison. Il y a là une erreur fondamentale : l'islamisme ne vise pas à aménager la société (ce qui est, peu ou prou, le propre de tout courant politique non extrémiste), mais bien à la bouleverser de fond en comble, à la changer radicalement en instaurant un nouveau type de régime politique. L'islamisme est en effet une idéologie totale – comme ont pu l'être le national-socialisme ou le communisme – qui entend régir tous les aspects de la vie de la cité comme de l'individu.

Ce régime idéal qu'ils prônent, les islamistes le nomment le « califat », en référence à l'expérience politique nouvelle menée à la mort de Mahomet. Ce dernier n'ayant pas désigné de successeur, ses compagnons décidèrent après sa mort (en 632 de notre ère) d'en élire un pour diriger l'État musulman qu'il avait créé. Cette élection eut lieu dans la douleur et la violence. Abu Bakr, l'un des plus proches compagnons du Prophète, fut désigné comme chef de la communauté. Il prit le titre de *khalîfat rasûl Allâh*, ou « lieutenant de l'envoyé de Dieu ». Les quatre premiers califes, les *Rachidûn* (« bien dirigés »), représentent, pour les islamistes sunnites, l'idéal auquel il faut tendre dans la gouvernance des affaires de ce monde : proches de leurs sujets, ils se pliaient strictement à la loi religieuse pour administrer l'État. État parfait – si tant est qu'une institution humaine puisse l'être –, le califat est donc pour les islamistes la référence absolue : l'ensemble des activités sociales et politiques ainsi que le droit – pénal, civil, commercial, public ou privé – découlent automatiquement et exclusivement des prescritions religieuses. On peut donc résumer ainsi l'ambition politique des islamistes : « Globalement, l'islamisme, ou plutôt le fondamentalisme musulman, est une idéologie politico-religieuse qui vise à instaurer un État islamique régi par la charia et à réunifier l'Oumma (nation islamique) [1] ».

Ces dernières décennies, l'Europe s'étant fortement éloignée de la spiritualité et n'ayant plus, en règle générale, que des rapports assez ténus avec Dieu (quel que soit le contenu que l'on donne à ce terme que j'utilise ici au sens générique de « puissance supérieure », éventuellement créatrice du monde), nous avons des difficultés à comprendre que des hommes et des femmes – dont nombre d'entre eux ont été élevés ou éduqués en Occident et ont fréquenté nos écoles et nos universités – puissent mettre leur vie au service d'un idéal religieux, attendant de cette religion qu'elle règle absolument tous

1. *Dictionnaire mondial de l'islamisme*, sous la dir. des *Cahiers de l'Orient*, Paris, Plon, 2002.

les aspects de leur existence. Et il nous est encore plus difficile de comprendre que cet idéal puisse conduire à tuer et à sacrifier, dans la joie, sa propre vie. C'est dire le fossé à combler si l'on veut vraiment comprendre l'islamisme. Pourtant, à long terme, la défaite du terrorisme islamique ne sera possible qu'à condition de bien analyser ses fondements, et d'appréhender correctement les mécanismes religieux et culturels qui le rendent attractif pour un nombre sans cesse croissant de personnes à travers le monde.

Au commencement était Ibn Abdel Wahhab…

Les racines de l'islamisme moderne remontent loin, d'une part au XVIIIe siècle et à l'œuvre de Mohammad Ibn Abdel Wahhab (1703-1792), fondateur du wahhabisme, et, d'autre part, à la naissance du mouvement salafiste, au XIXe siècle. L'islamisme moderne a également subi la forte influence d'une idéologie qui n'est ni wahhabite ni salafiste, celle des Frères musulmans, mouvement politico-religieux né en Égypte dans les années 1920.

Philosophe et théologien né dans la péninsule Arabique, Ibn Abdel Wahhab se rattache à l'école hanbalite, la plus stricte des écoles juridiques de l'Islam, dont la figure de proue est Ahmed Taqi el-Dinne Ibn Taymiyya, juriste et théologien né à Damas en 1236 et mort presque centenaire (dans un cachot) en 1328. L'école hanbalite en général et Ibn Taymiyya en particulier prônent une observance absolue de la loi coranique et le retour à la pureté originelle qui était celle du Prophète et de ses compagnons (les *salaf saleh* ou « pieux ancêtres »). Pour les hanbalites, toute innovation est coupable par définition (*bidaa*), et le vrai fidèle ne peut se trouver qu'en position de *Taqlid*, c'est-à-dire de soumission absolue aux textes (Coran et Sunna, soit l'ensemble des règles de vie qui ressortent des actes et de l'enseignement du Prophète), figés une fois pour toutes dans le *Fiqh*[1] (droit appliqué). Ibn Taymiyya est à l'origine d'un concept justifiant aujourd'hui bien des actions djihadistes ; ainsi, un gouvernement musulman qui n'appliquerait pas intégralement la charia devra être combattu comme pouvoir apostat.

Au XVIIIe siècle, Ibn Abdel Wahhab revient à l'enseignement d'Ibn Taymiyya qu'il entend appliquer à la lettre : seule la loi religieuse peut être la base de la vie sociale. Si le souverain respecte totalement les principes de l'Islam, ses sujets lui doivent une obéissance absolue, les mêmes fidèles ayant le devoir de répandre l'Islam par l'enseignement, la conversion et, au besoin, la conquête. La pensée d'Ibn Abdel Wahhab était tellement radicale et puritaine, rigoriste et intolérante, qu'elle heurta la majorité de ses contemporains ; le théologien fut contraint de se replier sur son Nedjd natal (le vaste plateau central de l'Arabie Saoudite actuelle), où il se plaça sous la protection du chef du village de Diriyah, Mohammad al-Séoud. Les deux hommes s'entendirent, et s'allièrent en mariant leurs enfants. De cette alliance entre un théologien extrémiste et un chef de village allait naître un système – le wahhabisme –, une dynastie – la maison des Séoud – et un pays – le royaume wahhabite d'abord et, d'expansion en annexion, l'Arabie Saoudite à compter de 1932. Depuis sa naissance, et surtout depuis que les chocs pétroliers successifs d'après 1973 lui ont procuré

1. Le *Fiqh* ne pouvant répondre, à l'évidence, à toutes les questions que pose au croyant le monde moderne, il existe une jurisprudence islamique qui se fonde sur le *qyas* (raisonnement par analogie) et l'*idjma* (consensus des docteurs de la loi). À titre exceptionnel, en l'absence de tout texte du Coran ou de la Sunna et de tout précédent connu, on pourra se référer au *ra'i* (jugement humain) ou au *'ourf* (coutume). Toutefois l'étude critique de la tradition dans le but d'établir de nouvelles règles fondées sur une lecture neuve des textes (*Idjitihad*) a été bannie par les sunnites au IVe siècle de l'hégire (soit le XIe siècle de l'ère chrétienne).

d'immenses ressources financières, l'Arabie Saoudite a été le principal propagateur de l'Islam le plus rétrograde et le plus radical. Il n'est probablement pas un pays au monde dont une partie de la communauté musulmane n'ait pas profité des largesses de la maison des Séoud. Largesses intéressées, certes, puisqu'elles s'accompagnent de strictes conditions visant à l'expansion du wahhabisme. C'est l'Arabie Saoudite également, on le sait, qui a été le grand argentier du djihad afghan contre l'invasion soviétique, entre 1979 et 1989. Et, jusqu'en 2001, le royaume saoudien a soutenu financièrement l'ensemble de la galaxie djihadiste à travers le monde – de l'Algérie à la Tchétchénie, en passant par la Bosnie, le Soudan, l'Égypte, l'Asie du Sud-Est et autres lieux. Comme il a soutenu politiquement le régime des talibans qui, en Afghanistan, offrait une base arrière sûre et de nombreux camps de formation aux djihadistes [1].

... puis vinrent les salafistes

Les autres racines de l'islamisme contemporain se développèrent au XIXe siècle, plus particulièrement dans la réflexion de penseurs musulmans et de théologiens désemparés de voir le monde islamique de l'époque – héritier d'un grand empire qui avait conquis une partie de l'Europe et aurait pu, si les Turcs n'avaient pas été arrêtés à Vienne au XVIIe siècle, la dominer presque

1. Sur l'histoire du wahhabisme et de son influence sur l'islamisme, je conseille quatre livres. Le premier, un peu ancien, est dû au journaliste britannique David Holden : *La Maison des Saoud*, Paris, Ramsay, 1982. Holden ayant été assassiné au Caire alors qu'il rédigeait son ouvrage, ce dernier a été achevé par Richard Johns. Les trois autres ouvrages ont tous été écrits après le choc du 11 septembre 2001 : Robert Baer, *Or noir et Maison Blanche : comment l'Amérique a vendu son âme pour le pétrole saoudien*, Paris, Jean-Claude Lattès, 2003 ; Antoine Basbous, *L'Arabie Saoudite en question*, Paris, Perrin, 2002 ; Laurent Murawiec, *La Guerre d'après*, Paris, Albin Michel, 2003.

entièrement – se retrouver colonisé par des puissances européennes qui avaient fini par le surpasser. Pour ces auteurs et prédicateurs, cette déchéance était due à la sclérose qui avait peu à peu gagné le monde musulman et à l'éloignement de la prophétie. Le mouvement auquel cette démarche allait donner naissance, *al-Salafiyya*, « le salafisme », a considérablement évolué avec le temps.

Si le salafisme fait référence aux « anciens » (les compagnons du Prophète), et donc à un retour aux sources, il s'agissait, pour les premiers tenants de cette doctrine, de revenir aux origines de la prophétie pour la débarrasser des scories qui l'avaient obscurcie depuis des siècles et sortir l'Islam de la sclérose de la pensée qui l'avait empêché d'évoluer. Un projet destiné à donner naissance à une société nouvelle, plus égalitaire, qui connaîtrait une meilleure redistribution des richesses. On était donc aux antipodes du wahhabisme, conservateur par nature.

Le salafisme moderne, lui, n'a retenu que l'idée d'un retour aux sources. Il prétend nettoyer l'Islam de toutes les impuretés dues aux influences étrangères et à l'évolution du monde. Une démarche religieuse caricaturale, puisqu'elle se résume souvent à une imitation servile du Prophète [1] et de ses compagnons, y compris dans la manière de parler, de s'habiller, de s'alimenter. Ainsi, certains salafistes se cureront les dents avec un bâtonnet d'arak encore vert, parce que la tradition rapporte qu'ainsi faisait le Prophète. Comme le souligne Alain Grignard, l'un des spécialistes européens de l'islamisme radical qui a l'avantage de se trouver à la croisée de deux mondes – il est à la fois chercheur en islamologie et commissaire de police spécialisé dans le terrorisme

1. Je n'emploie pas cette expression dans un sens péjoratif ou blessant, mais dans celui que lui donnent les experts en art : une « copie servile » résulte d'un procédé purement mécanique ne laissant aucune place à la personnalité de son auteur, par exemple un décalque.

islamiste –, les premiers salafistes avaient voulu moderniser l'Islam, tandis que les salafistes contemporains veulent « islamiser la modernité sans perspective d'ouverture aucune [1] ». Ainsi, par un curieux retournement, voire un détournement total de la démarche originelle, les salafistes, qui avaient vocation à moderniser et même à révolutionner l'Islam, sont devenus, en fait, des wahhabites dont la vision et la pratique sont ultraconservatrices.

Les Frères musulmans, fer de lance de l'Islam politique. Les takfiri, propagateurs de l'islamisme armé

Dernier courant à avoir durablement influencé l'islamisme moderne : les Frères musulmans, confrérie fondée en Égypte, en 1928, par Hassan al-Banna, un instituteur d'Ismaïlia, sur le canal de Suez. Les Frères sont, à ce jour, le mouvement le plus ancien de l'islamisme sunnite. Comme les wahhabites, les Frères musulmans organisent leur doctrine autour du dogme central du *Tawhid*, l'unicité de Dieu. Leur idéologie et leur pratique se résument parfaitement avec l'article 1er de leur « Constitution » : « Dieu est notre but, le Prophète est notre modèle, le Coran est notre loi, le Djihad est notre vie, le martyr est notre vœu. » Les Frères se sont rapidement imposés comme l'une des principales forces d'opposition, tantôt purement politique, tantôt violente, en Égypte mais aussi dans d'autres États arabes. Au fil des ans, ils ont essaimé à l'étranger, ce que Moustapha Machhour, leur Guide suprême, a reconnu pour la première fois en 1995 :

---

1. Alain Grignard, « Islam, islamisme, mythes et réalités », *Custodes*, avril 2001. Voir aussi, du même auteur : « Brève genèse de l'islamisme radical », in Gérard Chaliand, *L'Arme du terrorisme*, Paris, Audibert, 2002. En 1987, Bruno Étienne remarquait déjà que « face à l'insupportabilité de la modernité perçue comme allogène, les islamistes vont, en une dizaine d'années (1970-1980), refuser de moderniser l'Islam et proposer au contraire d'islamiser la modernité ».

« Nous avons des branches à l'étranger. À Londres, en Allemagne, et ailleurs en Europe. Chacun des militants des Frères ayant quitté l'Égypte a formé une branche dans les pays d'accueil et a des contacts avec l'organisation centrale [1]… »

Comme les trotskystes l'avaient fait dans la gauche et l'extrême gauche, les Frères musulmans se sont fait une spécialité de la pratique de l'entrisme : la confrérie reste occulte, voire secrète, mais ses membres tentent de prendre le contrôle des organisations caritatives ou culturelles et, dans les pays dans lesquels ils sont implantés, des organes de représentation du culte musulman. Le mouvement a ainsi acquis une influence réelle sans aucune mesure avec son importance numérique et il est à même de peser lourdement sur l'existence des communautés musulmanes en Europe. Tactiquement, les Frères, sous couvert de légalisme (en Europe, ils condamnent officiellement le terrorisme), entretiennent ou suscitent les conflits qui permettent d'unifier et de souder les communautés musulmanes et de les radicaliser. Ainsi, c'est sans surprise qu'on les retrouvera, un peu partout, en première ligne dans le combat pour la défense du voile islamique.

L'un des principaux penseurs des Frères musulmans, l'un de ceux qui a le plus influencé l'islamisme violent, est Sayyed Qotb (1906-1966), un ancien instituteur du Caire, lui-même fortement marqué par le Pakistanais Mawdoudi. Jeté en prison après la dissolution de l'organisation par Gamal Abdel Nasser, le 21 janvier 1954, Qotb y développa sa thèse selon laquelle, d'une part, le monde est divisé en deux tendances inconciliables, l'Islam et la barbarie (*jahiliya*) et, d'autre part, les États indépendants issus de la colonisation, trop corrompus par l'influence occidentale, ne sont pas de véritables sociétés

1. Cité dans le *Dictionnaire mondial de l'islamisme, op. cit.*

islamiques. C'est Qotb, condamné à mort et pendu en août 1966 pour avoir comploté contre Nasser, qui sera le pont entre la démarche légaliste et entriste des Frères musulmans et l'islamisme armé qu'il justifia dans ses écrits. Une dizaine d'années après sa mort, un ingénieur, Choukri Ahmed Mustapha, crée le Jamâ'at al-Muslimin (Union des musulmans), que la police égyptienne, par dérision, surnommera Takfir Wal Hijra (Excommunication et Exil). Mais en fait, ce qui ne devait être qu'une plaisanterie correspondait bien à l'idéologie de Choukri Mustapha qui prônait le rejet des « mauvais musulmans » : les takfiri ne peuvent être fonctionnaires, ne font pas leur service militaire, ne fréquentent pas les écoles, ne prient pas dans les mosquées mais sont des adeptes de l'« Islam des caves »... Il prêchait également la lutte armée contre les infidèles et les gouvernements impies. Après la disparition de Choukri Ahmed Mustapha (condamné à mort et pendu en 1977 pour avoir organisé l'enlèvement et l'assassinat du ministre des Affaires religieuses, le cheikh Dhahabi, ouléma de l'université islamique Al-Azhar du Caire et ancien ministre des Biens religieux ou Waqfs), le mouvement takfir, loin de disparaître, se répandra à travers le monde, profitant entre autres de la guerre en Afghanistan. Il est aujourd'hui présent dans l'ensemble du monde arabe, en Asie et en Europe. Pour les takfiri, ceux qui se prétendent musulmans mais ne combattent pas les gouvernements impies sont des mécréants qu'il est loisible de tuer. On justifie, ainsi, l'injustifiable : le meurtre d'un musulman par un autre musulman. Cette approche a notamment été celle du GIA en Algérie et explique les innombrables massacres de civils auxquels se sont livrées ses bandes.

La vitesse avec laquelle le takfirisme s'est répandu et l'influence qu'il a prise dans la mouvance islamiste s'expliquent, entre autres, par la complaisance des takfiri envers la délinquance : il est légitime de voler ou de tuer si on le fait dans une société non musulmane ou impie et qu'une partie des produits de la délinquance sert à la cause. Ainsi, pour se procurer des planques, des armes, des véhicules ou l'argent nécessaire à la clandestinité, les takfiri s'acoquineront avec des milieux purement criminels, dans lesquels ils n'hésiteront pas, par ailleurs, à recruter de nouveaux membres qui trouveront dans l'activisme un caractère rédempteur. Cette particularité permet également aux takfiri de recruter dans les prisons, ce dont ils ne se privent pas.

Le développement du salafisme dans le monde arabe

Dans un premier temps, les salafistes bénéficièrent du climat politique qui régnait dans une grande partie du monde-arabo musulman. La corruption qui s'étalait au pouvoir, accompagnée d'injustices et d'inégalités sociales criantes, mais aussi l'absence de réelle démocratie servirent au développement de cette idéologie. La répression qui, dans de nombreux pays musulmans, frappait les forces de gauche et les organisations syndicales limitait drastiquement les possibilités de contestation. Les mécontents n'avaient souvent d'autre choix que de passer dans la clandestinité, de s'exiler ou de se tourner vers la religion. Pour ces exclus, le discours salafiste pouvait se révéler séduisant, puisqu'il promettait une solution globale au problème de l'heure : la fin de la corruption par le retour à la stricte observance religieuse, plus de justice sociale et la possibilité d'opposer une « idéologie » forte au matérialisme de l'Occident.

Dans certains pays, des conditions particulières favorisèrent la progression du salafisme. Ainsi, après l'indépendance, l'Algérie choisit la voie de l'arabisation. Mais la jeune république manquait de professeurs d'arabe et se tourna vers des pays frères. L'Égypte de s'empressa d'envoyer à Hambourg des enseignants qui se trouvaient aussi être, le plus souvent, des militants islamistes. Le Caire faisait ainsi d'une pierre deux coups : tout en remplissant son devoir de solidarité avec un pays arabe nouvellement indépendant, les Égyptiens se débarrassaient à bon compte des plus remuants de leurs islamistes. Ainsi, tantôt légalement, à l'ombre des mosquées, tantôt dans une semi-clandestinité, voire dans une clandestinité totale, le salafisme se développa, attirant d'autant plus de nouveaux adeptes que la plupart des mouvements de gauche ou d'extrême gauche disparaissaient, victimes de la répression ou atomisés par suite de la faillite du modèle socialiste autoritaire soviétique. Même les passages de ses idéologues ou activistes en prison permettaient au mouvement d'avancer : dans les cellules, de nouveaux liens se tissaient, des réseaux informels naissaient.

Bref, partout, sur le terrain, les désenchantés ayant reçu une éducation qui leur aurait permis, dans des sociétés démocratiques normales, d'aspirer à des positions dirigeantes rencontreront les véritables laissés-pour-compte : habitants des bidonvilles, anciens détenus, miséreux « réislamisés » venus au radicalisme par une démarche sans doute plus instinctive qu'intellectuelle, à qui ils serviront de guides. C'est de cette rencontre d'une intelligentsia sans avenir réel et d'exclus n'ayant rien à perdre, tous animés par une foi absolue, que naît la dangerosité de la mouvance du djihad.

Mais, surtout, en quelques décennies, une partie importante du courant salafiste allait évoluer vers la violence, donnant naissance à ce que l'on appelle le « salafisme combattant » ou « salafisme djihadiste ». Ici et là, des violences, des attentats, des agressions, furent remarqués, en Algérie, en Égypte, au Maroc, en Tunisie. Mais aux yeux de la plupart des observateurs occidentaux, ces manifestations visibles du bouillonnement qui commençait à agiter les sociétés musulmanes restaient marginales, et ils n'y prêtèrent que peu d'importance. Le mouvement s'essouffla, perdit du terrain, en proie à une riposte d'autant plus musclée des autorités que les actes de violence se multipliaient. Puis, vint l'Afghanistan.

Je ne m'arrêterai pas, ici, sur le rôle qu'a joué l'Afghanistan dans la phase finale de cristallisation de la mouvance salafiste djihadiste ; les faits sont désormais bien connus. Mais, comme d'autres spécialistes, je pense que si l'on devait situer avec plus ou moins de précision la naissance de la mouvance djihadiste internationaliste, on devrait se référer à deux dates : le djihadisme contemporain est apparu entre le 24 décembre 1979, date de l'entrée des troupes soviétiques en Afghanistan, et le 6 octobre 1981, date de l'assassinat d'Anouar el-Sadate, au stade de Medinet Nasr, dans la banlieue du Caire. La première date est celle d'un événement majeur qui aura pour conséquence de populariser le djihad dans le monde musulman, et la seconde marque de manière exemplaire l'application d'un concept cher au cœur des salafistes, l'« excommunication » (*takfir*), qui permet, nous l'avons vu en rappelant rapidement la naissance du Takfir Wal Hijra, de déclarer « impie » celui qui se détourne de l'Islam ou le trahit, et qui justifie ainsi, « religieusement », toute mesure qui sera prise contre lui, y compris l'assassinat.

Lorsque les troupes soviétiques franchirent la frontière afghane en décembre 1979, Washington y vit rapidement une opportunité stratégique : « fixer » le maximum de troupes soviétiques, les harceler, si possible les saigner à blanc, sinon, du moins, les démoraliser et, à travers elle, de larges pans de la société russe. Un plan ambitieux fut mis au point : les Américains et les Saoudiens fourniront l'argent, le Pakistan des bases d'entraînement pour les moudjahidin (combattants). Dès 1983, il y eut, en permanence, entre quelques centaines et deux mille volontaires arabes engagés au combat. Ils arrivaient d'Égypte, du

Yémen, de Jordanie, du Koweït, d'Égypte, du Maghreb. Et, bien entendu, ce n'étaient pas les modérés ni les doux qui s'engagaient, mais les agités, les rebelles, les extrémistes, les exclus, les durs parmi les durs. L'Afghanistan sera, pour eux, un formidable laboratoire où ils se formeront aux techniques de la guérilla (et du terrorisme) et, surtout, se rencontreront, noueront des liens d'amitié et de connivence qui, vingt-cinq ans plus tard, sont toujours vivaces.

Djihad, shahid, messianisme...

Le djihad (au sens de « combat armé ») revint ainsi au cœur de la mystique islamiste. Aux premiers temps de l'Islam, le terme « djihad » désignait bel et bien la lutte militaire destinée à défendre la religion ou à la propager, mais, assez rapidement, les docteurs de la loi islamique affirmèrent que l'obligation du djihad[1] était à prendre au sens figuré et devait être comprise comme le combat contre soi-même ; ils opposaient le « petit Djihad » (*Jihaad Asghar* ou « guerre sainte ») au « grand Djihad » (*Jihaad Akbar* ou lutte intérieure contre ses mauvais penchants pour être meilleur, plus pur). Cette interprétation se fondait sur un Hadith (les Hadith constituent les actes et enseignements du Prophète) rapporté par Al-Khatib al-Baghdadi dans son *Histoire de Bagdad* : « ... le Prophète, au retour d'une de ses batailles, leur a dit : “Nous revenons sains et saufs, nous rentrons du Djihad Asghar vers le Djihad Akbar”. Les compagnons demandèrent : “Ô Prophète, quel Djihad peut-il être plus grand que celui que l'on vient d'accomplir ?” Il répondit :

1. Le mot lui-même se traduit par « effort » ; on parle, dans la littérature, d'« effort sur le chemin de Dieu » : *Jihâd fî sabîl Allah.*

“Le Djihad d’un serviteur [d’Allah] contre ses propres désirs[1].” »

Mais, pour les islamistes, le « grand Djihad » ne peut s’en tenir à cette lutte intérieure, appelée aussi *Jihaad ul qalbi* ou « djihad du cœur ». Ils s’appuient, pour justifier leur interprétation, sur différentes sourates du Coran qui font clairement référence à la guerre. Ainsi la sourate IX, « Le repentir » (*At-Tawba*), notamment dans ses versets 5 et 20[2], ou la sourate IV, « Les femmes » (*An-Nisa*), dans ses versets 95 et 96[3], sont-elles fréquemment citées par les islamistes. Viennent ensuite une multitude de Hadith allant dans le même sens[4] : « Un matin ou un soir passé dans le combat est meilleur que le monde et tout ce qu’il contient » ; « Rester debout une heure dans les rangs de la bataille sur le chemin d’Allah est meilleur que rester en prière durant soixante ans. » Ou encore celui-ci : « Un homme est venu chez le messager d’Allah et a dit : “Enseigne-moi un acte dont la récompense est égale à celle du Djihad.” Il répondit : “Je ne trouve pas un tel acte.” Puis il compléta : “Pourriez-vous, tandis que le Moudjahid part au combat, rester dans la mosquée sans

1. Cité à partir d’un texte non daté publié sur le site Internet islamiste www.assabyle.com : « *Al Jihaad Akbar wal Jihaad Asghar* : le grand Djihad et le petit Djihad ».

2. Coran (IX, 5) : « Après que les mois sacrés se seront écoulés, tuez les polythéistes partout où vous les trouverez ; capturez-les, assiégez-les, dressez-leur des embuscades » ; Coran (IX, 20) : « Ceux qui auront cru, ceux qui auront émigré, ceux qui auront combattu dans le chemin de Dieu avec leurs biens et leurs personnes seront placés sur un rang très élevé auprès de Dieu : voilà les vainqueurs ! »

3. Coran (IV, 95-96) : « Les croyants qui s’abstiennent de combattre – à l’exception des infirmes – et ceux qui combattent dans le chemin de Dieu, avec leurs biens et leurs personnes, ne sont pas égaux. Dieu préfère ceux qui combattent avec leurs biens et leurs personnes à ceux qui s’abstiennent de combattre. Dieu a promis à tous d’excellentes choses ; mais Dieu préfère les combattants aux non-combattants et il leur réserve une récompense sans limite. Il les élève auprès de lui de plusieurs degrés en leur accordant pardon et miséricorde… » Ces citations proviennent de l’édition du Coran traduit en français et présenté par D. Masson, Paris, Gallimard, 1967.

4. Ces Hadith sont extraits du texte déjà cité publié sur *www.Assabyle.com*

cesser de prier et de jeûner ?" L'homme s'excuse : "Mais qui le pourrait ?" »

Au tout début des années 1980, un jeune Égyptien, Abd al-Salam Faraj (1954-1982), électricien à l'université du Caire, écrivit un petit ouvrage intitulé *Al-Faridah al-Gha'ibah* (*L'Impératif occulté*), dont l'argument principal était que le djihad au sens militaire était devenu une obligation oubliée dans un monde musulman soumis et endormi, alors que le Coran et les Hadith prêchaient, d'après lui, essentiellement la guerre. S'opposant à l'interprétation classique des oulémas, Faraj en revenait à une interprétation littérale selon laquelle le musulman est un soldat de l'Islam prêt à utiliser tous les moyens pour faire triompher sa foi et imposer le règne de Dieu sur terre par l'intermédiaire du califat.

Imprimé à cinq cents exemplaires, son traité ne fut lu que par quelques dizaines de personnes, alors qu'il était pourtant appelé à connaître un immense retentissement. Car Faraj ne se contentait pas d'écrire. Prêchant par l'exemple, il joua un rôle prépondérant dans le complot qui devait aboutir à l'assassinat d'Anouar el-Sadate, à l'automne 1981, et participa à la formation du groupe d'assassins. Faraj fut arrêté, jugé et exécuté en 1982 ; son livre commença alors à circuler sous le manteau dans tout le monde arabe, bien au-delà de l'Égypte. Il n'est pas excessif de dire que Faraj a inspiré et influencé toute une génération de djihadistes [1].

Il est important, évidemment, d'aborder le djihad dans la rationalité qui est celle des islamistes ; elle est, faut-il le préciser, totalement différente de la nôtre. Dans la logique occidentale, on mène un combat pour le gagner,

---

1. Abdoullah Azzam, le mentor d'Oussama Ben Laden, admirait Faraj. Plus tard, après la mort d'Abdoullah Azzam, des Égyptiens du Djihad islamique et du Gama'a al-Islamiyya (en particulier le docteur Ayman al-Zawahari), qui avaient été nourris par l'opuscule de Faraj, « prirent en main » Oussama Ben Laden et achevèrent sa formation théorique.

c'est-à-dire pour vaincre son adversaire et lui imposer ses conditions. Bien évidemment, cet aspect tactique pratique n'est pas absent de la pensée du moudjahid : Ibn Taymiyya, la référence doctrinale majeure des djihadistes, disait que le djihad ne prendrait fin que lorsque le monde entier serait converti. Mais, même militaire, le djihad reste bel et bien, avant tout, un effort sur soi-même ; il est, d'une certaine manière, sa propre finalité et sa propre justification, le but étant de « faire plaisir à Dieu ». Ce point est d'ailleurs très régulièrement souligné dans la littérature djihadiste. Dans un petit texte célèbre, *How can I train myself for Jihad* – qui circule depuis des années dans les milieux islamistes et qui est toujours accessible sur différents sites du web –, une vérité est rappelée à plusieurs reprises : ce qui compte avant tout, c'est la sincérité de l'intention : « La bonne raison de s'entraîner est de s'entraîner pour le Djihad, qui lui-même est entrepris pour la seule satisfaction d'Allah. » En définitive, la fin importe peu : le vrai croyant mène le djihad pour montrer à Dieu l'étendue de sa foi, et cette raison à elle seule le justifie dans son engagement. Cela permet de comprendre qu'une action terroriste avortée – par la capture ou la mort de ses acteurs – aura, *in fine*, le même impact sur les islamistes qu'une action réussie. Entre autres raisons, il est vrai, parce qu'elle a une valeur d'exemple, qu'elle est un encouragement à poursuivre le combat. Mais aussi, et peut-être surtout, parce que, pour le prisonnier ou le chahid, elle constitue un témoignage de sa progression dans la foi par sa participation au juste combat. Le djihad est donc un cheminement intérieur, une aventure spirituelle, autant qu'il est un acte de guerre. Ce que les djihadistes traduisent parfois en disant : « Le chemin est aussi important que l'objectif. »

Qui dit « djihad » dit « martyr », car celui qui meurt sur le « chemin de Dieu » est un martyr, qu'il ait été tué par l'ennemi ou qu'il soit l'auteur d'un attentat-suicide

– une action que les islamistes appellent une « opération de martyre ». Les médias occidentaux ont souvent tendance à présenter le « kamikaze » comme une sorte de paumé qui quitte sans regret une vie dont il n'a rien à attendre. À lui seul, le parcours personnel de Mohamed Atta et des autres terroristes du 11 septembre 2001 dément cette explication : on trouvait dans le groupe un architecte, des pilotes de ligne, un ingénieur de la construction navale, etc. Bref, des hommes issus de la bourgeoisie, qui avaient beaucoup à perdre et qui avaient été, au moins superficiellement, « occidentalisés » lors de leur passage en Europe. Par la suite, ces hommes ont encore vécu plusieurs mois aux États-Unis, souvent séparés les uns des autres, et pourtant leur volonté n'a pas flanché : quand le signal de l'action est arrivé, aucun d'entre eux n'a manqué à l'appel. Même dans le conflit israélo-palestinien, la majorité des kamikazes ne sont pas des exclus ou des déshérités. Ils appartiennent en général aux classes moyennes, et beaucoup sont diplômés. Mais cette relative aisance matérielle ne les empêche pas d'être désespérés, parce qu'ils estiment être dans une voie sans issue.

La pratique de l'attentat-suicide, si elle remonte, dans le monde musulman [1], au Moyen Âge et à l'activisme des chiites contre les croisés et les traîtres qui pactisaient avec eux, s'est surtout répandue depuis 1983, d'abord dans le contexte de la communauté chiite du Liban et des attentats anti-occidentaux du Hezbollah, avant de s'étendre au monde musulman sunnite (Palestine,

1. Contrairement à une idée reçue, l'attentat-suicide n'est pas propre aux islamistes. Il a été pratiqué, entre autres, par les nihilistes russes du XIXe siècle et par les combattants Viêt-minh ; les Tigres tamouls du Sri Lanka y ont encore recours de nos jours. Pour une vision globale de cette question, on se reportera à François Géré, *Les Volontaires de la mort, l'arme du suicide*, Paris, Bayard, 2003. Pour une approche plus précise sur les opérations de martyre des islamistes, on lira Farhad Khosrokhavar, *Les Nouveaux Martyrs d'Allah*, Paris, Flammarion, 2002.

Cachemire, Tchétchénie, etc.). Dans un article paru en 2002 [1], David Cook, professeur d'islamologie à la Rice University de Houston, souligne que « les attentats-suicides ne visent pas à obtenir un avantage militaire », mais à « frapper l'ennemi de terreur, lui montrer qu'il est lui aussi vulnérable et lui infliger les mêmes souffrances que celles dont on est victime ». Plus loin, il souligne à nouveau l'importance de l'intention. Cet élément avait déjà été expliqué, il y a quelques années, dans l'une des rarissimes interviews données par des responsables anonymes du Djihad islamique palestinien (donnée à un journaliste du quotidien *Libération*) : « Notre principal objectif est de satisfaire Dieu... »

Farhad Khosrokhavar, directeur d'études à l'École des hautes études en sciences sociales, à Paris, fait quant à lui la différence entre les « martyrs » palestiniens, cachemiris ou tchétchènes, qui vivent directement une situation jugée humiliante du fait de l'occupation de leur sol et de l'impuissance de leurs dirigeants, et ce qu'il appelle l'« humiliation par procuration » des membres d'Al-Qaïda : « Ils ne l'ont pas subie dans leur propre corps, mais par le biais des médias, d'ailleurs souvent occidentaux, qui leur permettent de voir l'humiliation des Palestiniens, des Bosniaques [...] ». Il ajoute : « ... il existe en Occident même un certain nombre d'ingrédients qui poussent à la radicalisation dans un regard en miroir porté sur les sociétés musulmanes. Cette construction de soi et de l'autre dans un rapport antagonique est liée aux nouvelles formations multiculturelles dans le monde occidental. C'est d'ailleurs pour cette raison que la plupart des futurs aspirants au martyre au service de la néo-ouma [les martyrs d'Al-Qaïda] sont des personnes ayant vécu dans les grandes villes occidentales, telles que Hambourg, Londres, Paris ou New York. Ils ne sont pas issus des

1. In *Nova Religio*, octobre 2002.

banlieues d'Alger, du Caire ou de Téhéran, mais de ces "villes-mondes" (*global cities*) [1]. »

Cela étant, quitte à compliquer un peu les choses, il faut souligner que, dans l'islamisme, rien n'est jamais absolu (si ce n'est la foi des acteurs) et que ce qui était vrai hier peut se révéler faux aujourd'hui et retrouver une certaine importance demain. De même, plusieurs vérités en apparence contradictoires peuvent coexister. Ainsi, s'il est vrai que nombre de martyrs d'Al-Qaïda appartenaient à des classes sociales favorisées, certaines organisations affiliées recrutent quant à elles leurs candidats au martyre dans les milieux pauvres. C'est le cas, nous l'avons vu, du GICM.

La compréhension de la dimension essentiellement mystique du djihad et du martyre est fondamentale, car elle permet de percevoir que la défaite ou même l'écrasement (comme en Tchétchénie) ne mettront fin ni au djihad ni aux « opérations de martyre ». Cela pose une question que les islamologues, à ce jour, n'ont pas tranché : celle de l'« apocalyptisme musulman » ou du « millénarisme ». En d'autres termes, le djihad étant d'essence mystique, est-il lié à une approche apocalyptique ? Force est de constater qu'une importante littérature apocalyptique musulmane s'est développée depuis quelques années : mélangeant allégrement le Coran, les Hadith et même la Bible ou les prophéties de Nostradamus, les auteurs apocalyptiques, en fervents adeptes de la théorie du complot, multiplient les « analyses » tendant à prouver que l'humanité est entrée dans l'ère des cataclysmes qui précède la fin du monde. Condamnés par les écoles coraniques qui ont pignon sur rue, ces auteurs rencontrent toutefois un certain écho auprès des couches

1. Entretien entre Farhad Khosrokhavar et Jean-François Mayer, site *Religioscopie*, 17 octobre 2002. Voir aussi *www.religioscopie.com*

populaires qui n'oublient pas que l'an 1500 de l'hégire – c'est-à-dire l'an 2076 de l'ère chrétienne – est traditionnellement présenté comme l'année de l'achèvement du monde.

La mouvance du djihad est-elle travaillée par cette pensée apocalyptique ou par le millénarisme ? C'est possible. On sait en tout cas que des auteurs apocalyptiques musulmans estimaient que « quelque chose » devait se produire en 2000. Est-ce un effet du hasard ? Toujours est-il que la mouvance Al-Qaïda avait planifié plusieurs attentats pour la fin 2000, notamment aux États-Unis et en France. Cette approche apocalyptique, millénariste ou messianique pourrait étayer, selon une autre approche, la théorie selon laquelle le djihad est sa propre fin et porte en lui-même sa justification : par l'action, par le sacrifice, le djihadiste se purifie, se lave de ses péchés et, s'il atteint le statut envié de chahid, se rapproche de son Dieu, qui est seul à dispenser la victoire et à décider de son moment ; la seule chose que peut faire le croyant est de « faire plaisir à Allah ». En allant au bout de cette logique, on peut même penser que la défaite pourrait, inconsciemment, être souhaitée par le djihadiste en ce qu'elle accroît le sentiment apocalyptique général, entraîne de grands bouleversements et hâte ainsi, peut-être, la fin du monde.

Comment les islamistes divisent le monde

Reste un point à aborder pour mieux comprendre l'univers mental des islamistes, celui de la représentation qu'ils se font du monde. Ils ont fait leur une tradition apocryphe qui répartit les nations du monde en trois « maisons » : d'abord, le *Dar al-islam*, ou « maison de l'Islam », qui correspond aux pays où les règles de l'Islam sont appliquées ; ensuite, le *Dar al-harb*, ou « maison de la Guerre », soit les pays dirigés par des non-musulmans et où un état de guerre existe entre musulmans et non-musulmans ; enfin, le *Dar al-solh*, ou « maison de la Trêve », c'est-à-dire les pays dirigés par des non-musulmans, mais où les musulmans bénéficient de tous les droits et peuvent, notamment, pratiquer leur religion. On notera que ces concepts n'ont jamais été définis avec précision par aucun juriste musulman faisant autorité et que, si un consensus existe autour du *Dar al-islam*, il n'en va pas de même pour les pays dirigés par des non-musulmans, que les auteurs qualifient de *Dar al-harb* ou de *Dar al-solh*, mais aussi de *Dar al-ahd* (maison de la Conciliation), *Dar al-bid'ah* (maison de l'Hérésie), *Dar al-kufr* (maison de l'Incroyance), ou encore *Dar al-malsubah* (maison du Pillage).

Cette imprécision est largement exploitée par les islamistes pour justifier le djihad ou la subversion – et en premier lieu lorsqu'ils s'attaquent à des pays musulmans, tels que l'Égypte de Sadate ou la Tunisie de Ben Ali –, voire – comme pour le cas des takfiri – la simple criminalité crapuleuse (il se dit régulièrement, dans certaines « mosquées des caves » intégristes, que commettre un délit dans le *Dar al-kufr* n'est pas illicite aux yeux de l'Islam). Cette tolérance permet évidemment à certains de « récupérer » l'ardeur des jeunes délinquants et, le cas échéant, de les pousser à partager le fruit de leurs délits avec « la cause ». Cette attitude explique également que de nombreux réseaux salafistes, prétendant œuvrer à la victoire d'un Islam rigoureux et moraliste, ne se financent, en fait, que par des délits (vols, escroqueries, détournements, etc.). De plus, la très opportune distinction entre *Dar al-harb* et *Dar al-solh* permet à certains islamistes de justifier le fait que, si la violence est légitime dans certains pays ou certaines circonstances, elle doit céder le pas à la simple subversion dans d'autres [1].

1. On trouvera différents textes et définitions concernant ces « maisons »

C'est inspiré par cette idéologie confuse où une interprétation unilatérale et simplifiée à l'extrême des textes se mêle à des traditions douteuses et à des règles de vie résultant de l'altération des concepts religieux que s'est développé l'islamisme armé. Au cours des années 1980 et de la décennie suivante, des mouvements terroristes islamistes, d'abord d'inspiration chiite puis de tendance sunnite, ont fait leur apparition en différents points de la planète, où ils ont commencé à mener le djihad : outre l'Afghanistan, on peut citer l'Égypte, le Liban, le Pakistan et la péninsule Indienne, l'Arabie Saoudite, la Jordanie, la Turquie, la Cisjordanie et Gaza, l'Indonésie, l'Algérie, la Turquie, le Maroc, la Bosnie, l'Asie centrale ou encore le Caucase.

Excepté au Cachemire, en Cisjordanie, à Gaza et en Tchétchénie, où le djihad se confond avec une lutte nationale, ainsi qu'en Bosnie, où le djihad était essentiellement défensif, ces différentes luttes avaient ou ont toujours souvent pour point commun d'opposer les islamistes à des pouvoirs totalitaires et corrompus qui, par leur incapacité, ont participé à l'humiliation des musulmans. Les islamistes se sont également attaqués (par exemple en Jordanie, en Tunisie) à des pouvoirs locaux qu'ils décrétaient « impies » parce qu'ils tentaient de moderniser leur pays ou d'adopter peu à peu des standards démocratiques incompatibles avec la vision que les islamistes se font du monde. Laissons la parole, une fois encore, à Farhad Khosrokhavar : « En un sens, l'antagonisme envers un ordre mondial qu'ils [les islamistes] perçoivent comme oppressif et humiliant pour les musulmans précède leur islamisation et leur dévouement piétiste [...] Ce n'est pas la pratique de l'Islam qui induit une radicalité ; c'est plutôt l'inverse. La haine de l'Occident se nourrit d'une

---

sur certains sites Internet, tels que *www.bismikaallahuma.org* (en anglais) ou *www.maison-islam.com* (en français).

version radicalisée du religieux qui s'exprime par la suite en termes antagoniques et activistes vis-à-vis du monde occidental [1]. »

Les différents groupes impliqués dans ces combats s'en prenaient aussi, de temps à autre, à l'Occident, accusé de soutenir les gouvernements combattus. Mais tous ces mouvements étaient divisés, agissant chacun de leur côté et sans unité d'action ni programme commun. C'est alors que vint le temps d'Oussama Ben Laden et de ses compagnons, et que naquit Al-Qaïda.

1. Site *Religioscopie, op. cit.*

4

1979-1996 : l'enfance d'un chef

Si depuis quelques années Oussama Ben Laden s'est imposé comme le chef de file incontesté du terrorisme islamiste, c'est qu'il a joué dans cette mouvance un rôle déterminant, véritablement historique. Là où il y avait rivalités et divisions, il a imaginé un programme commun et forcé l'unité ; là où régnait un apparent chaos, il a créé un système, souple et efficace [1]. C'est à partir de 1983-1984 qu'il commença à se faire un nom dans le petit monde des chefs de guerre du djihad afghan.

Oussama Ben Mohammed Ben Awad Ben Laden est né à Riyad en 1957. Aujourd'hui encore, de nombreuses zones d'ombre demeurent dans la biographie de cet homme. Suivant les sources, on le dote de cinq, sept ou plusieurs dizaines de frères et sœurs. En fait, si l'on se réfère aux confidences de ceux qui l'ont connu dans ses années saoudiennes – et qui connaissent bien sa famille,

---

1. Pour plus de détails sur Oussama Ben Laden et sur les années qui ont précédé et accompagné la naissance d'Al-Qaïda, on peut se reporter, entre autres, à Rohan Gunaratna, *Inside Al Qaeda, Global Network of Terror*, New York, Columbia University Press, 2002, et à Claude Moniquet, *La Guerre sans visage : de Waddi Haddad à Oussama Ben Laden…*, Paris, Michel Lafon, 2002.

comme le docteur Saad al-Fagih –, Oussama est le dix-septième des cinquante-deux enfants d'un richissime magnat de la construction et d'une Syrienne. D'origine yéménite, son père est arrivé en Arabie vers 1930. Curieusement, alors que sa propre famille, des marchands, était connue pour sa prospérité, il aurait débuté en Arabie Saoudite en travaillant comme simple docker, au port de Djeddah. Quelques décennies plus tard, il sera à la tête d'un empire industriel et financier. On notera que, par sa mère, Oussama est apparenté à des familles syriennes et a des origines alaouites, c'est-à-dire chiites (les alaouites, qui dirigent la Syrie, sont des chiites).

Devenu entrepreneur, le père d'Oussama bâtit les palais de la famille royale, mais aussi des mosquées, des routes, des hôpitaux. Il bénéficie, notons-le, d'un privilège exorbitant. Lorsque le roi Fayçal a succédé à Séoud, les caisses de la monarchie étaient vides, et c'est Ben Laden père qui a entretenu le nouveau souverain. Celui-ci lui en sera reconnaissant : il signera un décret assurant à son bienfaiteur l'exclusivité de toutes les constructions publiques dans son royaume. On peut dire que la famille Ben Laden a réellement construit l'Arabie Saoudite moderne. L'entreprise prospère et comptera jusqu'à quarante mille employés. Ce succès, s'il en est fier, ne monte pas à la tête du père d'Oussama. Il éduque ses enfants dans les strictes règles de l'Islam wahhabite et les emmène régulièrement faire retraite dans le désert. Durant les pèlerinages de La Mecque, qui attirent chaque année des foules immenses en Arabie Saoudite, il loge dans ses propriétés des centaines de fidèles.

C'est durant ses études d'ingénieur – il se destine alors à entrer dans la compagnie familiale – qu'Oussama entre en contact avec la mouvance clandestine des Frères musulmans. Il suit, entre autres, les cours d'Abdallah Azzam, un Palestinien qui deviendra l'un des principaux idéologues du djihad afghan. Le jeune homme ne se mêle pourtant pas aux émeutes révolutionnaires qui se déroulent à La Mecque en 1980. Des émeutes qui vont d'ailleurs causer des soucis à la famille. Les rebelles ont en effet utilisé les camions de l'entreprise Ben Laden pour faire entrer des armes à La Mecque ; circulant jour et nuit et appartenant à des proches de la famille royale, ces véhicules échappent à toute fouille de police. L'un des frères d'Oussama, Mahrous, lui aussi assez proche des Frères musulmans, sera soupçonné et même brièvement détenu avant d'être innocenté.

Mais si Oussama Ben Laden semble indifférent aux événements de La Mecque, c'est peut-être parce que sa vraie vie est déjà ailleurs. Dès l'annonce de l'invasion de l'Afghanistan, le jeune homme est parti pour le Pakistan. Il y reste un mois, s'intéresse un peu aux réfugiés, rencontre des dirigeants locaux, puis revient en Arabie Saoudite où il organise, avec l'aide de ses frères, des collectes d'argent et de médicaments destinés à la résistance. Ici, à nouveau, une zone d'ombre. Oussama Ben Laden a-t-il été, comme on le prétend parfois un peu hâtivement, un agent de la CIA, chargé de recruter des volontaires arabes pour les envoyer combattre les Soviétiques ? La réponse est sans doute négative. Du reste, Ben Laden lui-même dira au journaliste britannique Robert Fisk, un grand connaisseur du monde arabe, qui l'a interviewé à plusieurs reprises, qu'il n'a « jamais accepté un dollar, une cartouche, des Américains ». Où est la vérité ? Eh bien, comme souvent en Orient, tout est dans la nuance. Ben Laden ne travaille pas directement pour les Américains, mais il collabore étroitement avec l'un des amis de sa famille, le prince Turki Ibn Fayçal, qui dirige les services secrets saoudiens. Le prince le met en contact avec l'Inter Services Intelligence (ISI, les services secrets pakistanais), et ceux-ci comprennent aussitôt tout le bénéfice qu'ils peuvent tirer de ce jeune homme riche et bien introduit.

Abdallah Azzam, le second père d'Oussama Ben Laden

L'ISI, créé en 1971, est bien davantage qu'un « simple » service de renseignement. Plongeant profondément ses racines au sein de l'armée pakistanaise, il regroupe rapidement des officiers connus pour leur attachement à l'idéologie islamiste. Le djihad afghan a eu deux effets majeurs pour l'avenir de l'ISI : il lui a procuré des moyens importants fournis par la CIA et l'Arabie Saoudite (plus d'un milliard de dollars) et lui a permis de devenir le principal centre d'élaboration de la politique étrangère du pays. C'est à Abdallah Azzam que l'ISI confie la direction du Maktab al-Khedamat (MAK), le Bureau des services aux moudjahidin, qui, à Peshawar, centralise l'enrôlement et la formation des volontaires venus se battre contre les Soviétiques. Le MAK dispose alors de bureaux un peu partout et même aux États-Unis, à Detroit et à Brooklyn. Oussama Ben Laden en sera l'adjoint et le principal financier entre 1982 et 1984, avant d'entreprendre, entre 1984 et 1986, des tournées de collecte de fonds dans le monde arabe.

Abdallah Azzam ayant joué un rôle essentiel dans la formation intellectuelle d'Oussama Ben Laden, il est nécessaire de s'arrêter un peu sur sa personnalité. L'homme est né à Jénine en 1941 et a quitté la Cisjordanie après la défaite arabe dans la guerre des Six Jours en 1967. Il suit alors des études théologiques à Damas et à la prestigieuse université islamique Al-Azhar, au Caire, où il se spécialise en droit. Membre des Frères musulmans, il enseigne ensuite en Arabie Saoudite. Dès les débuts de l'invasion soviétique en Afghanistan, il se rend au Pakistan ; il est alors l'un des rares théoriciens islamistes à penser qu'il est plus important de mener le djihad contre les Soviétiques que contre les Américains, entre autres parce qu'une défaite soviétique pourrait permettre d'ébranler le joug communiste sur l'Asie centrale musulmane.

Azzam, incontestablement, a été séduit par Oussama Ben Laden et sa fougue. Et il n'est pas le seul. Abdoullah Anas, un Algérien très proche d'Azzam dont il allait épouser l'une des filles, fut l'un des premiers à rejoindre le djihad afghan avant de devenir l'un des fondateurs du Front islamique du salut (FIS) en Algérie. Il se souvient très bien du principal assistant du chef du MAK à cette époque : « Lorsque vous êtes assis auprès d'Oussama, vous n'avez pas envie de quitter la réunion. Vous voulez poursuivre la discussion avec lui, car il est très calme et très éloquent... » Son mentor a pris l'habitude de présenter le jeune volontaire en ces termes : « Regardez cet homme. Chez lui, il a tout. Il vit dans des palais, roule dans de grosses voitures, il est riche. Et pourtant, il a quitté son pays, il a abandonné son confort, pour venir combattre ici pour sa foi et dormir par terre, parmi les plus pauvres des volontaires. Prenez exemple sur lui... » Oussama Ben Laden n'a pas trente ans et déjà il est en passe de devenir une icône pour les djihadistes.

En 1984, Ben Laden installe à Peshawar, sous couverture du MAK, une *guesthouse* qui loge les volontaires en transit. De temps à autre, à partir de 1986, il se rend sur le terrain et participe aux combats. Entre autres aux batailles de Jaji et de Shaban, mais aussi à celle de la « tanière du Lion », où le groupe dans lequel il se trouve résistera sept jours à une offensive en règle de l'Armée rouge. En deux ans, il monte six camps de moudjahidin en Afghanistan, où il se spécialise rapidement dans les travaux de génie civil : avec des engins de travaux publics qu'il fait venir d'Arabie Saoudite et des techniciens et ingénieurs d'origine pakistanaise ou afghane travaillant de longue date dans sa famille et qu'il a débauchés, il ouvre des routes, des pistes plutôt, qui lui permettent d'acheminer hommes, armes et munitions. Après viendront des tunnels, puis des abris souterrains parfois extrêmement complexes. Sur plusieurs étages, au cœur de montagnes imprenables, ces bunkers abritent dortoirs, salles communes, arsenaux, salles d'état-major et même hôpitaux de campagne. La réussite de ce volontaire étranger qui s'est taillé une place singulière séduit et attire d'autres volontaires arabes qui s'enrôlent à ses côtés. Oussama Ben Laden est devenu un chef. Il lui manque juste une organisation qui lui appartienne.

Peu à peu, Ben Laden se rapproche de ceux, parmi les moudjahidin, qui pensent que le djihad, qui est en train de faire ses preuves contre les Soviétiques, pourrait également être utilisé contre les régimes impies qu'ils ont fuis pour venir combattre. Les plus acharnés sont les Égyptiens du Djihad islamique, qui ont quitté leur pays suite à la vague de répression consécutive à l'assassinat d'Anouar el-Sadate. Un assassinat qu'ils avaient organisé. Parmi eux, Ayman al-Zawahiri, l'un des principaux chefs du djihad islamique, et Omar Abdel Rahman, le cheikh aveugle, qui avait été acquitté lors du procès des meurtriers du raïs : la justice le suspectait d'avoir été l'inspirateur du meurtre, mais elle manquait de preuves. Ce n'est que bien après sa libération, et alors qu'il avait déjà gagné l'Afghanistan, que l'on découvrira qu'il était, en fait, le *Murchidal-ruhi* (guide spirituel) et le mufti (juge religieux) du Djihad islamique et du Gama'a al-Islamiyya. En cette qualité, c'est lui qui prononçait les fatwas. Dont celle qui fut à l'origine de la mort de Sadate.

La naissance d'Al-Qaïda

Ben Laden et Azzam resteront amis jusqu'au mystérieux assassinat de ce dernier, le 24 novembre 1989, mais leurs voies divergent. Azzam veut se concentrer sur l'établissement d'un État islamique en Afghanistan, tandis qu'Oussama Ben Laden commence à imaginer un possible djihad mondial. C'est en novembre 1987 qu'il trouve la grande idée. Sa *guesthouse* de Peshawar est assaillie de demandes de familles angoissées qui réclament des nouvelles de proches partis en Afghanistan et disparus. Or il est impossible de retrouver leurs traces : combattants, médecins, journalistes ou même simples volontaires arrivent, franchissent la frontière avec un chauffeur, passent de camp en camp sans que nul se soucie de leurs allées et venues. Il décide alors de créer un système de fichiers qui permettra à chacun d'être enregistré et d'avoir son dossier personnel. Pour gérer le tout, il fait appel à quelques camarades débauchés du MAK qui partagent ses options politico-religieuses.

Le nom de la petite organisation qui voit alors le jour est *Al-Qaïda*, littéralement « la base » en arabe. En fait, ce nom fait référence à trois concepts distincts. D'abord, c'est ainsi que l'on désignait un camp de formation de moudjahidin créé par Ben Laden, près de Jalalabad, en Afghanistan, l'endroit ne portait pas de nom particulier et ceux qui le connaissaient le nommaient simplement « la base ». Ensuite, « la base » est aussi « la base de données » : ces fichiers patiemment créés et enrichis par Oussama Ben Laden et ses assistants regroupent les noms et les coordonnées de milliers de moudjahidin. Enfin, il y a, semble-t-il, une référence à un événement essentiel de la vie du Prophète : son exil à Médine en 622, où il s'était réfugié pour fuir les Mecquois qui complotaient contre lui. Il y créa le premier État islamique et s'en servit comme *base* pour se lancer à la conquête du monde. Cet exil (*Hijra*), que nous appelons en français « hégire », marque le début de l'ère islamique.

C'est en 1987 également que Ben Laden commence à développer plus intensément ses relations avec les autres mouvances djihadistes présentes en Afghanistan. En 1988, après neuf années de guerre, les Soviétiques se retirent d'Afghanistan. La défaite des Russes aura une immense influence sur l'évolution des moudjahidin en confortant dans leurs vues les tenants de la ligne dure : « Si nous avons pu vaincre les Russes, la deuxième armée du monde, qui pourra nous résister ? » Telle est la teneur du discours que l'on entend alors dans les *guesthouses* du Pakistan et dans les camps afghans. Oussama Ben Laden décide alors de rentrer en Arabie Saoudite. Il nourrit, semble-t-il, un grand projet : organiser un nouveau djihad contre le gouvernement communiste du Yémen du Sud, pays natal de son père. Mais cette idée n'enchante guère le palais royal qui souhaite avoir la paix avec ses voisins. Pas plus que ne plaisent, d'ailleurs, les diatribes incendiaires que Ben Laden lance régulièrement contre l'Irak, que l'Arabie Saoudite soutient alors dans sa guerre contre l'Iran.

Durant l'été 1990, Saddam Hussein envahit le Koweït. Oussama Ben Laden triomphe. Il a eu raison avant les autres : l'Irak est bien le nouvel ennemi. L'heure de combattre le régime athée de Bagdad a donc sonné. Il propose la création d'une légion islamique ; on fait mine de l'écouter, mais les vraies décisions ont déjà été prises. À la fin de l'été, les troupes américaines commencent à débarquer en Arabie Saoudite. C'est un coup de tonnerre pour Ben Laden qui ne peut accepter de voir des « infidèles » fouler une terre d'Islam, surtout celle où sont situés certains des lieux les plus sacrés de la foi, comme Médine ou La Mecque. Il critique ouvertement le Palais. On craint l'influence de ce héros du djihad sur une partie de la jeunesse, si bien qu'on le place en résidence surveillée. C'est de cette époque que datent les prémices de la rupture entre Ben Laden et la partie de la famille royale saoudienne qui assume la réalité du pouvoir.

En avril 1991, avec l'aide active de ses proches et

bénéficiant, sans doute, de complicités dans la famille régnante – traversée par bien des tensions et des rivalités, qu'elles soient de pouvoir ou idéologiques –, il arrive à quitter clandestinement son pays et regagne le Pakistan. De là, il passe en Afghanistan, mais la situation le déçoit. Le régime communiste a certes été renversé, mais les différentes factions de la résistance se déchirent entre elles. Écœuré, il repart. Mais où aller ? Le 30 juin 1989, le Front national islamique a pris le pouvoir à Khartoum. L'un des premiers décrets du nouveau régime a été de faire du Soudan une terre de refuge pour les musulmans persécutés. Ce sera donc le Soudan. Ben Laden ne part pas pour se cacher, mais pour réfléchir à l'avenir. Il a beaucoup appris en Afghanistan. Sur lui-même et sur les autres. Sur la guerre aussi, et sur les capacités de l'Oumma, la communauté des croyants. L'apprentissage est terminé. L'heure des grandes réalisations est désormais venue.

Homme d'affaires et terroriste

Le jeune homme qui était arrivé en Afghanistan pour combattre les Russes, en 1980, était encore à la recherche de lui-même. Qui était-il au fond ? Un fils de famille plus que nombreuse, perdu parmi des dizaines d'autres et dont le destin semblait tout tracé, confortable, certes, mais pas vraiment enthousiasmant. Entrer dans l'entreprise familiale et y gérer une succursale ne faisait, manifestement, pas rêver Oussama Ben Laden. En Afghanistan, il s'était réalisé et, peu à peu, avait trouvé sa place. Il avait un idéal, il était utile et il était reconnu. Admiré même. Lorsqu'il gagne le Soudan en 1991, Oussama Ben Laden n'a donc plus rien à voir avec le jeune homme timide qui, dix ans plus tôt, se posait des questions sur son destin. Il est sûr de lui, à la tête d'une petite organisation très structurée et entouré d'amis sûrs. Et, surtout, il sait que si la guerre d'Afganistan est terminée, sa guerre à lui ne fait que commencer...

Au Soudan, Oussama Ben Laden va, dans un premier temps, magistralement tromper son monde. Il ouvre un compte à la Al-Shamall Islamic Bank de Khartoum et y fait verser par sa famille cinquante millions de dollars, puis il crée ou fait créer plusieurs compagnies commerciales, dont Wadi al-Akik Company (import-export), Toba Investment Company Ltd (développements de projets agricoles) et Al-Hikrah Construction and Development Ltd (génie civil). Ajoutons-y une société au Kenya et une manufacture de céramique au Yémen. Ces différentes structures commerciales, même si elles servent de couverture à une mouvance nettement plus occulte, ont des activités concrètes et bien réelles. Pour le gouvernement islamique du Soudan, Oussama Ben Laden construit des aéroports, des infrastructures militaires et des routes, notamment une autoroute longue de mille deux cents kilomètres reliant Khartoum à Port-Soudan. Pour l'assister dans la gestion de ses différentes sociétés, Ben Laden fait venir d'Afghanistan et du Pakistan des centaines d'anciens volontaires du djihad, désormais désœuvrés. Le financier se double d'un philanthrope qui assiste la malheureuse population soudanaise et n'oublie pas d'aider ses ex-camarades de combat à réintégrer la vie civile.

Cela, c'est le côté face. Le côté pile, dans l'ombre, est très différent. Au Soudan, Oussama Ben Laden commence par structurer Al-Qaïda, dont il a conservé le contrôle. Il en fait une organisation verticale des plus classiques : au sommet, l'émir (c'est-à-dire lui-même), qui dirige l'organisation, et, à ses côtés, le *Majlis al-Choura*, une sorte de « conseil des sages » au sein duquel siègent les principaux lieutenants de Ben Laden. Parmi eux, Mohammed Atef, un ancien policier égyptien rallié au Djihad islamique d'Ayman al-Zawahari. Comme

Al-Zawahari, c'est en Afghanistan qu'Atef, qui, entre autres noms de guerre, portera fréquemment celui d'Abou Hafs, a rencontré Ben Laden. Au début des années 1990, il devient le chef militaire d'Al-Qaïda. Sous le conseil des sages, on trouve quatre comités techniques : affaires religieuses et légales, affaires militaires, finances, médias et relations publiques.

Les fatwas qui donnent leur légitimité à l'action des membres et sympathisants d'Al-Qaïda sont émises par le comité des affaires religieuses et légales. Les opérations spéciales qui en découlent sont confiées à des hommes de confiance choisis au sein du comité des affaires militaires. Ali Mohammed, par exemple, est un membre important du comité militaire d'Al-Qaïda. Encore un Égyptien, mais naturalisé américain. Homme au parcours exceptionnel, devenu sergent dans les *marines*, Ali Mohammed est chargé de la formation des futurs membres des forces antiterroristes ; c'est lui qui leur explique comment fonctionne la mouvance islamiste. Mais, en sous-main, il reste un homme de confiance de Ben Laden. Entre les États-Unis et Al-Qaïda, il jouera un jeu si personnel et si complexe – informateur et « taupe » infiltrée aux yeux des premiers, fidèle parmi les fidèles pour la seconde – qu'il est probablement le seul à savoir aujourd'hui qui il a le plus trahi.

Une fois Al-Qaïda devenue totalement opérationnelle, Oussama Ben Laden peut passer à la deuxième phase de son plan : rassembler les organisations islamistes armées sous sa bannière. À partir des informations contenues dans les fichiers d'Al-Qaïda, des contacts sont pris avec les GIA algériens, avec des groupes non organisés en Europe, avec des mouvements naissants dans d'autres pays, au Maghreb et dans la région du Golfe. Ces contacts sont grandement facilités par la place qu'occupe alors le Soudan sur la carte de l'Islam politique. Le « guide » du régime, Hassan al-Tourabi, veut, lui aussi, unifier les mouvements islamistes. Le plus souvent, ce n'est donc pas Ben Laden qui va vers les groupes qui l'intéressent, mais ceux-ci qui viennent à lui. Ainsi, au début du mois de décembre 1993, se déroule dans la capitale soudanaise une réunion internationale où se retrouvent tous les mouvements armés musulmans et, plus largement, de nombreuses organisations arabes anti-impérialistes. Dans les couloirs des grands hôtels de la capitale, on peut croiser des cadres du Djihad islamique palestinien, du Hamas, des Frères musulmans, de la « Nation de l'Islam » américaine, mais aussi des représentants d'organisations turques ou même du FPLP et du FDLP, qui se réclament pourtant tous deux du marxisme-léninisme. Même le Hezbollah libanais, chiite, a fait le déplacement. Point commun de ces extrémistes : la haine de l'Amérique.

Un proche de Ben Laden, Mahdouh Mahmoud Salim, un Irakien, aide Al-Qaïda à établir des « relations de travail » avec le hezbollah. D'après les spécialistes américains de la lutte antiterroriste, c'est la première fois que s'esquissera une collaboration entre terroristes chiites et sunnites. Et quelle collaboration ! Grands spécialistes de l'attentat au véhicule piégé, les Libanais du Hezbollah vont accepter de partager leur savoir avec les hommes de Ben Laden. Cette formation sera bientôt mise à profit.

D'autres rapprochements auraient également de quoi surprendre si l'on oubliait que tous les membres de cette étrange « famille » partagent un anti-américanisme viscéral. Au milieu des années 1990, Oussama Ben Laden forge des relations très étroites avec les services spéciaux irakiens, alors même que, quelques années plus tôt, il avait proposé à Riyad de mener le djihad contre Bagdad. Saddam Hussein dépêchera même au chef d'Al-Qaïda un diplomate doté, en gage de bonne volonté, d'un cadeau inestimable pour une organisation clandestine : plusieurs centaines de passeports yéménites vierges. La rencontre aura lieu à Kandahar. Car s'il est installé à Khartoum, Oussama Ben Laden n'a pas oublié l'Afghanistan. Il s'y rend régulièrement, de même qu'au Pakistan.

Mais à Khartoum le vent tourne. Le régime islamique tente de se rapprocher de l'Occident et, pour montrer patte blanche, il se débarrasse des plus encombrants des militants extrémistes qu'il a jusque-là accueillis à bras ouverts. Le terroriste Carlos est livré à la France. Ben Laden est prié de retourner en Afghanistan, où, au printemps 1996, il se fixe avec ses amis, près de Jalalabad. À cette époque, la guerre civile fait encore rage entre les différentes factions islamistes. En septembre 1996, les talibans du mollah Mohammed Omar Akund prennent Kaboul – peut-être aidés par Oussama Ben Laden qui leur aurait fourni des véhicules et des armes. L'affaire n'est pas claire. Ce qui est évident, en revanche, c'est que, très vite, le mollah Omar va subir l'influence d'Oussama Ben Laden, à une fille duquel il marie l'un de ses propres fils. Cette alliance va enfin permettre à Oussama Ben Laden de donner toute la mesure de son génie en lui procurant les quelques années de calme et le sanctuaire dont il a besoin pour parachever son œuvre.

5

1996-2001 : vers la guerre totale

En Afghanistan, Oussama Ben Laden et ses amis ont trouvé le havre de paix qui leur était nécessaire pour finir de mettre au point leur organisation. Mieux, ils vivent dans ce qui, pour eux, est l'État idéal : un véritable califat. Car aucun autre régime n'a été aussi loin que les talibans sur la voie de la réalisation de l'État islamique total. Coutumier des visions, le mollah Omar aurait reçu du Prophète, durant l'été 1994, la mission de mettre fin à l'immoralité et au crime. Aussitôt après la chute de Kaboul, il s'y employa. La télévision, la radio, Internet, la musique, la danse et le chant sont interdits, et les ordinateurs qualifiés de « machines absurdes ». Le seul droit reconnu est, évidemment, le droit islamique, et les peines sont celles que prévoit ce droit : les coups de bâton, le fouet, l'amputation, l'égorgement ou la décapitation, suivant la gravité du crime commis. Les femmes sont bannies de la vie publique et interdites d'écoles ou d'hôpitaux.

Entre Oussama Ben Laden et le mollah Omar, l'entente est immédiate. Le premier convaincra rapidement le second qu'il est bel et bien le « commandeur des croyants » (*Amir-al-mou'minin*) et que sa mission libératrice dépasse de très loin le seul Afghanistan, qui doit devenir un territoire servant à répandre l'Islam dans le monde. Omar confie donc à Oussama Ben Laden l'organisation et la direction de tous les volontaires étrangers présents sur le sol afghan, ce qui va évidemment accélérer la montée en puissance d'Al-Qaïda. Peu à peu, de nouvelles relations se tissent avec d'autres organisations qui vont s'unir à celle que dirige Oussama Ben Laden, comme le Groupe Abou Sayyaf, aux Philippines, ou le Mouvement islamique d'Ouzbékistan (habituellement désigné sous son acronyme anglais : IMU), considéré comme l'organisation islamiste la plus dangereuse d'Asie centrale. La mouvance s'organise et va bientôt pouvoir passer à l'action.

World Trade Center, Somalie, Louxor :
la préhistoire d'Al-Qaïda

À vrai dire, Oussama Ben Laden est déjà passé à l'action, mais, malgré le côté spectaculaire de certains des attentats qu'il a sans doute organisés, il n'est pas encore considéré comme très dangereux par les services de sécurité et de renseignement américains et européens. L'ennemi principal, Ben Laden en a pris conscience durant la première guerre du Golfe, c'est l'Amérique. Or, aux États-Unis, Al-Qaïda dispose de ses bases. C'est là qu'est installé, depuis plusieurs années, le cheikh aveugle Omar Abdel Rahman. Il n'est pas seul. Le centre de réfugiés Al-Kifah, à New York, est un lieu où l'on recrute les volontaires de la guerre sainte. Durant la guerre d'Afghanistan, il a été utilisé comme centrale de recrutement par la CIA, qui y repérait ceux qu'elle pourrait envoyer combattre sur le terrain. Mais depuis le retrait soviétique, les services spéciaux américains se sont totalement désintéressés de l'association. Ils ne la surveillent même plus. Mal leur en prend. La figure en vue, à

Al-Kifah, est un ingénieur, El-Sayyid Nosair. À ses côtés, Mafmud Abou Halima. Ces deux hommes, deux déclassés, vont importer le djihad sur le sol des États-Unis d'Amérique.

Le 5 novembre 1990, Nosair pénètre dans une salle bondée de l'hôtel Marriott, sur la 49e Rue. Il abat le rabbin Meir Kahane, un enragé dont le programme politique se réduit à « chasser d'Israël les chiens arabes ». Le plan est simple : après les coups de feu, Nosair doit sauter dans le taxi conduit par son camarade Abou Halima pour s'enfuir. Il le fait. À un détail près : il se trompe de taxi. Les deux hommes sont arrêtés. Dans l'appartement de Nosair, au milieu d'une importante documentation, on trouvera des repérages de cibles et des photos : entre autres, celles de l'Empire State Building et du World Trade Center. Mais ce qui aurait pu faire figure d'avertissement ne sera pas compris.

Deux ans plus tard, le 26 février 1993, un peu après minuit, une explosion dévaste les sous-sols du World Trade Center. Un camion piégé garé au deuxième sous-sol fait 6 morts et 1 000 blessés. Il s'agit, cette fois, de la première attaque terroriste majeure sur le sol américain, et nul ne peut l'ignorer. Les dégâts sont considérables : la bombe – entre 600 et 750 kilos d'un mélange à base de fertilisant – a creusé un cratère de 50 mètres de diamètre sur cinq étages de profondeur ; il faudra évacuer 6 800 tonnes de débris. En quelques semaines, la plupart des auteurs ou complices de l'attentat sont identifiés, et quatre d'entre eux arrêtés. Ce sont tous d'anciens « Afghans », liés au cheikh aveugle Omar Abdel Rahman, l'inspirateur de l'action. Youssef Ramzi, leur chef, s'est enfui en s'envolant de Kennedy Airport quelques heures à peine après l'attaque. La traque commence. Ramzi sera repéré plus tard à Manille, aux Philippines. Il y côtoie un autre ancien volontaire d'Afghanistan, Wali Khan Amin Shah, un proche de Ben

Laden. Les deux hommes planifient la destruction simultanée d'une douzaine d'avions américains au-dessus du Pacifique. Un attentat d'une ampleur jamais égalée, mais qui sera déjoué par le travail des services antiterroristes. La cavale de Ramzi s'achève le 7 février 1995 lorsqu'il est capturé au Pakistan, où il séjourne dans l'agréable *guesthouse* créée naguère par Ben Laden pour loger les volontaires du djihad.

Longtemps après ce premier attentat contre le World Trade Center, les autorités américaines resteront divisées sur l'identité réelle des commanditaires de l'attentat. Elles balancent entre l'Iran, l'Irak et la Libye. Ou peut-être même une coalition de deux de ces pays, ou des trois. Elles ne peuvent imaginer une seule seconde qu'il n'y ait pas, derrière cette attaque, les services secrets d'un État. Il leur faudra plusieurs années pour identifier formellement Ben Laden. Pourtant, un indice matériel important est tombé entre les mains des enquêteurs. L'un des terroristes condamné pour cet attentat, Ahmed Ajaj, a passé quatre mois au Pakistan en 1992. Il en est revenu avec un manuel technique expliquant comment fabriquer différentes sortes de bombes et comment les utiliser pour provoquer le maximum de dégâts. Des erreurs de traduction amènent les experts du FBI à penser que ce livret technique a été publié à Amman en 1982 et qu'il s'intitule *La Règle de base*. En réalité, des contre-expertises réalisées quelques années plus tard, notamment à la demande d'investigateurs du *New York Times*, permettront de découvrir que le manuel a été édité en Afghanistan, en 1989, et que, au lieu de *La Règle de base*, il fallait lire, on l'aura deviné, *La Base*, c'est-à-dire *Al-Qaïda*.

Les cellules proches de Ben Laden présentes aux États-Unis ont souffert de la traque qui a suivi l'attentat du World Trade Center. C'est sans doute ce qui explique que le terrain de l'action devra se déplacer. Mais l'ennemi reste l'Amérique, même s'il faut aller la provoquer au bout du monde. Le coup suivant se jouera en effet à des milliers de kilomètres de New York, en Somalie. Dans ce malheureux pays de la corne de l'Afrique, le pouvoir central s'est effondré. Les chefs de guerre tribaux se livrent à une lutte sans merci pour contrôler les différents trafics qui sont la seule source de richesse de la contrée. La population, elle, meurt littéralement de faim. L'ONU a fini par décider d'envoyer une mission de restauration de la paix civile doublée d'une aide humanitaire importante. C'est l'opération *Restore Hope*. On y trouve des contingents de plusieurs nationalités, mais les Américains forment l'épine dorsale de la petite force multinationale qui a débarqué dans le pays.

Oussama Ben Laden, lui, voit dans cette opération une tentative du « Grand Satan » de se rapprocher du Soudan pour y déstabiliser le régime islamique. Une fatwa enjoignant aux bons musulmans de frapper les Américains en Afrique aussi bien que dans la péninsule Arabique est émise. Mohammed Atef, le responsable des opérations militaires d'Al-Qaïda, est chargé de sa réalisation. Il installe une cellule logistique au Kenya, pour servir de base d'appui à des actions « militaires » en Somalie, puis – je me fonde ici sur le témoignage d'Ali Mohammed qui collabore aujourd'hui avec la justice américaine – plusieurs membres d'Al-Qaïda passent discrètement en Somalie pour y entraîner des groupes de combat. Le 29 décembre 1992, une bombe de forte puissance explose dans un hôtel d'Aden (Yémen) où des soldats américains, en transit pour la Somalie, ont séjourné. Les Américains sont déjà partis, mais deux touristes autrichiens sont tués. Deux militants yéménites qui ont été entraînés en Afghanistan sont arrêtés. Explosant trois mois avant le véhicule piégé du World Trade Center, la bombe d'Aden semble bien être le premier attentat du groupe Ben Laden.

Le 3 octobre 1993, dans une embuscade tendue en

plein cœur de Mogadiscio, la capitale somalienne, dix-huit soldats américains et plusieurs centaines de Somaliens sont tués. C'est la perte au combat la plus importante de l'armée américaine depuis la guerre du Vietnam, et elle aura une profonde influence sur la tactique militaire américaine en matière d'utilisation des troupes au sol. Il faudra cependant plusieurs années à Washington pour apprendre que les hommes d'Al-Qaïda étaient derrière ce guet-apens.

Oussama Ben Laden, lui, peut jubiler. Faisant allusion à la Somalie, il dira un jour dans une interview : « En quittant l'Afghanistan, nous nous attendions à une guerre longue contre les Américains, parce que nous pensions qu'ils étaient comme les Russes. Nous avons été surpris par leur moral bas et nous avons réalisé que c'était un tigre de papier et que quelques coups suffisaient à les défaire. Après ces quelques coups, ils ont oublié qu'ils étaient le leader mondial, le leader du nouvel ordre mondial, et ils sont partis en emportant leurs cadavres et leur défaite honteuse [1]. »

Même si le nouveau djihad a d'ores et déjà commencé, les années 1993 et 1994 sont encore le temps du rodage et de la mise en place des réseaux et des moyens pour Al-Qaïda. C'est de cette époque que datent, pour Oussama Ben Laden, les premières tentatives d'acquisition ou de fabrication d'armes nucléaires, chimiques ou biobactériologiques. Mahdouh Mahmoud Salim, l'Irakien qui a organisé les contacts entre le Hezbollah et Al-Qaïda, est envoyé en Europe afin d'y étudier les possibilités d'acquisition d'uranium enrichi. Le temps passé à la mise au point de sa machine de guerre n'a pas empêché Oussama Ben Laden de s'intéresser de plus près à ses amis égyptiens, dont Ayman al-Zawahir, resté à ses

1. Cité dans Claude Moniquet, *La Guerre sans visage…*, *op. cit.*

côtés, se fait volontiers l'avocat. Il a fait livrer armes et argent au Djihad islamique égyptien.

Cette assistance permettra au Jihad al-Islamiyya et au Gama'a al-Islamiyya de reprendre le cycle de leurs attentats. En 1992 ont lieu les premières attaques aveugles contre des touristes. Ainsi débute, sur les berges du Nil, une nouvelle vague de violence. En juin 1995, le président Hosni Moubarak, en visite à Addis-Abeba, en Éthiopie, échappe de peu à la mort. Mais la tuerie la plus grave derrière laquelle on pense découvrir aujourd'hui, en filigrane, la silhouette de Ben Laden, est évidemment celle de Louxor : le 17 novembre 1997, 58 touristes étrangers et 4 Égyptiens y sont tués par des terroristes du Gama'a al-Islamiyya qui, semble-t-il, avaient d'abord pensé à les prendre en otages pour obtenir la libération du cheikh aveugle détenu aux États-Unis à la suite du premier attentat contre le World Trade Center. Cet attentat intervenait deux mois après une autre attaque au cours de laquelle une dizaine de touristes allemands et leur chauffeur égyptien avaient été assassinés devant le Musée national du Caire.

Le 25 novembre 1998, un véhicule piégé explose sur la route du Premier ministre égyptien, Atef Sedki. Une écolière de douze ans est tuée. Vingt et une personnes sont blessées. Sayed Salah, qui sera condamné à mort pour cet attentat, a vingt-quatre ans. Il est né dans les quartiers pauvres du Caire ; comme des centaines d'autres, il est passé par l'Afghanistan où il a appris les rudiments de la guérilla urbaine et s'est fait initier au maniement des explosifs.

Mais Al-Qaïda ne remporte pas que des succès. Le 26 juin 1995, à Milan, une dizaine d'Égyptiens et un Palestinien avaient été arrêtés. Ils gravitaient autour de l'Institut de culture islamique de la capitale lombarde. Leur chef n'était autre que le cheik Anouar Shaban, le directeur de l'institut. Dans son bureau, on trouvera des faux passeports et une grosse quantité d'argent. Il était en contact étroit avec le cheikh Omar Abdel Rahman. Le groupe de Milan est la première cellule terroriste proche de la mouvance Ben Laden à être démantelée en Europe. Shaban, qui était probablement un agent recruteur de Ben Laden en Italie, était un ancien ingénieur naval égyptien. Il échappera à l'arrestation avant de se faire tuer en Bosnie quelques mois plus tard. Cet institut était, manifestement, un lieu sensible pour qui s'intéressait à l'Islam radical. Youssef Ramzi, le chef du réseau qui a frappé pour la première fois le World Trade Center en 1993, l'avait fréquenté. Un autre habitué des lieux a été tué dans un attentat en Croatie, en 1995.

Objectif : Arabie Saoudite

En février 1994, alors qu'il était réfugié au Soudan, Oussama Ben Laden avait été déchu de la nationalité saoudienne. Riyad lui reprochait essentiellement d'avoir repris en main le Comité pour le conseil et la réforme (CCR), une organisation islamiste créée en 1980 qu'il a poussée à se radicaliser très fortement. Le CCR est alors le plus extrémiste des mouvements d'opposition à la monarchie dont il juge le régime « anti-islamique », ce qui autorise les vrais croyants à le renverser. Le 3 août 1995, Oussama Ben Laden écrit une *Lettre ouverte au roi Fahd* dans laquelle il l'accuse de dilapider les richesses de la nation et de s'allier aux infidèles pour défendre son trône, avant de l'appeler à abdiquer. Trois mois plus tard, le 13 novembre 1995, un attentat à la voiture piégée tue cinq soldats américains et deux Indiens dans un centre d'entraînement de la garde nationale, situé dans la capitale saoudienne. Le moins que l'on puisse dire est que l'Arabie Saoudite n'est pas pressée de collaborer avec les États-Unis sur ces enquêtes. Sans doute craint-on, à Riyad, d'exposer en pleine lumière les liens troubles qui unissent Oussama Ben Laden à certains de ses compatriotes. Toujours est-il que le FBI souhaiterait interroger les suspects arrêtés par les Saoudiens. Avant qu'aucune question ait pu leur être posée, ils sont décapités sur une place publique. Moins d'un an après cette exécution, le 25 juin 1996, un camp de l'US Air Force, à Dahran, les « tours de Khobar », est la cible d'un attentat qui causera la mort d'une vingtaine de personnes.

Peu à peu, la figure d'Oussama Ben Laden émerge de l'ombre. On commence à le considérer comme un homme dangereux, un « parrain » du terrorisme anti-américain. Il donne quelques interviews mais se garde bien de revendiquer le moindre attentat. Sa technique est toujours la même. Il « apprécie » ce qui s'est passé en Somalie, « partage les vues » du cheikh aveugle de New York et de Youssef Ramzi, « est d'accord » avec ceux qui ont placé des bombes en Arabie Saoudite. Mais lui, personnellement, il n'a rien fait. On pourrait penser que cette prudence est dictée par la crainte de représailles, mais ce serait sans doute faux, même si cette considération ne peut être totalement absente de son esprit. Non, Oussama Ben Laden est conscient que, enveloppée du voile du mystère, la terreur a encore plus d'impact. Du reste, pourquoi revendiquer ? En définitive, l'homme ne réclame rien et n'a rien à attendre. Il fait une guerre. Ceux qui doivent comprendre et savoir comprennent et savent, qu'il s'agisse des sympathisants ou des adversaires. Le reste, l'édification du public, a peu d'importance.

Le rôle de Ben Laden est ailleurs. En mai 1998, deux ans et demi après les premiers attentats en Arabie Saoudite, il se confie à un journaliste américain : « Mon premier reproche contre le régime saoudien, c'est sa subordination aux États-Unis. Notre problème principal c'est l'Amérique, et le régime saoudien n'est qu'une branche ou un agent des États-Unis. Nous avons déclaré le Djihad contre le gouvernement américain parce que ce gouvernement est injuste, criminel et tyrannique. Il a commis des actes extrêmement injustes, hideux et criminels, que ce soit directement ou par le biais de son appui à l'occupation israélienne de la Palestine[1]... » Auprès d'un autre journaliste, il justifie les attentats, même quand ils touchent des civils : « Nous ne faisons pas la différence entre ceux qui sont habillés en civil et les militaires. En Djihad, ils sont tous des cibles. L'histoire américaine n'a pas fait non plus cette distinction. À Nagasaki, ils ont utilisé la bombe. Cette bombe a-t-elle distingué les enfants des militaires[2] ? »

La naissance du djidahisme internationaliste

C'est à partir des années 1995-1996 que Ben Laden va commencer à avoir une profonde influence sur la mouvance du djihad et à imposer peu à peu son organisation comme la « maison mère » de tous les djihads. La victoire remportée en Afghanistan avait conduit certains islamistes à penser que cette expérience pouvait être transposée dans d'autres pays. Ils rencontrèrent d'autant plus d'échos que nombre de pays musulmans se trouvaient dans l'impasse. Systèmes politiques bloqués, manque de libertés, corruption, mauvaise redistribution des richesses – et, singulièrement, de la rente pétrolière quand elle existait – créaient dans les populations autant de frustrations. L'effondrement du bloc soviétique et la faillite totale du modèle communiste entraînaient, de plus, une atomisation de l'opposition marxiste.

Seuls restaient en ligne, face à des pouvoirs peu populaires, ceux qui prônaient le retour à un Islam primitif et pur et l'établissement de califats appelés à gouverner les

1. Cité dans Claude Moniquet, *op. cit.*
2. *Ibid.*

sociétés au nom de la charia, le Code musulman issu du Coran. Dans les années 1990 apparurent ainsi un peu partout des mouvements de guérilla ou de terrorisme dirigés le plus souvent par ces anciens « Afghans » revenus au pays. Dans nombre de pays, ces mouvements restèrent très minoritaires. Mais dans trois régions au moins, en Bosnie, en Tchétchénie et en Algérie, ils se développèrent jusqu'à devenir des forces avec lesquelles il fallait compter.

En Bosnie, l'éclatement de la Fédération yougoslave se traduisit par plusieurs guerres qui ravagèrent la Croatie puis, surtout, la Bosnie. Dans cette dernière république, l'épuration ethnique pratiquée par les troupes serbes entraîna massacres et exodes forcés des populations musulmanes. Une sinistre légende naquit alors, voulant que les musulmans soient laissés à leur sort. J'écris bien « légende », car ayant couvert sur le terrain l'ensemble des guerres yougoslaves de cette décennie tragique, j'ai pu constater, comme d'autres observateurs, que la souffrance musulmane – comme celle d'ailleurs des autres populations de la région – était prise en compte, même si c'était très imparfaitement, par la communauté internationale. Les grandes organisations humanitaires, de même que les armées de plusieurs puissances – comment oublier que des dizaines de soldats français et britanniques sont morts en s'interposant dans ces tueries ? –, ont fait ce qu'elles pouvaient. Mais les mandats successifs de l'ONU manquaient de clarté, les règles d'engagement et de feu étaient mal définies et le résultat fut un immense gâchis. Des massacres comme ceux de Srebrenica où plusieurs milliers de civils musulmans furent sommairement exécutés par les troupes serbes de Ratko Mladic dans les deux jours qui suivirent la honteuse reddition du contingent de l'ONU ont pesé lourd sur la conscience du monde.

Même si les manquements de la communauté

internationale ne résultaient ni d'un complot ni d'une lâche indifférence de l'Occident, ils servirent de levier à la propagande islamiste. Dans le courant de la guerre, quelques milliers de moudjahidin vinrent combattre aux côtés des Bosniaques. Leur impact militaire fut faible et la vérité oblige à dire qu'ils s'illustrèrent, entre autres, par des exactions commises contre les populations non musulmanes. La Bosnie fut un creuset où s'est forgée une nouvelle génération de combattants de l'Islam : les nouveaux volontaires (et parmi eux des convertis de fraîche date) y croisèrent la route d'« anciens » qui avaient déjà connu l'Afghanistan. Certaines de ces nouvelles recrues furent remarquées et envoyées au Soudan ou en Afghanistan pour mieux se « former ».

Les deux guerres de Tchétchénie devaient, durant la même décennie, offrir un autre terrain d'exercice aux volontaires du djihad. Ici aussi, surtout dans la seconde guerre de Tchétchénie, toujours en cours en 2004, des moudjahidin vinrent combattre. Si en Bosnie les réseaux d'Al-Qaïda furent peu actifs, ils devaient l'être davantage en Tchétchénie. Quoi qu'il en soit, ces deux théâtres d'opération leur permirent de repérer, de recruter et de former nombre de leurs futurs membres. L'Algérie, elle, est un cas à part. Elle attira peu d'étrangers, mais fournit, au contraire, des militants aguerris aux réseaux de la terreur islamiste dans le monde.

D'autres zones de djihad existent, mais, plus éloignées de notre continent, elles n'attirent que peu le regard de l'observateur européen. Ainsi, il y a le Cachemire où le Harakat ul-Mudjahidin (HUM), créé et financé par l'ISI pakistanais, se rapprocha rapidement d'Al-Qaïda à compter de la seconde moitié des années 1990. Il y a également l'Asie du Sud-Est, où les différentes variantes du Jamaah Islamiyya indonésien poursuivent un projet ambitieux : le regroupement des terres musulmanes d'Indonésie, de Birmanie, de Malaisie et d'une partie de la Thaïlande et des Philippines sous la bannière d'un immense califat. Dans cette région, depuis des années, les massacres de villages chrétiens succèdent aux assassinats et aux attentats. Mais si on meurt quasi quotidiennement en Asie pour le triomphe de l'Islam combattant, nombre de ces morts restent inconnus pour l'Occident et ne sortent de l'anonymat que lorsque leur quantité rend cette actualité « incontournable ». On se bat également, en Asie centrale ou dans certains pays d'Afrique comme le Nigeria [1].

Tous ces djihads dispersés, ou beaucoup d'entre eux, en tout cas, Oussama Ben Laden va les unifier en faisant comprendre à leurs dirigeants que la solution ne peut être que globale. En d'autres termes, si les gouvernements qui sont combattus localement par les djihadistes sont tous soutenus par l'Occident (ce qui est généralement le cas), ils ne pourront être renversés que si l'on oblige l'Occident à se détourner d'eux, par la violence. Par ses relations personnelles, dont les plus anciennes remontent à la première guerre d'Afghanistan, par ses moyens financiers, grâce à l'influence certaine que lui donne le fait d'avoir le contrôle des camps afghans qui sont autant de bases de repli et de terrains d'entraînement pour les djihadistes, mais aussi du fait de sa propre force de persuasion, Ben Laden va ainsi regrouper autour de lui de nombreuses organisations.

1. Pour une approche cartographique de ces djihads et des problèmes qui les sous-tendent (misère, analphabétisme, manque de démocratie, etc.), on se reportera à la belle collection d'atlas publiée par les éditions Autrement. Notamment, dans cette collection : Michael Kidron et Ronald Segal : *Atlas du nouvel état du monde*, Paris, 1992, et *Atlas des désordres du monde*, Paris, 1995, ainsi que Dan Smith, *Atlas des conflits fin de siècle*, Paris, 1997.

Vers un djihad global : le terrorisme « franchisé »

Il faut bien comprendre que ce n'est pas une « armée internationale » que Ben Laden bâtit, car une armée sous-entend une stricte hiérarchie, des centres de commandement, des procédures de communication, une logistique, une spécialisation des différents éléments engagés. Bref, une structure pyramidale qui correspond à la rationalité occidentale et qui a quelque chose de rassurant : si une armée est décapitée et privée de sa hiérarchie, si ses lignes de communications sont distendues ou coupées, si sa logistique est éliminée, elle se retrouvera rapidement dans l'incapacité de combattre. C'est une « mouvance » que notre homme organise et inspire, ce que le chercheur Xavier Raufer appelait, il y a près de vingt ans, une « nébuleuse [1] » et que l'on compare parfois à un système solaire ou stellaire. Ici, Al-Qaïda *stricto sensu* – les quelques centaines de « cadres supérieurs » et spécialistes regroupés autour d'Oussama Ben Laden, ses proches collaborateurs, quelques centaines d'autres moudjahidin assurant leur sécurité, leur logistique et certaines « missions spéciales » – figure le soleil, ce centre autour duquel gravitent des mouvements et organisations qui sont autant de planètes et d'étoiles. Certes, la force d'attraction du centre agit sur ces satellites, mais ceux-ci gardent leur propre vie et leur indépendance, avec les conséquences que nous découvrirons dans le chapitre suivant.

Le centre dresse un cadre général dans lequel se conduit cette guerre d'un nouveau genre, il émet les fatwa qui déterminent quelle cible est légitime, laquelle ne l'est pas et quels moyens de la frapper sont licites ; il fournit également, le cas échéant, des bases et des

1. Xavier Raufer, *La Nébuleuse : le terrorisme du Moyen-Orient*, Paris, Fayard, 1987.

programmes d'entraînement, organise des rencontres entre groupes qui ne se connaissent pas encore et, si nécessaire, les finance et les aide à planifier certaines actions complexes. Les organisations satellites, de leur côté, continuent, si elles le peuvent, à mener leur djihad local, mais ne perdent jamais de vue les impératifs et intérêts du djihad global ou international et, chaque fois qu'elles en ont l'occasion – ou en reçoivent l'ordre –, elles frappent une cible qui s'y rattache, que ce soit sous leur propre nom, sous celui d'Al-Qaïda ou encore sous une « marque » nouvelle créée à cette occasion. De plus, les mêmes organisations locales vont rendre d'autres services au centre ou aux organisations sœurs, en leur fournissant à leur tour des facilités, des bases de repli ou d'entraînement, des faux documents ou des moyens de transiter par leur zone.

Cette liaison est extrêmement souple et, en même temps, des plus formelles : les responsables de ces organisations « franchisées » prêtent à Oussama Ben Laden le *bayat*, ou serment d'allégeance, celui-là même que l'on prêtait de son temps à Abu Bakr et à ses successeurs, les premiers califes. Oussama Ben Laden se place ainsi, volontairement, dans la ligne des successeurs légitimes du Prophète. Des organisations de toutes tailles ont ainsi accepté de devenir des satellites d'Al-Qaïda. Elles sont probablement, aujourd'hui, entre vingt-cinq et trente, de toutes nationalités. Certaines comptent des milliers de membres et des dizaines de milliers de sympathisants, comme le Jamaah Islamiyya d'Asie du Sud-Est, d'autres en sont réduites à quelques dizaines d'adhérents – c'est le cas, notamment, de certaines organisations maghrébines comme le Groupe combattant tunisien (GCT). Incapables de mener un djihad autonome, elles se sont transformées en organisations quasi mercenaires au service d'Al-Qaïda. Toutes, petites ou grandes, sont solidaires : Oussama Ben Laden a permis aux islamistes de dépasser les clivages nationaux et a donné un contenu politique et militaire à la notion d'Oumma, la communauté des croyants.

Ainsi, autour d'Al-Qaïda, on trouve, pour ne citer que quelques mouvements : le Gama'a al-Islamiyya et le Jihad al-Islamiyya en Égypte, le Groupe salafiste pour la prédication et le combat et le Harakat ul-Moudjahidin au Pakistan et au Cachemire, le Mouvement islamique d'Ouzbékistan (IMU) de Tohir Yuldashev et Juma Namangani, plusieurs groupes armés actifs en Arabie Saoudite, le Jaish Aden al-Islami au Yémen, le Groupe Abou Sayyaf et le Front de libération Moro aux Philippines. Avec trois atouts majeurs – ses inestimables fichiers, l'argent, mais, surtout, un projet « politique » global qui devait se préciser au fil des différentes fatwas émises dans le courant des années 1990 –, Ben Laden est arrivé, en quelques années, à mettre sur pied la première véritable Internationale de la terreur.

Vers 1996, si l'on n'avait pas encore pris toute la mesure de la menace qui commençait à se développer entre le Soudan et l'Afghanistan, certains commençaient toutefois à comprendre que Ben Laden était un danger. Ainsi, à Washington, une équipe opérationnelle d'experts réunie sous l'égide de la CIA travaillait vingt-quatre heures sur vingt-quatre dans une suite de bureaux que l'on ne devait pas tarder à surnommer *The Bin Laden Room*. Mais, à plusieurs reprises, par faiblesse, désorganisation ou indécision, l'administration Clinton perdit l'occasion de mettre hors d'état de nuire ou d'éliminer le chef terroriste[1]. Celui-ci continua donc à aller de l'avant. Le 23 février 1998, dans les montagnes d'Afghanistan, Ben Laden convoqua une conférence de presse pour annoncer la création du « Front islamique mondial »

1. Sur ces occasions manquées, voir Richard Miniter, *Losing Ben Laden : How Bill Clinton's failures unleashed Global Terror*, Washington, Regnery Publishing, 2001.

et le lancement du « Djihad contre les Juifs et les Croisés », jetant ainsi les « bases légales » de tous les attentats à venir.

Cette nouvelle déclaration était nettement plus large que celle qu'il avait émise le 23 août 1996 et qui, consistant en une « Déclaration de guerre aux Américains qui occupent les deux Lieux saints », n'avait eu d'influence réelle, en définitive, que sur les organisations islamistes de la péninsule Arabique. Cette fois, la guerre était bien mondiale : « Tuer les Américains et leurs alliés civils et militaires est un devoir individuel pour chaque musulman qui peut le faire partout où il lui est possible de le faire, jusqu'à la libération de la mosquée Al-Aqsa et de la mosquée Al-Haram de leur mainmise ; renvoyer leurs armées des terres de l'Islam, vaincues, humiliées et incapables de menacer aucun musulman [...]. Nous appelons les oulémas musulmans, les dirigeants musulmans loyaux, les jeunes et les soldats fidèles à lancer les attaques contre les soldats de Satan : les Américains et leurs alliés, les aides de Satan[1]... »

Trois « réussites »

Dans les mois qui suivirent, avec les méthodes qui les caractérisent, Ben Laden et ses réseaux passèrent à l'action. Le 7 août 1998, les attentats perpétrés contre les ambassades américaines à Nairobi, au Kenya (opération *Sainte Kaaba*), et à Nairobi, en Tanzanie (opération *Mosquée Al-Aqsa*), firent 224 morts et plus de 4 000 blessés. Le 20 août 1998, une pluie de missiles s'abattit sur les camps d'Al-Qaïda en Afghanistan et sur des installations appartenant à Ben Laden au Soudan. Mais le maître et ses principaux lieutenants échappèrent à

1. Cité dans le *Dictionnaire mondial de l'islamisme*, sous la dir. des *Cahiers de l'Orient*, Paris, Plon, 2002.

la mort, et les dégâts furent minimes. Le 12 octobre 2000, la frégate *USS Cole* était frappée par un Zodiac bourré d'explosifs dans le port d'Aden. Mais à côté de quelques incontestables réussites, Al-Qaïda, en ces années de « rodage », accumulait également les échecs [1] : en Amérique du Nord et eu Europe, plusieurs arrestations mettaient à mal les plans des terroristes.

La multiplication des incidents et même celle des arrestations prouvaient à suffisance qu'Al-Qaïda était en train de monter en puissance et de développer ses réseaux internationaux. Ces éléments, confrontés aux informations qui remontaient de la mouvance islamiste armée vers les services de renseignement occidentaux, prouvaient, fin 2000, que quelque chose de grave se préparait. Que pouvait être ce « quelque chose » ? À Washington, on pensait à des attaques contre des intérêts américains en Europe. C'était, effectivement, une partie du plan. Mais, malheureusement, ce n'était pas la principale. Car, dans l'ombre, autre chose se tramait, une attaque sans précédent qui ne devait pas être détectée avant qu'elle advienne, le 11 septembre 2001.

C'est le dimanche 9 septembre, deux jours avant le massacre, que la mécanique s'enclenche : Ahmed Shah Massoud, le légendaire « Lion du Panshir », le chef de l'Alliance du Nord et le plus dangereux adversaire des talibans, était tué dans un attentat-suicide dont on sait aujourd'hui qu'il a été organisé par Oussama Ben Laden, avec la complicité d'un islamiste tunisien réfugié en Belgique, Tarek Maaroufi. Le commandant Massoud disposait des moyens militaires qui lui auraient permis d'être un relais ou un soutien efficace d'une action contre les talibans. On pouvait tout à fait imaginer que les troupes de l'Alliance se livreraient à des attaques de

1. Pour une approche plus détaillée de cette période allant de 1998 au 11 septembre 2001, voir Claude Moniquet, *op. cit.*

diversion ou de harcèlement des talibans. Le régime de Kaboul, malgré ses rodomontades, n'avait aucune capacité militaire lui permettant de résister sur plusieurs fronts, surtout si des moyens modernes étaient engagés contre lui. En le tuant, Ben Laden pensait sans doute priver les États-Unis d'une arme. Il rendait aussi un ultime service aux talibans.

Le 11 septembre 2001, dix-neuf pirates de l'air conduits par l'Égyptien Mohamed Atta lancent deux avions contre les Twin Towers du World Trade Center que, huit ans après leur première tentative, les terroristes arrivent enfin à détruire. Un troisième avion percute le Pentagone et un quatrième s'écrase en pleine campagne, en Pennsylvanie, après que les passagers pris en otages se sont révoltés, entraînés par quelques sportifs présents dans l'avion, et ont tenté de reprendre le contrôle de l'appareil. L'attentat le plus meurtrier de l'histoire vient de se produire.

On pourrait penser que, face à la superpuissance américaine, les concepteurs de cette attaque viennent de signer leur fin, mais il n'en est rien. Au moment où les avions détournés par le groupe de Mohamed Atta frappent leurs objectifs, Al-Qaïda se présente, depuis plusieurs années, comme une organisation relativement structurée et organisée en départements, comme le serait n'importe quelle multinationale. Au sommet, l'émir (Oussama Ben Laden), entouré de ses plus proches conseillers qui forment la *choura*. Sous la responsabilité de ces hommes, on trouve :

– la commission des achats à l'étranger, chargée de procurer armes, explosifs et matériels techniques à l'organisation ;

– la commission de la charia et des affaires politiques, dont le rôle essentiel est d'émettre les fatwas qui, en droit islamique (dans sa version djihadiste), légitimeront l'usage de la violence ;

– la commission des finances, responsable, comme son nom l'indique, des collectes de fonds ;

– la commission de la sécurité, qui gère la protection physique des dirigeants, la collecte de renseignements nécessaires à la préparation des actions et le contre-espionnage indispensable à la survie de l'organisation ;

– la commission militaire, qui sélectionne les cibles et propose les moyens d'action nécessaire. Deux sous-commissions sont rattachées à ce groupe : l'une s'occupe de l'entraînement des recrues et l'autre de la gestion des camps de formation ;

– la commission de l'information qui conçoit la propagande d'Al-Qaïda.

Ainsi structurée, Al-Qaïda va survivre aux foudres qui ne tarderont pas à la toucher et s'apprêtera à mener une guerre totale.

6

La survie d'Al-Qaïda après le 11 septembre 2001

Quelques semaines après les attentats du 11 septembre 2001, une coalition internationale renversait le régime des talibans et prenait le contrôle de l'Afghanistan. Les camps terroristes étaient détruits, d'importantes quantités de documents saisies, et les terroristes dispersés. Depuis le 11 septembre 2001, un tiers des dirigeants et cadres importants d'Al-Qaïda auraient été tués ou capturés (parmi eux Mohammed Atef, Abou Zoubeidah, Khalid Sheikh Mohammed, Walid Bin Attash, Ali Abd al-Aziz, Ramzi Binalshibh, pour ne citer que ceux-là [1]) ; sur le terrain, environ 2 000 moudjahidin formés dans les camps afghans étaient éliminés ou arrêtés. Dans le monde et singulièrement en Europe, plusieurs centaines de membres ou de sympathisants de cellules ou de réseaux affiliés à Al-Qaïda étaient emprisonnés, tandis que des centaines de millions de dollars de fonds suspects étaient gelés et que des dizaines d'organisations de couverture, soupçonnées d'être liées à la mouvance islamiste armée, étaient dissoutes ou placées sous étroite surveillance.

1. La plupart ont participé aux préparatifs des attentats du 11 septembre 2001.

Il apparaît évident qu'aucune organisation terroriste « classique », voire peu d'armées conventionnelles, ayant subi une telle offensive y aurait survécu. Du reste, dans une interview publiée en mai 2003, Cofer Black, ancien spécialiste du terrorisme à la CIA et actuellement *ambassador at large* (ambassadeur itinérant) américain pour le contre-terrorisme, décrivait les pertes subies par Al-Qaïda comme « catastrophiques » et n'hésitait pas à déclarer : « Le réseau, au sens large, n'a pas été capable de résister à l'assaut global de ces opérations antiterroristes [1]. » C'était l'époque de l'optimisme exagéré, justifié, entre autres, par le fait qu'aucune opération terroriste significative n'avait accompagné les hostilités en Irak. À en croire bien des officiels américains, la guerre contre le terrorisme était sur le point d'être gagnée. Quant aux responsables européens, à de rares exceptions près, ils ne s'étaient jamais sentis réellement menacés par ce qui apparaissait à beaucoup comme une sorte de guerre privée que se livraient les islamistes armés et l'hyperpuissance américaine.

Un an plus tard, il faut se rendre à l'évidence : Al-Qaïda et sa mouvance sont plus vivaces que jamais. Deux chiffres permettent, à eux seuls, d'en juger. La mouvance djihadiste internationaliste directement rattachée à l'organisation d'Oussama Ben Laden est responsable, à ce jour, d'une soixantaine d'attentats majeurs ou particulièrement symboliques. Or, sur cette soixantaine d'attentats, une dizaine seulement ont été commis entre 1993 et le 11 septembre 2001 (en comptant les attentats de New York et de Washington) ; les cinquante autres attaques ont toutes été commises après le 11 septembre

1. Interview de Cofer Black par Walter Pincus et Dana Priest, « Spy agencies optimism on Al Qaeda is growing », *The Washington Post*, 6 mai 2003.

2001 et, plus précisément, à partir du 22 janvier 2002[1]. Les chiffres parlent d'eux-mêmes et indiquent bien que, d'une part, le 11 septembre a marqué le début de la « guerre » et non son apogée et que, d'autre part, la mouvance n'a rien perdu, bien au contraire, de sa capacité de nuisance[2]. Est-ce à dire que la stratégie de la « guerre antiterroriste » a échoué ou qu'elle a été mal définie ? Je ne le pense pas. Tout d'abord, il faut reconnaître que les options sont, pour le moins, réduites. Attaqué par le terrorisme international comme il ne l'avait jamais été par le passé, le monde démocratique ne peut se défendre, à court et à moyen terme, que par des actions militaires, secrètes, ou judiciaires et policières.

Du point de vue militaire, les tactiques doivent être multiformes, depuis des opérations classiques visant à défaire l'adversaire, à le contenir ou encore à tenter de contrôler les zones de non-droit qui lui servent de refuge, comme l'Afghanistan, jusqu'aux opérations spéciales visant à anéantir des groupes ou des dirigeants ennemis. L'action des services spéciaux est évidente : ils doivent anticiper les risques et acquérir le renseignement qui,

---

1. Date de l'attaque contre le Centre américain de Calcutta, qui marque le retour à l'offensive de la mouvance.

2. Je suis conscient des questions méthodologiques que soulève l'estimation des attaques attribuées à Al-Qaïda à laquelle je me livre ici. Certains experts ne comptabilisent les attentats qu'à partir de février 1998, à la suite de la déclaration officielle du « Djihad contre les Juifs et les Croisés ». D'autres ne prennent en compte que des attentats revendiqués par Al-Qaïda *stricto sensu*. Certains, enfin, ne dénombrent qu'une attaque lorsque se produit un attentat à ciblage multiple. Mon choix est différent, parce que j'estime que ces méthodes ne rendent pas bien compte de la dangerosité de la menace et des capacités réelles de la mouvance. Je compte donc les attentats importants commis depuis février 1993 (premier attentat contre le World Trade Center) ainsi que l'ensemble des attaques perpétrées par les organisations et mouvements « fédérés » à Al-Qaïda et ayant un caractère « international », et j'enregistre, enfin, de chaque attentat (donc, le 11 septembre 2001, correspondra à trois attentats). C'est ce mode de calcul qui a été retenu par l'ESISC. Par ailleurs, fondamentalement, les divergences méthodologiques ne changeront rien à une réalité : la majorité des attentats d'Al-Qaïda a eu lieu après le 11 septembre 2001.

permettant d'écarter une menace, viendra appuyer l'action militaire ou mettra la police et la justice sur les traces des cellules terroristes. Pour ce faire, ils disposent des moyens qui sont traditionnellement les leurs : manipulation, pénétration, retournement, collecte et analyse. L'offensive judiciaire et policière vise à mettre hors d'état de nuire les cellules et réseaux présents dans les États où le bras de la justice peut les atteindre. Mais ces méthodes, si efficaces soient-elles, ne permettront pas d'assurer une victoire décisive ni même d'acheter une période de répit appréciable : si elles fonctionnent, elles permettront à peine de limiter la menace immédiate et de protéger les populations. Du point de vue stratégique, le risque terroriste, lui, demeurera dans un futur prévisible [1]. Et il demeurera pour plusieurs raisons. En premier lieu, la motivation politico-religieuse de ce terrorisme a déjà séduit des dizaines de milliers de moudjahidin. Ensuite, les conditions de développement du monde arabo-musulman continueront, tant qu'elles n'auront pas évolué, à fertiliser le terreau dont profite ce terrorisme islamiste pour recruter et se développer – il y a là, malheureusement, un réservoir de plusieurs centaines de milliers, voire de millions de djihadistes en puissance. Enfin, le risque terroriste demeurera parce qu'il s'incarne aujourd'hui dans une organisation et une mouvance qui évoluent et se transforment presque à chaque instant. D'une certaine manière, la mouvance djihadiste internationaliste pourrait se comparer à un virus mutant, qui apprend à s'adapter aux traitements qu'on lui oppose.

1. J'aborderai, en conclusion de cet ouvrage, les conditions – politiques, sociétales et militaires – qui me semblent nécessaires pour élaborer une stratégie globale en vue de gagner la guerre contre le terrorisme.

Al-Qaïda, cœur et fragment de la mouvance

Nous l'avons vu, l'une des idées les plus pernicieuses (parce qu'elle implique de graves erreurs d'analyse) qui pourrait miner la lutte antiterroriste serait de considérer la mouvance du djihad comme une armée de type classique, structurée et hiérarchisée. Cette « théorie du serpent » (une tête organisant et dirigeant tous les mouvements du corps) sous-entend clairement que si l'on coupe la tête – en l'occurrence, si on élimine les dirigeants et les centres de décision –, le corps meurt. Il suffirait donc de capturer ou d'éliminer Oussama Ben Laden, et aussi quelques dizaines de ses proches collaborateurs, pour que cesse ou diminue notablement le terrorisme islamique. C'est évidemment faux, puisque nous sommes en face d'une structure stellaire, d'une nébuleuse. Le centre de la mouvance Al-Qaïda apparaît plus comme une référence religieuse et morale, et une « centrale » qui « franchise » des groupes affiliés, que comme un véritable centre de commandement.

Si, aujourd'hui, Al-Qaïda disparaissait ou si ses chefs étaient tous éliminés, cela n'aurait qu'un impact mineur sur le reste de la mouvance : l'impulsion qui a permis à la nébuleuse de passer de l'ère de l'amateurisme à l'ère de la modernité et de l'efficacité a d'ores et déjà été donnée, et les cibles (au sens général du terme) sont clairement désignées. La capture ou la mort de Ben Laden ne ferait sans doute que renforcer la cohésion et la volonté de la mouvance en lui fournissant un martyr d'une exceptionnelle importance. Le djihad global et les djihads locaux continueraient donc, portés par d'autres organisations. C'est ce qui permet d'affirmer que, si Al-Qaïda a incontestablement été à un moment donné le moteur qui a fait passer la mouvance du djihad à une vitesse supérieure, elle n'est plus aujourd'hui qu'un fragment – certes important et central, mais malgré tout un fragment – de l'ensemble de la mouvance. Preuve en est que, depuis le 11 septembre 2001, plus des trois quarts des attentats imputables au djihadisme international ont été le fait non pas d'Al-Qaïda proprement dite, mais bien des organisations satellites.

J'ai beaucoup insisté sur l'aspect religieux du djihad. Effectivement, son importance est primordiale : la religion, même dévoyée, agit à la fois comme le ciment agrégeant dans un même ensemble individus et organisations, et comme le substrat idéologique justifiant l'action terroriste ainsi que les moyens employés. Mais il y a également une face politique à la mouvance du djihad, plus rationnelle (selon nos critères occidentaux) et donc plus facile à comprendre pour nous. Cette dualité religion-politique, irrationalité-rationalité, est d'ailleurs l'un des facteurs qui rend l'idéologie et la pratique du djihad si difficiles à percevoir pour un esprit européen ou américain. Or qui dit « politique » dit « stratégie ». Il est évident que, entre autres sous l'influence d'Oussama Ben Laden et de ses principaux conseillers, la mouvance du djihad a longuement réfléchi à sa stratégie globale. Espérer le contraire serait faire preuve d'un dangereux aveuglement.

Cela fait plus de quinze ans que je travaille sur la mouvance djihadiste, que j'ai approchée par des dossiers judiciaires, mais que j'ai aussi observée sur le terrain, au Proche-Orient, en Algérie, dans les Balkans, en Europe aussi. En 1998, à la suite des attentats contre les ambassades américaines au Kenya et en Tanzanie, j'ai commencé à m'intéresser de plus près à Oussama Ben Laden et à Al-Qaïda. Enfin, depuis septembre 2001, pour CNN ou dans le cadre de l'ESISC, j'ai passé l'essentiel de mon temps à étudier en détail les modes opératoires, les structures, le langage et les us et coutumes de cette organisation et de celles qui lui sont affiliées. Cette « ancienneté » m'a surtout rendu prudent. Je sais que dans l'islamisme – et aucun spécialiste du sujet ne me contredira –, qu'il soit politique ou armé, tout est changeant, en permanence, et qu'il y a peu de vérités que l'on puisse tenir pour définitivement acquises. Mais je crois pourtant avoir compris, comme certains de mes homologues, que les attentats du 11 septembre 2001 n'avaient rien d'une action isolée, fût-elle spectaculaire. Il s'agissait moins de réussir « le plus important attentat jamais commis », mais bien de déclencher un plan d'ensemble, d'enclencher une stratégie de confrontation globale dans laquelle la mouvance du djihad souhaite entraîner l'Occident.

La réponse américaine – l'opération *Enduring Freedom* visant à démanteler les bases d'Al-Qaïda et à renverser le régime taliban – n'a donc nullement surpris les moudjahidin et leurs chefs. Bien au contraire. On sait aujourd'hui, tant par les interrogatoires de prisonniers à Guantanamo que par le renseignement collecté sur le terrain, que les djihadistes avaient largement anticipé cette attaque. Cela est d'ailleurs confirmé par les déclarations à usage semi-public de certains cadres d'Al-Qaïda. Ainsi, dans un texte intitulé *Leçons apprises en Afghanistan*[1], attribué à Saïf Al-Adel, l'un des principaux cadres militaires du noyau central de la mouvance, on peut apprendre que les familles des membres de ce noyau avaient été dispersées dans des villages afghans, loin des bases terroristes principales, plusieurs semaines *avant* le 11 septembre. Ces bases – notamment celle de Kandahar – avaient été évacuées à la même époque, et les liens avec les sympathisants pachtouns d'Al-Qaïda et du régime taliban au Pakistan avaient été renforcés en vue de s'assurer de l'aide qu'ils pourraient apporter aux

1. *Al Qaeda's advice for Mujahideen in Iraq : lessons learned in Afghanistan*, document du 14 avril 2003, diffusé en traduction anglaise avec le texte original arabe par le site *www.intelcenter.com*

amis d'Oussama Ben Laden une fois que l'Afghanistan serait attaqué.

Ces liens ont permis, pendant l'offensive alliée, d'évacuer secrètement et de soigner les blessés les plus graves. Plus tard, ces relations étroites ont été utilisées pour créer dans la province du Nord-Ouest du Pakistan, à majorité tribale, de nouveaux camps de repli et d'entraînement. Depuis, ces camps ont servi de base arrière à la « reconquête » de l'Afghanistan. Cette reconquête et la restauration du califat taliban restent à ce jour un objectif central du mouvement du djihad. Et l'état d'insécurité chronique qui règne dans le pays – on sait que les troupes alliées ne contrôlent que les villes et les principaux nœuds de communication, et encore, seulement durant la journée – rend cette perspective crédible.

Il est nécessaire d'insister particulièrement sur ce point car il est crucial pour bien comprendre la signification du 11 septembre dans la stratégie globale de la mouvance du djihad. On a pu lire dans la presse et dans diverses analyses que les attentats du 11 septembre étaient une véritable « folie », qu'ils signaient la fin d'Al-Qaïda, puisque les États-Unis ne pouvaient réagir autrement que par une destruction totale de cette organisation. Il a été dit, aussi, que la mouvance du djihad avait mésestimé la puissance et la volonté de son adversaire.

Cette dernière analyse s'appuyait, entre autres, sur de nombreux textes parus, bien avant le 11 septembre, dans la presse et sur les sites Internet liés à la mouvance du djihad. Se référant souvent aux deux mêmes exemples [1], les djihadistes y défendaient la thèse selon laquelle les États occidentaux n'avaient plus de volonté et étaient

1. Les attentats d'octobre 1982 à Beyrouth (242 marines américains et 58 parachutistes français tués) et l'embuscade du 3 octobre 1993 à Mogadiscio (18 parachutistes et membres des forces spéciales américaines tués), ces deux actions ayant chacune débouché sur un retrait sans gloire des troupes américaines.

prêts à battre en retraite à la première menace sérieuse. Cette argumentation a tellement été rabâchée que l'on peut même se demander si elle ne constituait pas une ruse de guerre destinée à faire croire aux capitales occidentales que la mouvance du djihad avait, effectivement, perdu tout contact avec la réalité.

Certes, la campagne d'Afghanistan a porté quelques coups très durs à Al-Qaïda. 2 000 moudjahidin et terroristes, dont des cadres du noyau central, ont été capturés ou tués, et les communications entre l'« état-major » et les dizaines de groupes et de cellules qui lui sont liés à travers le monde ont été fortement perturbées, voire coupées, entre octobre 2001 et janvier 2002. Enfin, au Moyen-Orient, au Maghreb, en Asie et en Europe – et singulièrement en France, en Belgique, en Espagne, en Italie –, plusieurs centaines de terroristes présumés ont été arrêtés. Mais à aucun moment, on l'a vu, la mouvance n'a perdu sa capacité de nuisance L'ensemble de ses actions ou tentatives prouve bien qu'elle est toujours pleinement opérationnelle, et même qu'elle peut, paradoxalement, être considérée comme plus opérationnelle qu'avant le 11 septembre 2001.

Une stratégie gagnante ?

Certains analystes estiment cependant que ce qui semble bien être la stratégie première d'Al-Qaïda – déstabiliser le monde arabo-musulman puis provoquer un affrontement généralisé entre ce monde et l'Occident – aurait échoué. Malheureusement, rien n'est moins sûr. Certes, le régime du général Mucharraf est toujours en place au Pakistan, de même que la maison des Séoud dans la péninsule Arabique, mais les tensions s'exacerbent dans ces pays et dans bien d'autres ; la pérennité de ces régimes – en admettant que celle-ci, par exemple dans le cas de l'Arabie Saoudite, soit réellement souhaitable – est rien moins qu'assurée. Le président Mucharraf a échappé, de justesse, à plusieurs tentatives d'assassinat ces dernières années, et la succession des attentats qui se déroulent en Arabie Saoudite depuis le printemps 2003 semble prouver à suffisance que les autorités ne sont pas capables d'y juguler les groupes djihadistes inspirés par Al-Qaïda. De plus, incontestablement, la tournure prise par la guerre en Irak introduit un nouveau facteur de déstabilisation dans la région.

Si les « masses musulmanes » n'ont pas basculé dans l'intégrisme, on observe, sur le terrain, que la mouvance du djihad – qui « a osé s'attaquer à l'Amérique » – rencontre nettement plus de sympathie aujourd'hui qu'avant septembre 2001 : pour preuve, le recrutement d'Al-Qaïda et des organisations affiliées ne donne aucun signe d'essoufflement. On constate aussi que nombre de médias et d'intellectuels arabes minimisent l'importance de la menace terroriste ou banalisent purement et simplement celle-ci. Cela est surtout vrai, bien entendu, pour les attentats commis dans le cadre du conflit israélo-palestinien. Ainsi, commentant les attentats-suicides du Hamas ou du Djihad islamique, de prestigieux journaux arabophones n'hésitent pas à parler de « vaillantes, courageuses opérations » et, par une totale inversion des valeurs, à qualifier leurs victimes civiles de « terroristes [1] ». L'un des éditorialistes d'*Al-Hayat*, considéré comme un journal de référence dans le monde arabe, Jihad al-Khazen, est passé maître dans cette gymnastique intellectuelle douteuse.

Invité officiel du gouvernement algérien, en janvier 2002, pour participer à une conférence internationale sur le terrorisme, je me suis fait huer par une partie de

1. Voir à ce sujet, notamment, l'analyse publiée le 28 janvier 2003 par Matthew Levitt, chargé d'études sur le terrorisme au Washington Institute for Near East Policy, dans la *National Review Online* : *www.washingtoninstitute.org/media/levitt012803.htm*

l'assistance lorsque j'ai insisté sur le fait qu'une victime israélienne et une victime algérienne, américaine ou française du terrorisme avaient la même valeur et que rien ne permettait de qualifier une organisation faisant exploser des bombes dans des autobus remplis de civils de « mouvement de libération nationale » ou de la comparer à la… Résistance française durant la Seconde Guerre mondiale. Je dois toutefois à la vérité de dire que cette réaction d'agressivité fut minoritaire et que les représentants officiels présents dans la salle ainsi que les journalistes algériens – qui, ayant payé un lourd tribut au terrorisme islamiste, savent de quoi ils parlent – me soutinrent.

Il existe d'autres exemples de cette difficulté qu'ont certaines élites arabes à regarder la vérité en face : la théorie stupide et scandaleusement révisionniste du journaliste français Thierry Messan, selon laquelle aucun avion ne se serait écrasé sur le Pentagone le 11 septembre 2001, les attentats n'étant que le résultat d'un complot interne à l'appareil sécuritaire américain, a connu un immense retentissement dans le monde musulman où elle a été largement diffusée, entre autres sous les auspices de la Ligue arabe qui est pourtant un interlocuteur incontournable de l'Occident. Cette organisation aurait certainement été mieux inspirée de se montrer plus réservée. Si une partie des élites démissionnent, se taisent ou, pire, nient les réalités, comment les « masses » arabo-musulmanes, souvent illettrées, pourraient-elles comprendre que le terrorisme islamiste, avant même d'être l'ennemi de l'Occident, est leur propre adversaire puisqu'il menace de bloquer durablement toute évolution économique et sociale des pays à majorité musulmane, et projette de les faire vivre sous le régime du califat qui, nous l'avons vu, ferait litière de toutes les libertés individuelles ?

Il est, aujourd'hui, politiquement incorrect d'accréditer la réalité de la thèse voulant qu'il existe un « conflit de civilisation », et l'on fait souvent valoir qu'accepter cette idée équivaudrait à faire le jeu de l'islamisme radical. Nier une réalité n'a pourtant jamais été la meilleure manière de la transformer, et on ne soigne pas une maladie en refusant de reconnaître ses symptômes. Il devient difficile d'ignorer que l'univers arabo-musulman et le reste du monde sont aujourd'hui habités par une méfiance réciproque. Et cette méfiance s'est incontestablement accrue depuis le 11 septembre 2001. Si ce n'est pas là, à proprement parler, la preuve d'un « conflit de civilisation », c'est, à tout le moins, un signe inquiétant qu'un tel conflit ne peut plus être exclu. Or, à l'évidence, cela va dans le sens de l'affrontement généralisé souhaité par la mouvance djihadiste.

Comment la mouvance du djihad s'étend en Europe

Différents éléments factuels montrent, par ailleurs, que le mouvement du djihad, longtemps limité à l'Afrique du Nord et à l'Asie (Afghanistan, Liban, Algérie, Asie centrale et du Sud-Est), au Caucase (Tchétchénie) ou aux Balkans (Bosnie, Macédoine), commence à « mordre » sur l'Occident. Il y a eu, certes, des précédents. En 1995, on a connu, en France, l'affaire Khaled Khelkal, du nom de ce Français d'origine algérienne qui avait monté un réseau du Groupe islamique armé (GIA) et participé à l'organisation de plusieurs attentats (dont celui du métro Saint-Michel, à Paris) avant d'être tué. Mais, dans ce cas, la motivation de l'intéressé et l'enchaînement qui l'avaient amené à passer à l'acte semblaient assez simples : Khelkal était d'origine algérienne et avait rejoint le « Djihad algérien » pour lequel il « combattait » en France. Par la suite, d'autres réseaux (essentiellement logistiques) ont été démantelés dans l'Hexagone, mais à peu près tous étaient liés à la situation algérienne.

C'est, entre autres, à partir de cette mouvance

algérienne, d'abord du GIA puis de sa dissidence « internationaliste » – le Groupe salafiste pour la prédication et le combat (GSPC) –, que la mouvance du djihad international a commencé à s'implanter un peu partout en Europe. D'autres organisations, moins importantes mais extrêmement efficaces, comme le Groupe combattant tunisien (GCT), ont également servi de relais à la mouvance pour créer des réseaux sur le Vieux Continent. Aujourd'hui, on s'en rend compte depuis l'attentat de Madrid, la main semble être passée au Groupe islamique combattant marocain (GICM). Un tissu organisationnel extrêmement dense s'est ainsi constitué, qui a été partiellement démantelé (notamment en France, en Belgique, en Italie, en Espagne et en Grande-Bretagne) par de multiples opérations policières, avant et après le 11 septembre 2001. Plus d'une vingtaine de cellules ou groupes ont ainsi été mis hors d'état de nuire, et près de deux cents terroristes présumés sont en attente de jugement dans une demi-douzaine de pays.

Ces succès pourraient laisser penser que la menace a été écartée. Il n'en est rien, statistiquement parlant, bien au contraire. La multiplication de ces cellules et le grand nombre de personnes impliquées dans les réseaux tendent plutôt à démontrer que les communautés immigrées arabo-musulmanes d'Europe (et singulièrement la frange de leur jeunesse qui est en situation de rupture sociale) sont devenues une cible privilégiée du recrutement djihadiste. De même, la présence de très nombreux convertis dans les réseaux démantelés (et parfois leur implication dans des préparations ou dans la réalisation d'attentats) met en relief le rôle complexe joué par les associations d'islamisation et de réislamisation qui semblent fonctionner, même involontairement, comme autant de sas permettant de mettre en contact de jeunes délinquants d'origine musulmane réislamisés en prison, ou des convertis récents, avec des recruteurs de la mouvance du djihad. Ce mouvement s'est évidemment accentué avec le retour dans leur pays d'origine de djihadistes formés dans les camps afghans et dispersés après l'intervention de la Coalition en octobre 2001.

L'une des preuves de la montée en puissance de ces moudjahidin européens dans la mouvance réside dans leur participation à certains attentats. Ainsi, l'attaque-suicide commise dans la nuit du 29 au 30 avril 2003 dans un bar de Tel-Aviv le *Mike's place* était le fait de deux Britanniques d'origine pakistanaise tous deux âgés de vingt-sept ans, Asif Muhammad Hanif et Omar Khan Sharif. C'était la première fois que des ressortissants étrangers participaient à un attentat en Israël depuis l'époque où le Commandement des opérations spéciales à l'étranger (COSE) du FPLP recrutait des terroristes européens ou asiatiques, il y a plus de trente ans [1]. Une affaire d'autant plus inquiétante que l'une des principales craintes des spécialistes est de voir la méthode des « opérations de martyre » individuelles importée en Europe ou aux États-Unis. Cette progression des djihadistes sur la scène européenne est l'une des conséquences les plus remarquables de la restructuration de la mouvance du djihad après septembre 2001.

On peut, de manière rapide, distinguer trois phases dans cette restructuration : la première a été celle de la dispersion et du regroupement, et s'est achevée au début de 2002 ; la deuxième a été celle de la restauration de centres de commandement et d'entraînement, et peut être considérée comme virtuellement achevée depuis la fin de 2002. La troisième phase, celle du retour à l'offensive, a été concomitante de la précédente puisqu'elle a commencé dès les premiers jours de 2002.

1. Sur l'histoire du COSE et du FPLP, voir Claude Moniquet, *La Guerre sans visage : de Waddi Haddad à Oussama Ben Laden*..., Paris, Michel Lafon, 2002.

Première phase : dispersion et regroupement des cadres et des combattants à l'automne 2001

La contre-attaque américaine a été anticipée avec la dispersion de la plupart des « combattants » présents sur le terrain. Cette période de la dispersion s'est poursuivie dans les mois qui ont suivi le 11 septembre, et tout particulièrement après l'offensive contre l'Afghanistan, en octobre 2001. En fait, Al-Qaïda et ses alliés talibans n'ont rien fait de plus que d'appliquer les règles bien connues de la guerre révolutionnaire ou, plus généralement, de cette guerre « du faible au fort » que constitue la guérilla : rechercher ou accepter le combat quand on est en position favorable, le refuser quand on est à égalité ou en situation d'infériorité.

Ainsi, des combats assez sévères ont opposé les talibans et les milices islamistes internationales aux forces de l'Alliance du Nord du commandant Massoud, mais dès que les troupes anglo-américaines et leurs alliés se sont réellement manifestés sur le terrain, la résistance a cessé. Seules quelques escarmouches et embuscades ont permis aux « vaincus » de marquer des points en tuant des ennemis [1].

Fin décembre 2001, la situation semblait stabilisée en Afghanistan, ce qui donna lieu à différentes analyses exagérément optimistes dans les rangs de la Coalition. En fait, Al-Qaïda et ses alliés étaient passés de la phase de dispersion (en vue d'éviter l'affrontement direct et

1. La seule exception notable à cette tactique a été la bataille de Tora Bora, en novembre 2001, qui a duré deux semaines, et a été assez rude. On peut penser qu'elle correspondait à deux buts : assurer une visibilité médiatique à la résistance islamiste afin d'envoyer un message clair au monde arabo-musulman – « nous ne sommes pas défaits » – et créer un abcès de fixation qui occuperait la Coalition tandis que, par ailleurs, la dispersion des moudjahidin s'achevait.

l'inéluctable écrasement) à la phase de regroupement des forces (en vue de passer à l'offensive).

Combien de moudjahidin restaient actifs après le « nettoyage » de l'Afghanistan, à la fin 2001 ? Il est difficile de répondre à cette question, pourtant importante. Essayons, toutefois, d'avancer un élément de réponse. Selon différentes estimations produites par les services de renseignement occidentaux, environ 20 000 moudjahidin seraient passés dans les camps de formation afghans d'Al-Qaïda avant le 11 septembre 2001. Il est évident que la majorité d'entre eux n'étaient plus présents en Afghanistan en octobre 2001. Les estimations militaires font état d'environ 2 000 moudjahidin tués ou capturés durant la campagne d'Afghanistan et dans les mois qui ont suivi. Il restait donc, début 2002, environ 18 000 volontaires récemment et parfaitement formés aux différentes techniques du terrorisme, de la clandestinité et de la guerre de guérilla dont on a, à l'heure actuelle, perdu la trace.

Par ailleurs, on estime généralement qu'une quarantaine de milliers de volontaires du djihad ont participé à la guerre d'Afghanistan à l'époque soviétique. Si l'on tient compte des pertes subies lors de la guerre ou sur d'autres terrains de lutte, des décès naturels, des effets du vieillissement et du fait qu'un certain nombre d'anciens volontaires sont sans doute, aujourd'hui, assagis et rentrés dans le rang, il ne nous semble pas excessif de penser qu'environ 5 000 djihadistes de cette « première époque » peuvent être encore en activité. Enfin, depuis le début des années 1990, d'autres combattants ont été formés dans d'autres djihads, que ce soit en Bosnie, en Somalie ou en Tchétchénie, pour ne prendre que trois exemples. On arrive dès lors à la conclusion que, à l'heure actuelle, entre 18 000 (hypothèse basse) et 30 000 (hypothèse haute) djihadistes sont dispersés dans le monde.

Et encore, on ne tient compte, dans ce calcul, que des

djihadistes, dits internationalistes, qui se sont formés sur un terrain qui n'était pas le leur. À ces internationalistes il convient d'ajouter les dizaines de milliers de moudjahidin qui se sont formés sur leur propre terrain (au Maghreb, en Asie du Sud, en Afrique de l'Est). Aucune agence de renseignement ni aucun centre de recherches spécialisé n'est aujourd'hui en mesure de livrer d'estimation sûre et précise sur ce que sont devenus ces combattants. L'analyse des événements et les projections faites à partir des lieux d'arrestation ou d'élimination, depuis fin 2001, d'un certain nombre des 18 000 djihadistes sortis des camps d'Ousama Ben Laden, ainsi que certaines observations effectuées par les services spécialisés sur les déplacements dans et autour de la zone pakistano-afghane entre l'été 2001 et le début de 2002, permettent cependant d'avancer une hypothèse de travail.

Au moins quelques centaines de volontaires non afghans sont restés en Afghanistan pour y participer au djihad contre les forces de la Coalition et le gouvernement de transition de Hamid Karzaï, et quelques centaines d'autres sont regroupés dans différentes régions du Pakistan (entre autres, dans la zone tribale de la Province du Nord-Ouest et dans la mégapole de Karachi). Mais la grande majorité des moudjahidin restants s'est probablement dispersée soit vers d'autres zones de djihad (entre autres, la Tchétchénie et la péninsule Arabique), soit vers leur pays d'origine. Dans ces zones d'affrontement comme dans leur pays d'origine, ces volontaires du djihad ont plus que probablement pour but d'user de leur prestige et des connaissances acquises en Afghanistan pour y regrouper des cellules opérationnelles ou logistiques en vue de continuer la guerre « contre les Juifs et les Croisés ».

Ajoutons que, sur la base de ce que l'on sait des détenus des camps de prisonniers de Guantanamo, de 5 % à 10 % des moudjahidin sont des ressortissants de pays européens ou occidentaux ou encore des « doubles nationaux » jouissant d'une nationalité européenne. Une simple projection permet donc de penser que 1 000 à 2 000 des quelque 18 000 moudjahidin dispersés pourraient être porteurs de passeports européens qui leur permettent de circuler très librement.

La dispersion de ces « combattants » bien formés a apporté et apportera encore, dans un avenir prévisible, un sang neuf aux organisations locales existantes ; elle a provoqué et provoquera encore dans un avenir prévisible la création de nouvelles cellules là où elles n'existent pas encore. Il en a déjà résulté, depuis le 11 septembre 2001, une forte recrudescence des attentats de grande ampleur ou de forte portée symbolique et des tentatives d'attentats. Cette tendance devrait se maintenir dans l'avenir.

Deuxième phase : restauration de centres de commandement et d'entraînement en 2002

Alors même qu'elle dispersait les combattants et leurs familles, la structure centrale de la mouvance (Al-Qaïda) poursuivait, évidemment, la réflexion entamée bien avant septembre 2001 sur la pérennité de ses organes de décision et de formation et sa propre réorganisation. Ce mouvement de réorganisation s'est poursuivi tout au long de l'année 2002 et peut être considéré comme à peu près achevé depuis l'été 2002. Pour ce que l'on en sait, la nouvelle structure d'Al-Qaïda se distingue par sa décentralisation, une autonomie encore plus large laissée aux réseaux locaux et la dispersion des cellules. Le noyau central d'Al-Qaïda semble être aujourd'hui divisé en deux branches : l'une politique, chargée de fixer les objectifs stratégiques, de définir ce qui est licite ou ne l'est pas et de mener un travail assez classique de communication et de propagande ; l'autre militaire, chargée de coordonner des actions d'envergure ou particulièrement symboliques, de créer des cellules locales et de pourvoir à leur entraînement, d'assister, enfin, les mouvements affiliés.

La branche politique – Oussama Ben Laden, Ayman al-Zawahir, une dizaine de proches et quelques dizaines de membres d'un appareil de sécurité central chargé de la protection des dirigeants – se trouve sans doute quelque part entre le Pakistan et l'Afghanistan. Elle est extrêmement mobile et semble pouvoir se déplacer à son gré entre Karachi qui est, très probablement, l'un de ses centres (Al-Qaïda y possède, de longue date, des villas et des appartements achetés par des intermédiaires, des « coupe-circuits »), les Provinces du Nord-Ouest du Pakistan et l'intérieur de l'Afghanistan. Elle jouit, au Pakistan, de complicités à haut niveau (entre autres au sein des services secrets et de l'armée) qui lui assurent une relative tranquillité. La capacité de déplacement « hors zone » de ces hauts dirigeants reste assez importante, puisque plusieurs sources crédibles font état du fait qu'Ayman al-Zawahir aurait été vu dans le Caucase entre novembre 2002 et janvier 2003.

Il semblerait que des responsables « politiques » d'un rang moins élevé se soient dispersés dans d'autres pays (Yémen, Soudan, Iran, région du Caucase). De plus, d'autres dirigeants, moins liés à Al-Qaïda mais jouissant d'un grand renom, sont présents en Asie du Sud-Est, qui est aujourd'hui l'un des principaux terrains d'action du mouvement du djihad. Ces cadres sont probablement prêts à prendre la relève au cas où le noyau central serait anéanti.

La branche militaire serait principalement répartie entre quatre zones d'action principales : Afghanistan et Pakistan, Asie du Sud, Caucase, Irak et péninsule Arabique. Dans le Caucase, des mouvements tchétchènes ont passé des accords opérationnels avec Al-Qaïda et auraient mis à la disposition de celle-ci plusieurs camps, en Tchétchénie mais surtout en Géorgie, dans les gorges de Pankissi. Les moudjahidin tchétchènes et Al-Qaïda y partageraient savoirs et expériences, notamment en matière d'utilisation d'armes chimiques à des fins terroristes, et y formeraient de nouveaux djihadistes. On notera que la grande majorité des terroristes arrêtés à Paris et à Londres, entre novembre 2002 et janvier 2003, dans l'affaire du complot de la ricine (une tentative apparente d'utiliser ce poison violent dans des lieux publics tels que le métro) était passé par les gorges de Pankissi pour y suivre une formation accélérée à la fabrication et à l'utilisation d'armes chimiques et biobactériologiques.

D'après ce qui a pu être constaté par les services de renseignement actifs sur le terrain, les structures « dirigeantes » d'Al-Qaïda, qu'elles soient politiques ou militaires, observent des règles de sécurité très strictes : les dirigeants vivent souvent dans les mêmes régions ou quartiers, mais partagent rarement les mêmes abris, ils sont entourés d'un appareil de sécurité efficace, ils n'utilisent presque plus de moyens de communication techniques (par peur d'interceptions et de repérages) et leur préfèrent des courriers humains. Cette technique a un avantage évident : elle permet de limiter les risques de localisation par ELINT (ELectronical INTelligence : interception et analyse des messages) et SIGINT (SIGnal INTelligence : analyse des flux de communication, dans le but, entre autres, de retracer des organigrammes et de procéder à des repérages géographiques). Mais elle présente par ailleurs deux points faibles : d'une part, elle ralentit les procédures de communication ; d'autre part, l'identification et la pénétration des « seconds cercles » et une analyse systématique et attentive des filières de transport classique (lignes aériennes, etc.) peuvent permettre de repérer les courriers et, en les mettant sous surveillance, d'arriver à remonter jusqu'à la structure centrale.

Nous avons vu qu'Al-Qaïda a toujours laissé une large autonomie d'action à ses exécutants et aux réseaux affiliés. Cette autonomie s'est encore accrue en 2004. Mais on sait également, soit que cela apparaisse clairement dans différentes procédures judiciaires en cours, soit que cela ressorte d'interceptions techniques ou encore du renseignement collecté à la périphérie de la mouvance, que certaines actions particulières sont directement inspirées, voire ordonnées et organisées, par Oussama Ben Laden, l'un de ses lieutenants ou un chef militaire de haut rang du noyau central. Ce fut le cas, entre autres, pour les attentats de Djerba (11 avril 2002) et de Karachi (8 mai 2002), pour la tentative d'attentat de Richard Reid contre le vol Paris-Miami (décembre 2001), pour les tentatives d'attentats à la ricine de Paris et Londres (hiver 2002) et, sans doute, pour les attentats de Riyad. Cela implique, évidemment, que le « centre » soit tenu informé, en temps réel, des progrès accomplis dans le choix des cibles et la préparation pratique des attentats.

Troisième phase : le retour à l'offensive

La troisième phase de la restructuration d'Al-Qaïda et de la mouvance du djihad, celle du retour à l'offensive, intervient dès les premiers jours de 2002, on pourrait même dire dès les derniers jours de 2001 : le 22 décembre 2001, c'est par un coup de chance – et grâce à l'attention et au courage de quelques passagers et de son équipage – qu'un avion assurant la liaison Paris-Miami n'a pas sauté en vol. Si Richard Reid, alias *Shoe Bomber*, n'avait pas été maîtrisé, cet attentat aurait été le premier réussi de l'« après-11 septembre ». L'affaire *Shoe Bomber* pourrait faire sourire – n'eût été le drame évité de justesse –, tant son principal protagoniste semble avoir fait preuve d'amateurisme. Ce serait ignorer que Richard Reid représente, même maladroitement, l'une des menaces les plus sérieuses envisagées à l'heure actuelle par les services de sécurité, celle du « moudjahid non aligné » (ou terroriste isolé), que nous aborderons plus loin.

Dès le 22 janvier, un attentat touchait le Centre américain de Calcutta (Inde) ; le 23 janvier, Daniel Pearl, journaliste au *Wall Street Journal*, était enlevé puis assassiné dans d'épouvantables conditions ; le 17 mars, un attentat à la grenade dans un temple protestant du quartier diplomatique d'Islamabad faisait cinq morts et une cinquantaine de blessés. À l'évidence, il s'agissait pour Al-Qaïda et ses sympathisants de prouver que l'offensive alliée n'avait pas eu raison de la mouvance ou encore de se protéger : il semble que le journaliste Daniel Pearl ait pu être sur une piste brûlante lorsqu'il a été kidnappé. Le fait qu'il ait été américain et juif a, évidemment, augmenté encore la valeur de sa mort aux yeux de ses bourreaux. Depuis, en 2003 et durant les premiers mois de 2004, le tempo des attentats perpétrés par la mouvance du djihad n'a cessé de s'accélérer. On peut sans doute avancer, désormais, que la mouvance djihadiste internationaliste, parvenue à maturité, est devenue pleinement opérationnelle.

7

Les conditions de la survie : une mouvance en constante évolution

Le mode d'organisation en mouvance stellaire, la grande autonomie des organisations affiliées et la dispersion des centres de commandement ne sont pas les seules causes de la survie d'Al-Qaïda et de sa nébuleuse. Une autre raison tient en leur formidable capacité d'adaptation. Dans le chapitre précédent, je comparais la mouvance à un virus évolutif qui apprend, en permanence, à se défendre contre les anticorps suscités par son agression. L'approche suivante serait tout aussi valide : celle d'un organisme complexe qui se reproduit par parthénogenèse. En temps réel, de nouvelles cellules ou de nouveaux groupes apparaissent pour prendre le relais de ceux qui ont été éliminés ou sont affaiblis. En règle générale, c'est bien après que cette transition aura été effectuée qu'elle sera remarquée par les spécialistes. Ainsi, c'est à partir du second semestre 2003 que le GICM marocain a commencé à remplacer, dans l'activisme djihadiste en Europe, le GSPC algérien qui est, aujourd'hui, en voie de déliquescence avancée. L'attentat de Madrid, le 11 mars 2004, en a été le révélateur.

Mouvance multiple et dispersée, présente aujourd'hui sur tous les continents – il ne doit pas exister un pays de quelque importance dans lequel on ne trouverait pas de cellules rattachées directement ou indirectement à Al-Qaïda –, la scène du djihad internationaliste n'en garde pas moins une cohésion idéologique et pratique qui n'est étonnante qu'en apparence. L'explication en est assez simple : les djihadistes communiquent, assez intensément, même. Cette communication est diverse dans sa forme – messages sur cassettes audio ou vidéo, communiqués, interviews à des médias écrits ou audiovisuels, brochures, livres et textes théoriques – comme dans les buts recherchés : il s'agit, suivant les cas, de faire connaître ses positions, de revendiquer des actions, de menacer, de faciliter le recrutement ou encore de former les sympathisants à travers le monde.

L'existence d'une véritable politique de communication des djihadistes internationalistes livre un premier enseignement : Al-Qaïda fonctionne parfaitement et elle est capable non seulement d'organiser ou de commanditer des attentats sanglants, mais aussi de mener à bien les tâches de routine qui sont celles de toute grande organisation ou de toute armée ou administration, ce qui implique une spécialisation assez poussée et une répartition des tâches précise entre les « cadres supérieurs » et les exécutants selon des procédures strictes.

Un pur produit de la mondialisation ?

Ces dix dernières années, ce sont donc près de 170 communications de la mouvance qui ont pu être observées et analysées[1]. Et le rythme s'est accéléré au fil du temps : d'une apparition publique en 1993 ou 1994, on est passé à 13 en 1998, 19 en 2001, 60 en 2002 et une cinquantaine en 2003. Cette progression n'est d'ailleurs pas totalement linéaire : il existe un lien évident entre la

---

1. Décompte arrêté au 31 mai 2004.

fréquence des apparitions d'Al-Qaïda et son activité terroriste. Ainsi, en 1998, année où ont lieu les deux attentats contre les ambassades américaines au Kenya et en Tanzanie, on enregistre 13 communications. Mais en 1999, il ne se passe rien de particulier et l'on retombe à 2 communications. C'est donc très logiquement que l'on constatera que 85 de ces communiqués et prises de position publiques ont été émis après le 11 septembre 2001.

L'une des nécessités auxquelles répond cet effort de communication est celle de désigner des cibles « légitimes », afin que les attaques menées aux quatre coins du monde par des groupes qui, parfois, n'ont pas de relations directes entre eux restent cohérentes. Que l'on ne s'y trompe pas : il s'agit d'une démarche qui n'a rien d'accidentel ni de chaotique, mais qui a été décidée, mûrie et menée avec le professionnalisme et la décision habituels des amis d'Oussama Ben Laden. Un véritable centre des médias, avec des journalistes, des spécialistes des nouvelles technologies de la communication, des experts du web et un secteur édition, a été développé au cours des années. On s'accorde généralement à penser que cette « branche communication » était, en tout cas jusqu'en 2003, basée en Arabie Saoudite et dirigée par Youssouf al-Ayeri [1].

Depuis 1993, plusieurs dizaines de cibles potentielles (ou effectives) ont été citées dans les communications d'Al-Qaïda. Il s'agit d'installations ou de personnels militaires (15 fois), de populations ou de personnalités civiles (12 fois), d'institutions financières (12 fois), de gouvernements ou de départements gouvernementaux (4 fois), de compagnies ou de liaisons aériennes (4 fois), de navires ou de liaisons maritimes (4 fois), de sociétés commerciales ou de lieux de travail (6 fois), de réacteurs nucléaires (3 fois), d'infrastructures sensibles (2 fois),

1. Al-Ayeri a été abattu par les services spéciaux saoudiens en juin 2003.

d'installations pétrolières (2 fois), ou de lieux de détente (1 fois). S'y ajoutent trois références à des assassinats, à des attaques biobactériologiques ou à des véhicules piégés. On constatera qu'environ la moitié des cibles évoquées sont de nature économique, ce qui confirme, ainsi que nous le verrons plus loin, que l'économie est une cible fondamentale de la mouvance du djihad.

La répartition des rôles qui semble exister entre les principales figures d'Al-Qaïda est un autre élément intéressant qui apparaît à la lecture de ces textes. Ainsi, Mohammed al-Ablaj (12 communiqués ou interviews depuis janvier 2003) se cantonne le plus souvent à des revendications d'attaques ou à l'émission de menaces d'ordre général contre les « ennemis de l'Islam » (les États-Unis, le Japon, l'Italie, la Turquie). Oussama Ben Laden (7 interventions depuis janvier 2003) et son principal collaborateur, Ayman al-Zawahir (7 déclarations), se prononcent, eux, sur les grandes orientations stratégiques du djihad. Enfin, certains dirigeants n'interviennent qu'en publiant des textes à vocation militaire destinés à former de nouveaux commandants et combattants. Il en est ainsi de Saïf al-Adel ou d'Abdul Aziz al-Moqrin.

Cette politique de communication particulièrement agressive participe de l'un des principaux paradoxes que nous donne à observer la mouvance du djihad : si son projet politico-religieux est totalement tourné vers le passé – le fameux retour à la pureté originelle des compagnons du Prophète –, dans leur fonctionnement concret, les djihadistes peuvent être d'une étonnante modernité. « Al-Qaïda and Co », véritable multinationale du terrorisme, apparaît ainsi, d'une certaine manière, comme un pur produit de la mondialisation, dont elle est, en quelque sorte, l'une des composantes de la face obscure[1]. Si le

1. Avec d'autres, bien évidemment, comme par exemple le crime organisé,

djihadisme a pu se développer à l'échelle qui est la sienne aujourd'hui, ce n'est pas seulement parce qu'il comble un vide et répond à une attente existant dans certains secteurs de la société musulmane, ni exclusivement du fait de ses chefs et de leur clairvoyance, mais aussi parce qu'il a su profiter de l'évolution générale que la mondialisation a imposée ces dernières années.

Les voyages à bas prix, par exemple, ont mis l'Afghanistan et le Pakistan à la portée de toutes les bourses, y compris celles des laissés-pour-compte des banlieues. Des milliers de jeunes gens ont pu aller se former, techniquement et idéologiquement, dans les camps d'Al-Qaïda. Ces compagnies *low costs* ont également permis aux moudjahidin de voyager partout en Europe et dans le reste du monde pour tisser les liens qui nourrissent leurs réseaux. La téléphonie mobile, les cartes prépayées, Internet ont offert des possibilités de communication sans précédent aux « nouveaux terroristes » et leur ont permis de former ce que plusieurs chercheurs ont appelé une « Oumma virtuelle [1] », au sein de laquelle s'échangent, sur le web, sans qu'aucun contact physique ne soit nécessaire, expériences et conseils. L'informatisation des transferts de fonds internationaux et leur rapidité ont accru les possibilités de financement des réseaux. Bref, Al-Qaïda apparaît bel et bien comme une « multinationale ». Et comme toute multinationale qui se respecte, Al-Qaïda se montre extrêmement soucieuse de la formation de ses « franchisés ». Cela se fit, dans un passé récent en Afghanistan, et cela peut encore se trouver en Tchétchénie, en Asie ou dans d'autres zones de djihad, mais de tout temps

---

la contrefaçon ou encore la traite des êtres humains à des fins de prostitution ou de travail illégal.

1. Voir notamment : Peter Nielsen, *Jihad in Europe, a survey of the motivations for Sunni islamist terrorism in post-millenium Europe*, Forsvarets Forkninginsituit (Norvegian Defence Research Establishment), Kjeller, Norvège. Rapport non classifié publié en avril 2004.

Al-Qaïda a également pratiqué une formation « à distance » extrêmement performante.

Depuis 2001, trois responsables « militaires » développent une « communication ciblée » qui, pour être semi-publique (et souvent diffusée par Internet ou sous forme de brochures), reste à destination assez restreinte : il s'agit de Saïf al-Adel, d'Abou Laith al-Libi et d'Abou Oubeid al-Qurashi. Tous trois sont spécialisés dans la rédaction et la publication de textes à portée stratégique ou parfois tactique permettant de partager les expériences vécues afin d'en tirer les leçons. Ce qui explique que les spécialistes qui étudient Al-Qaïda aient constaté depuis assez longtemps que les opérateurs du mouvement du djihad commettaient rarement deux fois les mêmes erreurs et faisaient preuve d'assez de souplesse pour pouvoir adapter rapidement leur *modus operandi* aux conditions changeantes de terrains d'action parfois distants de milliers de kilomètres.

Cette capacité de renouvellement est la conséquence logique de l'usage bien établi des dirigeants de se livrer à un débriefing très professionnel après chaque opération d'envergure de manière à tirer les leçons des succès et des échecs. Pour une organisation clandestine, c'est là l'une des conditions essentielles de sa survie. Le fait que de nombreux « cadres militaires » d'Al-Qaïda aient un passé dans les forces armées de leur pays d'origine n'est évidement pas étranger à cette méthodologie. Les textes qu'ils produisent – et qui sont souvent édités dans un « magazine » à la périodicité irrégulière, *Camp Al Battar* – ont souvent été comparés, du point de vue de la qualité et de la technicité, à la littérature militaire classique que publient les revues spécialisées des grandes armées, comme cela se fait aux États-Unis, en Grande-Bretagne ou en France.

Une véritable formation continue en terrorisme et guérilla

Nombre d'opérateurs d'Al-Qaïda et de ses organisations affiliées appliquent, comme l'ont fait en leur temps Mohamed Atta et ses camarades du 11 septembre 2001, les consignes de sécurité contenues dans un petit livre de 180 pages divisé en 18 chapitres et intitulé *Études militaires pour le Djihad contre les tyrans.* Plusieurs exemplaires de cet ouvrage passionnant ont été découverts, depuis les années 1990, à l'occasion d'enquêtes sur des affaires liées à Oussama Ben Laden, d'autres ont été saisis en Afghanistan après octobre 2001. J'ai pu en lire une traduction intégrale réalisée par les services secrets britanniques. Le manuel commence par l'habituel rappel d'un principe de base : « La principale mission de l'organisation est de renverser les régimes sans Dieu et de les remplacer par un régime islamique. Mais aussi : assassiner les soldats ennemis et les touriste étrangers, libérer les frères emprisonnés, faire sauter et détruire les ambassades et les centres économiques, détruire les ponts menant aux grandes villes. »

Les différents chapitres abordent chacun une thématique particulière, de la gestion d'un enlèvement au meurtre, en passant par la fabrication d'une bombe ou la composition de poison à partir d'« excréments humains frais que l'on laissera mariner deux semaines » *(sic !).* Au fil des pages, on peut ainsi apprendre qu'« il est permis de frapper un incroyant pour qu'il révèle ses secrets. Les maîtres religieux permettent aussi de tuer l'otage qui s'obstine à ne pas donner d'informations aux Musulmans ». Les conseils les plus techniques ne manquent pas : « Pour tuer avec une arme blanche de face, l'ennemi doit être touché dans l'un des points mortels suivants : la cage thoracique, un ou les deux yeux, le pelvis, la zone directement au-dessus des parties génitales. Par-derrière : la nuque ou le bas de la colonne vertébrale. »

Mais le chapitre le plus intéressant, de mon point de vue, porte sur la sécurité des opérations :

« Celui qui se prépare à agir en martyr doit être capable de se cacher :

– ne vous adressez pas aux autres avec les salutations islamiques traditionnelles invoquant le nom d'Allah ;

– ne causez pas de trouble de voisinage ;

– ne vous garez pas dans des zones interdites ;

– ne vous installez pas près de postes de police ;

– ne paraissez pas inquiet ;

– brûlez les lettres après les avoir lues et détruisez les cendres ;

– louez des appartements dans des zones résidentielles récentes où les gens n'ont pas encore eu le temps de faire connaissance les uns avec les autres ;

– utilisez des codes lorsque vous parlez au téléphone ;

– maintenez une apparence qui n'indique pas une orientation islamique (barbe, longue chemise, Coran) ;

– ne fréquentez pas les lieux islamiques (mosquées). »

Un autre ouvrage technique publié par Al-Qaïda dans le cadre de ses efforts de formation, *Al Qaeda's advice for Mujahideen in Iraq : lessons learned in Afghanistan* [1], est dû à la plume de Saïf al-Adel, un ancien des forces spéciales égyptiennes qui a rejoint Al-Qaïda dont il semble être devenu le chef des opérations militaires après la mort de Mohammed Atef, à Kaboul, à l'automne 2001. Il s'agit d'un document d'une vingtaine de pages destiné aux « Moudjahidin en Irak » et diffusé, entre autres par le web, dans les milieux « djihadistes » en mars 2003. Il

1. Document du 14 avril 2003, diffusé en traduction anglaise avec le texte original arabe par le site *www.intelcenter.com*

jette un éclairage rare et intéressant sur le fonctionnement d'Al-Qaïda et sur sa stratégie dans la guerre de guérilla.

L'auteur nous prévient que le texte qui nous occupe a été « écrit dans la hâte » pour faire profiter les combattants islamistes d'Irak, qui, en mars 2003, s'apprêtent à affronter les troupes de la coalition internationale menée par les États-Unis, des expériences de la bataille de Kandahar. Une bonne partie de la brochure est anecdotique, Al-Adel insistant par exemple sur les services immenses que semble avoir rendus aux volontaires afghans l'utilisation de véhicules Toyota de type Corolla. Maniables, discrets, capables d'« emmener quatre Moudjahidin avec tout leur équipement », ces véhicules civils n'auraient jamais été soupçonnés par les Américains de jouer un rôle militaire et ils auraient donc omis de les bombarder. Les djihadistes en étaient tellement satisfaits qu'une plaisanterie courait dans leurs rangs : « Si les Japonais voyaient l'usage que l'on en fait ici, ils s'en serviraient certainement pour leur publicité... ».

Plus fondamentalement, les « leçons apprises en Afghanistan » permettent de comprendre à quel point chaque mouvement d'Al-Qaïda est réfléchi et pensé. On sait depuis longtemps que les attentats du 11 septembre ont été préparés pendant deux à trois ans. Mais Saïf al-Adel confirme clairement qu'il s'agissait bel et bien, dans l'esprit d'Oussama Ben Laden et de ses proches, du véritable déclencheur d'une guerre longue et cruelle qui devait pousser les Américains à la riposte.

La tactique militaire préconisée par Al-Qaïda pour un affrontement de grande ampleur n'a certes rien d'original en elle-même – il s'agit, ni plus ni moins, de la « guerre populaire » chère à Mao Tsé-toung ou au Vietnamien Vo Nguyen Giap –, mais elle est parfaitement comprise et maîtrisée. Ainsi, les forces islamistes implantées autour de Kandahar, dont le QG avait été évacué, étaient divisées en petites unités éclatées regroupant chacune de dix à vingt hommes et encadrées par des vétérans du djihad ayant fait leurs preuves lors de la première guerre d'Afghanistan, en Bosnie, en Tchétchénie ou en Algérie. Ces forces restaient dispersées durant la journée de manière à ne pas offrir de surface de frappe trop visible aux avions et missiles alliés, et se regroupaient la nuit pour passer à l'attaque ou tendre des embuscades aux forces coalisées.

Autre point remarquable, les chefs attachaient une très grande importance au moral de leurs troupes. Quiconque est allé au combat sait que l'état psychologique du soldat tient à un certain nombre de facteurs : une cause justifiable, un encadrement qu'il peut respecter, une mission claire et des éléments de « confort » matériel dont le défaut peut très rapidement désagréger les unités les plus professionnelles. L'encadrement, on l'a vu, était assuré par les meilleurs éléments disponibles. La cause était évidemment celle de Dieu : « Nous avons travaillé, écrit Saïf al-Adel, à lier chacun, personnellement, avec Dieu et sur sa relation avec Lui [...] Dès lors, notre programme [de formation] dépendait du renforcement d'une personnalité musulmane croyant aux secrets divins... » Les aspects du « confort » n'étaient pas négligés. Les blessés étaient rapidement secourus, et ceux dont l'état le nécessitait étaient évacués sur le Pakistan voisin. On sait également qu'on ne se bat bien que le ventre plein. D'après Al-Adel, durant toute la bataille, chaque combattant recevait « trois repas chauds par jour », grâce à un système alliant la centralisation des denrées et leur redistribution rapide vers chaque petite unité équipée d'une cuisine de campagne.

Dans une autre partie de son étude, Al-Adel souligne l'importance de la guerre psychologique et des médias. Il reconnaît au passage la supériorité des Américains et des Anglais dans ce domaine et admet que les efforts des moudjahidin « n'étaient représentés que par ce qui était transmis par Al-Jazira et les sites des Moudjahidin sur le Net, et qu'il s'agissait d'un effort extérieur » n'ayant pas d'impact sur le moral des combattants et des civils en Afghanistan puisqu'ils n'avaient pas accès à ces médias.

On peut objecter que cette connaissance intime et précise des règles de la guerre non conventionnelle n'a pas empêché les talibans et leurs alliés djihadistes de perdre la guerre en Afghanistan, mais ce serait aller un peu vite en besogne : comme le souligne Al-Adel, « la guerre consiste en une longue série de batailles » et celles-ci ne sont pas terminées.

Un éclairage cru sur les cibles à venir

Le dernier texte que nous allons examiner est nettement plus récent, puisqu'il a été publié aux alentours du 29 mars 2004. Il s'agit d'un article de neuf pages dû à Abdul Aziz al-Moqrin, l'un des responsables des opérations de la mouvance djihadiste en Arabie Saoudite et dans le Golfe, intitulé *Les Cibles dans les villes*[1]. Dans sa préface, Al-Moqrin commente la motivation de sa démarche : « Les cibles dans les villes sont considérées comme une sorte de diplomatie militaire. Normalement, ce genre de diplomatie s'écrit avec du sang et s'orne de morceaux de corps dans l'odeur de la poudre. » Elle est porteuse d'une signification politique liée à la nature du combat pour la foi. Le but est d'envoyer un message dans différentes directions. Dès lors, il est très important de choisir des cibles pertinentes…

Ces cibles « pertinentes » peuvent être religieuses, économiques ou humaines. Même si Al-Moqrin estime que, « au début d'un Djihad, il n'est pas conseillé de frapper des cibles religieuses », il établit une liste

1. La traduction de ce document est aussi à porter au crédit de l'équipe d'Intelcenter.

d'exceptions « légitimes » : « Les missionnaires dans des pays islamiques [...] qui tentent de convertir les Musulmans au christianisme ; tout responsable religieux musulman qui collabore avec l'ennemi ; les révérends, prêtres, rabbins et toute personnalité religieuse qui s'en prend à l'Islam et aux Musulmans [1]. Tout Juif ou Chrétien qui apporte un soutien financier, militaire ou moral [à la guerre contre les Musulmans]. » Ces quatre catégories d'exception permettent, en définitive, de frapper à peu près n'importe quel objectif lié à la religion.

Viennent ensuite les « cibles économiques » : « Les investissements juifs ou croisés dans les pays musulmans [...], les multinationales, les consultants et experts spécialisés dans l'économie internationale [...], les investissements provenant de pays ennemis, [...], les ressources naturelles volées aux pays musulmans [2], les hommes d'affaires juifs et ceux qui collaborent avec eux. » Abordant la question des « cibles humaines », Al-Moqrin écarte d'emblée toute ambiguïté : « Nous devons viser les Juifs et les Chrétiens [...] Il ne doit y avoir aucune limite et nous ne devons pas nous arrêter aux frontières géographiques [...] Toutes les cellules dans le monde [...] doivent essayer de transformer les pays infidèles en théâtre d'opérations [...] Nous devons transformer leurs villes en enfer et en lieux de destruction... »

Ces attentats ne peuvent être tentés qu'en respectant un mode opératoire précis : « Il faut commencer avec des cibles faciles, peu protégées, et par les individus qui protègent les renégats locaux. Par exemple [en Arabie

---

1. L'auteur cite l'exemple du terroriste El-Sayyid Nosair, l'assassin du rabbin Meir Kahane, en novembre 1990. Cela semble confirmer que Nosair appartenait bien, dès cette époque, à la mouvance Ben Laden ou que celle-ci, aujourd'hui, le revendique comme l'un de ses membres.

2. Allusion est essentiellement faite ici au pétrole. On remarquera que ce type d'attentat est considéré comme tellement important qu'Al-Moqrin estime que « la direction doit sélectionner ce genre de cibles économiques parce qu'elle connaît le bon moment [pour les attaquer] ».

Saoudite], les premières cibles doivent être les Américains, puis les Anglais. En Irak, les Américains d'abord ; en Afghanistan, les Américains ; en Algérie, les Français, et en Indonésie, les Australiens. » À l'intérieur de ces différentes cibles, existent des « sous-catégories » : « Les Juifs […], les Juifs américains et israéliens d'abord, puis les Juifs britanniques et ensuite les Juifs français, etc. Les Chrétiens, leur importance est la suivante : Américains, Britanniques, Espagnols, Australiens, Canadiens, Italiens… » Ces sous-groupes eux-mêmes se verront à leur tour divisés suivant leur importance : « Les hommes d'affaires, les banquiers et les économistes, parce que l'argent est très important à notre époque ; les diplomates, politiciens, universitaires, analystes ; les scientifiques, leurs associés et les experts, les chefs militaires et les soldats ; les touristes [et les lieux qu'ils fréquentent]. » Viennent enfin les « renégats », c'est-à-dire « quiconque est proche des gouvernements juifs et chrétiens, comme Hosni Moubarak […], les laïcs et ceux qui insultent la foi, les agents de renseignement et les policiers ».

Al-Moqrin ne fait pas mystère du fait que le but de ces opérations est de souligner le caractère religieux du combat, de désigner clairement qui est l'ennemi principal, de ruiner l'image des gouvernements visés et de gêner leurs projets politiques : « Les Italiens ont décidé de ne pas envoyer de soldats en Irak après que des Italiens ont été tués à Bagdad, comme les opposants au Premier ministre espagnol ont promis de retirer les troupes espagnoles d'Irak après les explosions de Madrid. » D'autres motivations pour ce type d'attentats peuvent être d'élever le moral des moudjahidin, de démontrer l'efficacité des cellules, de combattre pour la foi en un seul Dieu, ou encore d'aider les moudjahidin à se former.

Ces quelques pages sont riches d'enseignements sur ce

que pourraient être les tactiques et les cibles du terrorisme islamique dans le futur proche. Elles nous permettent par exemple de constater la quasi-primauté des cibles économiques, ce qui tend à démontrer que les djihadistes savent bien que leur seule chance réelle de vaincre n'est pas le terrorisme en lui-même, conçu comme une nouvelle forme de « guerre totale », mais bien le chaos économique qui pourrait résulter de la multiplication de ces actes de terrorisme : à la longue, les djihadistes visent, ni plus ni moins, l'écroulement des économies occidentales. Enfin, il est évident que les « impies » et les « apostats », c'est-à-dire les responsables musulmans qui tentent de moderniser leurs sociétés et les individus qui s'éloignent de la religion, restent une cible essentielle d'Al-Qaïda et des organisations affiliées.

Toute médaille a cependant son revers. La politique de communication d'Al-Qaïda et, singulièrement, ses textes « militaires » ou stratégiques peuvent aider à mieux comprendre la menace et à l'anticiper. Ils nous montrent également ce qui pourrait bien, un jour, apparaître comme la principale faiblesse de la mouvance du djihad : la sous-estimation des capacités et de la volonté de l'adversaire. En général, les auteurs « militaires » du noyau central de la mouvance n'ont pas de mots assez méprisants pour dépeindre les « infidèles » que doivent affronter les djihadistes.

Les attentats du 11 septembre, je l'ai déjà souligné, n'étaient que l'étincelle qui devait mettre le feu à l'Islam – « Toutes les nations du monde, écrit Al-Adel dans ses *Leçons apprises en Afghanistan*, n'arriveront jamais à éteindre la flamme que Mohamed Atta et ses frères héros ont allumée dans le cœur des jeunes de l'Oumma » – et pousser les États-Unis à la guerre. Or les stratèges d'Al-Qaïda se sont trompés en estimant que le soldat américain n'était « pas prêt au combat ». Servant, aux yeux des idéologues islamistes, une cause injuste, l'armée américaine fuirait l'engagement et privilégierait l'utilisation de « mercenaires » et de « marionnettes ». Bref, le combattant du djihad, plus motivé, serait nettement supérieur à son équivalent américain. Il y a, dans cette vision d'une Amérique décadente, démotivée, corrompue et faible, une très grossière méconnaissance de l'histoire et de la mentalité américaines. Le 11 septembre a été un électrochoc, comme Pearl Harbor l'avait été en d'autres temps. Frappée sur son propre sol et en son cœur, l'Amérique a montré, en Afghanistan et en Irak, qu'elle n'était plus cette nation traumatisée par le Vietnam qui refuserait d'exposer la vie de ses *boys*. Même si la guerre contre le terrorisme doit être encore longue, les tenants du mouvement du djihad risquent fort, un jour ou l'autre, de payer cher cette erreur d'appréciation.

L'émergence de nouveaux dirigeants d'envergure internationale : Abou Musab al-Zarqawi

L'une des autres « qualités » qui a permis à Al-Qaïda et à sa nébuleuse de survivre après septembre 2001 a été sa formidable capacité à repérer et à agglomérer les talents, ainsi que la souplesse et la rapidité avec lesquelles la mouvance permet à de nouveaux chefs d'apparaître et de s'imposer. La règle universelle qui veut que les périodes de crise bénéficient aux ambitieux, et donnent à de nouveaux « leaders naturels » la possibilité d'émerger, se vérifie donc tout particulièrement au sein de la mouvance du djihad, dans la sphère militaire particulièrement (la sphère « politique » semble, elle, rester assez stable). L'un de ces nouveaux dirigeants est le désormais célèbre Abou Musab al-Zarqawi.

Abou Musab al-Zarqawi a commencé à se faire connaître sur la scène internationale en 1999. Il a acquis ces deux dernières années une telle importance que l'on peut sans doute voir en lui l'un des futurs grands dirigeants de la mouvance du djihad au plan international, voire, un jour, un ersatz de la figure emblématique d'Oussama Ben Laden. Al-Zarqawi – qui utilise, entre autres noms, celui de Cheikh Fedel Nazzel Khalayleh – a accédé à une renommée mondiale après que le secrétaire d'État Colin Powell eut cité son nom devant le Conseil de sécurité de l'ONU, au début 2003, pour illustrer les liens existant entre l'Irak et le terrorisme international. D'origine palestinienne, né en Jordanie, Al-Zarqawi est un vétéran du djihad contre les Soviétiques, dans les années 1980 ; il appartient à la génération des « Afghans de la première époque ». Il a passé de nombreuses années en prison à Amman.

Dirigeant militaire du groupe Al-Tawhid (Unité de Dieu), dont le chef spitituel est Abou Qutada, la principale figure du djihadisme à Londres durant des années, il a été inculpé par défaut à Amman en 1999, pour avoir planifié, à l'occasion du passage au deuxième millénaire, des attentats contre des cibles américaines et israéliennes, ainsi que contre des lieux de culte chrétiens. Revenu en Afghanistan, il y géra alors un camp spécialisé dans la formation des djihadistes à l'utilisation des armes chimiques et biobactériologiques. Il est considéré par les services de renseignement, les policiers et les juges antiterroristes français et britanniques comme le probable cerveau des tentatives d'attentats à la ricine déjouées fin 2002 à Londres et à Paris.

Après la dispersion des camps afghans, Al-Zarqawi a transité par l'Iran et l'Irak où il aurait été amputé d'une jambe suite à une blessure reçue durant les combats. Il a ensuite été vu dans le Caucase, en Tchétchénie et dans les gorges de Pankissi. Al-Zarqawi est un authentique « internationaliste », dont les réseaux couvrent une bonne partie de la planète : outre Al-Tawhid, il contrôlerait, entre autres, au moins partiellement, deux autres organisations : Jund al-Shams (Soldats du Levant) et le groupe islamiste kurde Ansar al-Islam. Fondé par le mollah Krekar – réfugié à Oslo depuis des années –, l'Ansar al-Islam, fort sans doute d'un millier de moudjahidin, est particulièrement intéressant : avant le printemps 2003, son existence constituait l'une des seules véritables relations prouvées entre Saddam Hussein et Al-Qaïda, puisque le mouvement avait rallié la mouvance mais était, d'autre part, utilisé par les services spéciaux de Bagdad dans leur lutte contre les groupes indépendantistes kurdes du nord du pays. Enfin, Al-Zarqawi serait l'un des « contrôleurs » du GICM marocain.

Depuis quelques années, Al-Zarqawi a multiplié les réseaux et les cellules dans le monde. On trouve ses traces ou celles de ses opérateurs aussi bien en Europe (Allemagne, Espagne, France, Grande-Bretagne, Italie, Russie) qu'au Proche ou au Moyen-Orient (Arabie Saoudite, Irak, Jordanie, Syrie, Turquie). Plus d'une centaine de ses hommes auraient été arrêtés ces deux dernières années. Les ramifications complexes de sa propre mouvance en font certainement, à ce jour, l'un des chefs djihadistes les plus dangereux et les plus influents. Il est en effet capable de frapper en Irak comme en Turquie, en Espagne comme au Royaume-Uni. Quelques affaires récentes permettent de mieux cerner l'étendue, la diversité et les centres d'intérêt des réseaux directement contrôlés par Zarqawi.

Le 15 février 2002, Mustapha Hassan, Ahmed Mahmud et Firas Suleiman étaient arrêtés en Turquie. Formés en Afghanistan, les trois hommes devaient mener une action-suicide en Israël. Ils comptaient s'y rendre en traversant la Turquie, la Syrie et la Jordanie, puis y pénétrer par le point de passage du pont Allenby. Tous trois étaient membres du groupe islamique Beyyiat el-Imam, affilié à Al-Qaïda, mais avaient reçu leurs ordres d'Al-Zarqawi. Deux mois plus tard, soit en avril 2002, une cellule du groupe Al-Tawhid était démantelée en

Allemagne (une dizaine d'arrestations). Elle était spécialisée dans la logistique (entre autres la fourniture de faux papiers pour faciliter le transit de terroristes islamistes d'Afghanistan et du Pakistan vers l'Europe), mais planifiait également des attaques contre des objectifs américains et israéliens en Europe. Le fonctionnement de la cellule était piloté par Al-Zarqawi.

En octobre 2002, une cellule contrôlée par Al-Zarqawi assassinait à Amman, en Jordanie, Lawrence Fowley, un cadre de l'USAID (US Agency for International Development). En décembre 2002 et en décembre 2003, deux réseaux étaient mis hors d'état de nuire en France et en Grande-Bretagne alors qu'ils préparaient des attentats à la ricine dans des lieux publics. Leurs membres avaient été personnellement formés par Al-Zarqawi, d'abord en Afghanistan puis dans le Caucase. En avril 2003, les Britanniques d'origine pakistanaise qui tentèrent de faire sauter le bar *Mike's Place* à Tel-Aviv avaient été envoyés en Israël par Al-Zarqawi et avaient suivi un parcours assez similaire à celui des trois hommes arrêtés en Turquie en février 2002.

Dans le même temps, Al-Zarqawi a pris en main tout ou partie du nouveau djihad conduit en Irak contre les forces de la Coalition, la communauté chiite et l'autorité provisoire irakienne : avec ses principaux lieutenants, il serait derrière une grande partie des attaques terroristes massives qui ont ensanglanté le pays depuis l'été 2003, et les services de renseignements américains auraient même acquis la certitude qu'il serait personnellement présent sur le terrain, ce qui me semble toutefois douteux. Recherché par les principaux services secrets du monde, fortement diminué physiquement depuis son amputation, actif – par le biais de ses réseaux – aux quatre coins du monde, Al-Zarqawi n'a en effet aucun intérêt à se laisser piéger en Irak, ce qui affaiblirait fortement sa mobilité et ses capacités de communication, alors qu'il peut diriger son djihad personnel depuis l'Iran, le Caucase ou la Syrie.

Toujours est-il que l'on devinait encore sa silhouette derrière les attentats de Madrid, le 11 mars 2004, et derrière différentes tentatives terroristes déjouées *in extremis* en Jordanie dans les semaines qui suivirent. Entre autres la préparation d'un attentat chimique contre des cibles américaines et les services secrets jordaniens qui, s'il avait été mené à bien, aurait pu faire des milliers de morts.

Outre son activisme forcené et sa rapide ascension dans les cercles du djihad, l'une des raisons de s'intéresser de près à Abou Musab Al-Zarqawi est que son itinéraire jette une lumière troublante sur les relations entretenues avec Al-Qaïda par les autorités de divers pays musulmans. Ainsi, depuis 2002, il a circulé et résidé en Irak, en Iran, en Syrie et même au Liban, où il aurait eu des contacts avec le Hezbollah dans le camp d'Aïn el-Helloueh, proche de la ville côtière de Saïda.

*Saïf al-Adel, un proche conseiller d'*Oussama Ben Laden

Tout comme Al-Zarqawi, Saïf al-Adel n'est pas précisément un nouveau venu sur la scène de la mouvance du djihad, mais plutôt un cadre expérimenté que les aléas de l'intervention en Afghanistan ont récemment amené sur le devant de la scène. Membre du groupe des conseillers d'Oussama Ben Laden et du comité des affaires militaires d'Al-Qaïda, Al-Adel a succédé à Mohammed Atef comme chef militaire du noyau central de la mouvance du djihad. Cette promotion fait de lui, en théorie, le « numéro trois » d'Al-Qaïda, juste derrière Oussama Ben Laden et Ayman al-Zawahir. Il a été inculpé aux États-Unis, par un grand jury fédéral, le 20 décembre 2000, pour sa participation à l'organisation ou à l'exécution de divers attentats terroristes ; son nom figure sur la liste des *most wanted terrorists* du FBI avec une récompense pouvant atteindre vingt-cinq millions de dollars pour toute information conduisant à sa capture ou à sa condamnation.

Comme Mohammed Atef, Saïf al-Adel est d'origine égyptienne. Il a servi dans les forces spéciales du Caire avant de rejoindre le Djihad islamique égyptien puis de gagner l'Afghanistan où il a été l'un des responsables de la protection rapprochée d'Oussama Ben Laden. Il a longtemps opéré en Afrique où il aurait été, notamment, sous l'autorité de Mohammed Atef, l'organisateur de l'embuscade dans laquelle dix-huit soldats américains ont péri, à Mogadiscio (Somalie), en octobre 1993. Il serait également l'un des maîtres d'œuvre des attentats commis contre les ambassades américaines à Dar es-Salaam (Tanzanie) et à Nairobi (Kenya) le 7 août 1998. Dans les semaines précédant le 11 septembre 2001, il a été l'un des principaux responsables de la dispersion des effectifs du noyau central et s'est personnellement engagé dans les quelques combats qui ont précédé la chute de Kandahar ; il en a tiré un texte théorique que nous avons déjà cité, les *Leçons apprises en Afghanistan*. Installé en Iran depuis le début de 2002, il y aurait été « arrêté » en mai 2003 ; ce qui ressemble plus à une mise en résidence surveillée qu'à une véritable arrestation n'aurait pas obéré sa marge de manœuvre.

Après cette présentation des conditions générales qui ont permis à Al Quaïda et à sa mouvance de survivre à l'offensive lancée contre elle dans l'après-septembre 2001, il est temps de s'intéresser à l'organisation et au fonctionnement des cellules djihadistes.

8

Les cellules djihadistes en Europe : formation et comportement

L'étude des groupes démantelés ou détruits depuis 2001, notamment en Europe, permet de définir un modèle de la cellule djihadiste « classique », et de décrire les procédures observées par ces cellules dans leurs communications et la préparation des attentats. Il est même possible, jusqu'à un certain point, de dresser le « profil type » du djihadiste européen. On se rappellera toutefois que la mouvance du djihad est en évolution permanente et s'adapte, presque en temps réel, à toute nouvelle menace. Il serait donc peu pertinent pour le lecteur de prendre les pages qui suivent comme la proposition d'une grille de compréhension définitive, et fort présomptueux de ma part de les présenter comme recelant une vérité absolue.

Certaines constantes existent cependant. La mouvance Al-Qaïda, du fait du nombre d'organisations qui y sont affiliées, a été en mesure de se livrer à une véritable « division du monde ». Les militants d'origine égyptienne, saoudienne, pakistanaise, yéménite ou venant d'autres pays ayant été colonisés par la Grande-Bretagne, ou ayant des relations étroites avec l'univers anglo-saxon, seront majoritairement employés aux États-Unis, en Australie, en Asie. L'Europe, et singulièrement la France, l'Espagne, l'Italie, l'Allemagne, la Belgique, les Pays-Bas, verra plutôt agir sur son sol des moudjahidin d'origine nord-africaine et quelques Turcs. Cette première « règle » souffre cependant quelques exceptions : la Grande-Bretagne, par exemple, accueille à la fois des djihadistes maghrébins et d'autres venus du Proche et du Moyen-Orient. Mais cela tient à l'attitude – restée très longtemps assez neutre, pour ne pas dire bienveillante – de Londres par rapport à l'islamisme.

Cette politique de tolérance a permis (et permet encore) à nombre de responsables, parfois importants, de la mouvance du djihad de trouver refuge en Angleterre et, de là, de poursuivre leur action, ce qui a valu à la capitale britannique d'être surnommée le *Londonistan* par certains auteurs et journalistes, principalement arabes, d'ailleurs. La tolérance traditionnelle des autorités britanniques pour toute forme d'expression politique n'est d'ailleurs pas la seule clé qui permette de comprendre le rôle central joué par Londres. On trouve dans cette ville de nombreuses communautés originaires de pays arabo-musulmans – ce qui facilite le recrutement et permet de se fondre dans la masse – et aussi de grandes banques arabes dont certaines ont joué un rôle central dans l'organisation des flux financiers de la mouvance. Enfin, *last but not least*, ajoutons que les principaux journaux arabes sont très représentés à Londres, quand ils n'y ont pas leur siège [1].

Mais il y a aussi, derrière cette réalité, une pratique particulière des services de sécurité et de police britanniques qui préfèrent, habituellement, laisser une certaine marge de manœuvre aux islamistes et autres extrémistes afin d'éviter de les voir plonger dans la clandestinité. Ce

1. Sur la place occupée par Londres dans l'univers islamiste, voir, notamment, l'ouvrage du chercheur français Dominique Thomas : *Londonistan : la voix du Djihad*, Paris, Michalon, 2003.

choix tactique qui permet aux services spécialisés de recueillir des masses de renseignements dont ils font profiter leurs alliés a ses limites : alors que plusieurs des terroristes du 11 septembre avaient transité par Londres et que Richard Reid y avait été recruté pour commettre son attentat à la chaussure piégée, ni la Special Branch de Scotland Yard ni le BSS (British Security Service, service de renseignement et de sécurité intérieure aussi connu sous le nom de MI5) n'avaient perçu le moindre signe avant-coureur de la préparation de ces actions.

C'est à Londres qu'Abou Qutada al-Filistini, considéré comme le « représentant » d'Oussama Ben Laden pour le Vieux Continent – et qui a appartenu dès la création de l'organisation au comité spécial d'Al-Qaïda chargé d'édicter les fatwas –, a établi ses quartiers et a longtemps prêché le djihad, entre autres à la mosquée de Finsburry Park, considérée par tous les services de renseignement du monde comme l'un des endroits les plus « conspiratifs » qui soient. Aujourd'hui, même si Abou Qutada est en prison, d'autres responsables islamistes de premier plan – tunisiens, algériens, saoudiens… – hantent les bords de la Tamise. De nombreux responsables ou membres de cellules terroristes islamistes démantelées ces trois dernières années étaient eux aussi passés par Londres – ainsi, la moitié des terroristes du 11 septembre – pour y être formés idéologiquement ou y recevoir leurs ordres. C'est donc l'une des (quasi-) constantes des cellules djihadistes : elles sont toutes connectées, ou presque, à un moment ou à un autre et à des degrés divers, à Londres.

Autre caractéristique des cellules de la mouvance du djihad : celui-ci étant internationaliste, dans sa forme prêchée par Oussama Ben Laden et Ayman al-Zawahir, les vieux carcans nationaux ont sauté. Il est fréquent de trouver dans les mêmes groupes des militants de nationalités diverses. Ainsi, les terroristes de Madrid appartenaient majoritairement au GICM, une organisation marocaine, mais on y trouvait aussi des Tunisiens. À Paris, ce sont des Pakistanais – nouvelle exception à cette règle de « partage du monde » que je décrivais précédemment – qui ont aidé Richard Reid. Cela tranche avec ce qui avait pu être majoritairement observé dans les vagues islamistes précédentes, qui restaient organisées autours de djihads nationaux.

Le djihadiste européen type

Les militants djihadistes arrêtés en Europe depuis 2001 sont, presque sans exception, des hommes. Cependant, quelques femmes ont également été arrêtées, mais en général pour des délits connexes liés aux crimes et délits commis par leurs maris ou leur parenté mâle, tels que détention d'armes ou faux documents. Dans certains cas, des épouses ont également été interpellées dans le but manifeste de faire pression sur leurs époux. Quoi qu'il en soit, pour des raisons assez évidentes tenant à la place que les islamistes réservent aux femmes dans leur société idéale, la mouvance du djihad recrute des hommes. Certes, dans le cadre du conflit israélo-palestinien ou dans celui du terrorisme tchétchène, on a vu des femmes se livrer à des « opérations de martyre », mais ces cas sont extrêmement minoritaires et, en général, les femmes terroristes étaient les sœurs ou les veuves (en particulier en Tchétchénie, ou une unité de « veuves combattantes » a été formée et a participé à la prise d'otages du théâtre Doubrovka, à Moscou, le 23 octobre 2002) de terroristes tués en action.

L'âge des djihadistes européen et leur statut social sont également assez révélateurs. Ils sont jeunes, certes, mais pas très jeunes : on compte très peu d'hommes de moins de vingt-six ans parmi les terroristes présumés qui ont été arrêtés : la plupart d'entre eux ont entre vingt-sept et trente-quatre ans. Par ailleurs, si l'on enregistre la présence d'hommes âgés de plus de trente-cinq ans, ceux qui ont dépassé la quarantaine sont rarissimes. La plupart des « chefs », eux, ont moins de trente ans [1]. La plupart du temps, le moudjahid européen a fréquenté des terres de djihad (Afghanistan, Algérie, Bosnie, Tchétchénie...) et il est mal intégré dans la société occidentale ; le plus souvent il est chômeur ou allocataire social, voire immigré illégal, et les anciens délinquants ne sont pas rares.

Leur profil religieux est également significatif. Peu de djihadistes ont connu ce que l'on pourrait appeler une « pratique religieuse classique » : cours de religion dans l'enfance, fréquentation régulière de la mosquée durant plusieurs années à l'âge adulte, implication dans des activités associatives ou caritatives... Il s'agit souvent de jeunes gens qui se sont éloignés de la religion ou n'ont jamais eu de contact avec elle et qui, un peu au-delà de vingt ans, parfois sous l'emprise de problèmes personnels – problème de drogue ou de délinquance, sentiment de rejet ou d'exclusion –, ont été « réislamisés », parfois en prison, et ont tenté de se construire une identité forte et structurante, en opposition avec une société occidentale perçue comme oppressive.

Ce parcours, s'il est loin de garantir une connaissance religieuse réelle – la foi participe davantage, ici, à un renforcement de la haine de l'Occident qu'à une recherche spirituelle individuelle –, rend ces milieux particulièrement aptes à accueillir des convertis. Ceux-ci sont, évidemment, très minoritaires dans la mouvance djihadiste, mais on en trouve presque dans chaque réseau, et

1. La jeunesse des chefs est une constante dans la mouvance, même loin de l'Europe. Le Yéménite Khaled Ali Ben Ali Haj, tué le 15 mars 2004 à Riyad par les services de sécurité et considéré comme l'un des principaux responsables des opérations d'Al-Qaïda en Arabie Saoudite et dans la région du Golfe, n'était âgé que d'une trentaine d'années.

parfois à des positions importantes. Leur parcours individuel est généralement celui de marginaux. Ils sont d'autant mieux accueillis que leur seule présence suffit à confirmer le fondement du combat djihadiste, à savoir la nécessité de convertir le monde à la « vraie foi », au besoin par la force.

En résumé, ces sont des jeunes « à problèmes » qui ont trouvé dans certaines mosquées ou certains mouvements une chaleur humaine – l'image la plus souvent évoquée par les djihadistes est celle d'une véritable famille dans laquelle ils se sont fondus avec d'autant plus de bonheur que la leur était souvent disloquée – et qui ont été « pris en main » par des recruteurs ou des maîtres à penser, comme Abou Qutada, qui leur expliquent que tous leurs problèmes viennent de la société occidentale et que la foi et le don de soi sont la seule issue. Une fois l'identité « religieuse » construite, ces jeunes gens sont amenés à s'impliquer politiquement, d'abord par le biais d'activités de solidarité (des collectes, par exemple, ou des envois de médicaments ou de vivres à des frères dans le besoin, en Palestine, en Tchétchénie ou ailleurs), ensuite par l'appartenance à des réseaux logistiques. Les plus décidés, enfin, sont envoyés se former aux techniques du djihad sur les terrains où celui-ci se pratique. La longueur relative de ce parcours – plusieurs années – explique à elle seule que les djihadistes européens de moins de vingt-six ans se comptent sur les doigts d'une main.

Revenus en Europe, ou y arrivant en provenance de leur pays d'origine, ces moudjahidin qui ont connu le feu recrutent les membres de ce qui deviendra la « cellule » prête à rendre des services et à passer un jour à l'action. Celle-ci est d'autant moins facile à pénétrer par les services de police ou de renseignement que le recrutement est opéré avec prudence. La cellule de base est souvent formée d'hommes qui se connaissent depuis longtemps – si ce n'est depuis toujours : ils sont parfois parents (frères ou cousins), ont grandi dans les mêmes quartiers, fréquenté les mêmes écoles et les mêmes terrains de sport et, parfois, ont fait de la prison ensemble. Si un élément totalement extérieur y est admis, c'est qu'il a été recommandé par un frère sûr – rencontré, souvent, dans la pratique du djihad –, qui s'est porté garant pour lui. Quant aux cadres, ils sont souvent observés durant plusieurs années avant d'être recrutés et ont tous, sans exception, fait leurs preuves au combat, souvent dans des conditions extrêmement difficiles.

Complexité de la motivation, apprentissage de la taqiyya

Deux remarques avant de conclure cette rapide tentative de « profilage ». D'abord, les parcours décrits ci-dessus correspondent, majoritairement, à ceux des djihadistes d'Europe. Leurs frères du Proche-Orient ou du Moyen-Orient (en tout cas les cadres) seront plus fréquemment issus de milieux favorisés économiquement ou culturellement : classes moyennes, intellectuels, militaires et policiers gradés. Ensuite, certaines organisations recrutent différemment leurs cadres « permanents » et ceux que l'on pourrait décrire comme leurs « hommes de main ». C'est le cas, on l'a vu, du GICM, qui s'est fait une spécialité du recrutement des poseurs de bombe dans les derniers jours ou semaines précédant le passage à l'acte. Même arrêtés (avant ou après l'attentat), ceux-ci ne pourront donc livrer que fort peu de renseignements sur le fonctionnement réel de l'organisation à laquelle ils n'auront appartenu que durant un bref moment et dans les cercles les plus périphériques.

De la personnalité des activistes, on peut conclure que les motivations qui conduisent à s'engager dans le djihad sont complexes : interviennent des raisons tant personnelles (un « compte à régler avec la société ») que régionales (l'existence d'un djihad dans le pays d'origine) ou « globales » (adhésion au projet politico-religieux des djihadistes internationalistes). Cela représente une différence avec un passé récent où les djihadistes – par exemple, les Algériens du GIA dans les années 1990 – n'avaient souvent qu'une motivation politique régionale.

Enfin, on soulignera que sous l'influence du mouvement Takfir Wal Hijra qui a largement imprégné la mouvance djihadiste, la formation des cadres des différentes organisations de la mouvance fait une large place à l'apprentissage de la *taqiyya*. La taqiyya est un concept hérité du chiisme qui consiste en la pratique systématique du mensonge pour se protéger : considérés comme des hérétiques par les sunnites, très largement majoritaires en Islam, les chiites ont été persécutés de tout temps et ont élevé la taqiyya au niveau d'un art, afin de cacher leur foi. Il s'agissait donc, à l'origine, d'une position purement défensive : les chiites feignaient, en public, d'être sunnites et, le soir venu, entre eux, retrouvaient les rites qui étaient les leurs. L'optique des takfiri, on s'en doute, n'est absolument pas la même.

Cette nouvelle taqiyya n'a qu'un seul but : permettre aux terroristes de se fondre dans le paysage et d'attendre ainsi, sans attirer l'attention, le moment de frapper. Ainsi, on enseigne aux adeptes des pratiques takfiries qu'ils peuvent se raser, s'habiller à l'occidentale, mettre de l'eau de toilette, manger du porc et boire de l'alcool. Non seulement le vrai takfir est encouragé à se tenir éloigné des mosquées et à ne pas fréquenter ses coreligionnaires, mais il est même autorisé, chose inimaginable pour tout musulman pieux, à blasphémer et à insulter l'Islam et le Prophète. Tout est bon pour que le terroriste puisse cacher le fait qu'il est musulman et endormir la méfiance de ceux qui le fréquentent quotidiennement.

Cellules dormantes et cellules logistiques

La presse s'est largement fait l'écho, depuis quelques années, de cellules « dormantes » d'Al-Qaïda et de ses organisations affiliées qui seraient éparpillées à travers le monde. Souvent, malheureusement, on confond « cellules dormantes » et « cellules logistiques » ; or ces dernières ayant des activités, elles ne peuvent, par définition, être considérées comme « dormantes ». Le concept des « dormants » est hérité de la guerre froide et d'une spécialité prêtée aux services soviétiques qui avaient implanté en Europe et aux États-Unis des agents formés en vue d'accomplir une ou plusieurs missions – de renseignement ou de sabotage –, mais seulement quand ils seraient « activés » par leurs responsables ou si la situation internationale l'exigeait, par exemple en cas de guerre.

Il existe certainement au sein d'Al-Qaïda des cellules dormantes comprenant un nombre très limité de membres – certainement pas plus de trois à cinq personnes –, voire des agents dormants isolés (les « moudjahidin non alignés », sur lesquels je reviendrai) qui attendent le moment propice pour agir, mais ce sont surtout les cellules logistiques qui ont attiré l'attention des autorités et des médias.

Ces réseaux logistiques n'ont rien de nouveau par eux-mêmes, ils sont apparus dans les années 1970 [1], dans la mouvance palestinienne. Au début, ils se sont constitués spontanément : des étudiants le plus souvent, parfois d'origine palestinienne, se regroupaient pour « aider la cause ». Des distributions de tracts on passait aux collectes, et des récoltes de fonds au recueil de renseignements – mise sous surveillance et repérage de « cibles »

1. Voir Claude Moniquet, *La Guerre sans visage : de Waddi Haddad à Oussama Ben Laden…*, Paris, Michel Lafon, 2002.

potentielles – ou aux « petits services » : louer une voiture, procurer des faux papiers ou une planque. Le système était, certes, efficace, mais souffrait d'un grave vice originel : du fait de leur mode de constitution et de recrutement, ces réseaux étaient particulièrement perméables à la « pénétration ». Un travail policier classique, en amont, du type de celui qu'effectuent en France les Renseignements généraux, permettait de repérer et d'observer les plus « enragés » des étudiants originaires des régions sensibles. Si l'un d'eux se dégageait de l'activisme visible, on pouvait penser qu'il avait rejoint une structure plus secrète. Une surveillance classique (écoutes et filatures) suffisait alors à remonter les filières. Un travail fastidieux, de longue haleine et nécessitant d'importants moyens humains, mais qui débouchait régulièrement sur des arrestations. Rentable, donc.

L'émergence du terrorisme islamique, au début des années 1980, a quelque peu modifié cette donne. Et l'a compliquée. Aux côtés de militants déjà « en fiches », et souvent occupés dans des missions logistiques, on a vu apparaître de vrais réseaux dormants formés de Messieurs-tout-le-monde de la terreur : adultes sans histoires et sans passé politique ou judiciaire connu, ils appliquent, sans doute sans le savoir, la maxime de Mao sur la guerre révolutionnaire et sont dans leur milieu de vie « comme un poisson dans l'eau ». Tant qu'ils ne passent pas à l'action ou n'ont pas de contacts avec des militants connus, ils échappent à toute détection.

Avec Oussama Ben Laden, on est encore monté de plusieurs crans, car structures et réseaux se sont multipliés. Le sens du mot « réseau » doit ici être entendu dans toutes les acceptions du terme. Les réseaux caritatifs ont servi, par exemple, à implanter des bases et des filières dans les Balkans, sous couvert de porter assistance aux populations menacées. Des réseaux d'entraide locale, en Allemagne ou en France, ont accueilli, eux, un ou plusieurs étudiants venus se perfectionner en Europe. Ceux-ci se gardaient bien d'attirer l'attention des services de sécurité mais, en échange de leur « bourse », ils savaient qu'« on » pouvait les mettre à contribution et leur demander de loger un « ami » de passage, ou de louer une voiture et de l'amener à tel ou tel endroit. Le tout sans poser de questions.

Les réseaux logistiques sont essentiels, puisque, sans repérages, armes, explosifs, véhicules ou planques, les « opérateurs » ne pourraient pas agir. Ces opérateurs viennent parfois de l'étranger (dans certains services de renseignement, on les surnomme alors des « missionnaires »), et le fait de pouvoir compter sur une assistance logistique leur permet de « voyager léger » et de passer à peu près inaperçus. Ils arrivent sur les lieux, se livrent à un dernier repérage de la cible et frappent. Ce qui est nouveau, cependant, c'est qu'une seule et même cellule peut très rapidement changer de nature. Ainsi, un réseau logistique se transformera en groupe opérationnel et passera lui-même à l'action. Un peu comme cela s'est passé à Madrid.

Du bricolage des premières années, on est passé assez rapidement au professionnalisme. Car il arrive que les cellules d'Al-Qaïda, déjà très difficilement repérables, utilisent, comme on l'a vu, les moyens de communication les plus modernes. En février 2001, le général Mike Hayden, patron de la NSA, les « grandes oreilles » du renseignement américain, responsable notamment de la gestion du programme *Échelon*, n'hésitait pas à déclarer : « Ben Laden dispose d'une technologie qui, dans certains domaines, est supérieure à la nôtre. C'est cette maîtrise de la technique, entre autres dans la communication, qui lui permet de réaliser des campagnes d'attentats coordonnées... »

Le terrorisme et l'argent

Reste à tordre le cou à un mythe. On évoque souvent la question du financement d'Al-Qaïda. Il est devenu banal de voir tel ou tel responsable de la lutte antiterroriste se féliciter des progrès réalisés, ces deux dernières années, dans le gel de fonds soupçonnés de pouvoir alimenter les mouvements terroristes. Et, de fait, des centaines de millions de dollars, voire plus, ont été placés sous séquestre depuis le 11 septembre 2001. S'il n'y a pas lieu de regretter que des fonds soient rendus indisponibles pour le terrorisme et ses activités connexes, je ne suis pas convaincu qu'il y ait là un progrès décisif dans la lutte antiterroriste. En fait, la mouvance du djihad fonctionne grâce à deux modes de financement concurrents : d'un côté les « structures lourdes », de l'autre les cellules locales et la préparation des attentats.

Il existe d'abord un « macrofinancement » faisant rentrer des sommes importantes dans les caisses du noyau central et des plus importantes organisations qui lui sont affiliées. Cet argent provient de donations importantes – dont beaucoup sont encore le fait de Saoudiens, parfois très proches de la famille royale – ou du détournement des fonds collectés à des fins charitables et humanitaires. On sait en effet que la charité, la *zakât*, est l'un des cinq piliers de l'Islam[1], mais dans certaines mosquées et associations, l'argent destiné à acheter de la nourriture, des vêtements ou des couvertures pour ceux qui en ont besoin sert, en fait, à financer la terreur. Ce macrofinancement était nécessaire à l'entretien et à la survie des camps d'entraînement d'Afghanistan, à la vie de la structure centrale (la clandestinité coûte cher, il faut acheter des

1. Les cinq piliers de l'Islam sont : la profession de foi (*chahada*), la prière, le jeûne du Ramadan, la charité et le pèlerinage à La Mecque (*hajj*).

habitations, des véhicules), et pour se procurer, éventuellement, des armes sophistiquées.

Le gel de fonds islamistes a partiellement réduit ce macrofinancement, mais l'on remarquera que, n'ayant plus à faire face aux frais des grands camps dont elle disposait en Afghanistan, la mouvance peut concentrer ses dépenses sur d'autres priorités. D'autre part, Al-Qaïda a pu évacuer d'Afghanistan (vers le Pakistan puis vers l'Afrique – Soudan et, sans doute, Somalie – et l'Asie) la totalité de son « trésor de guerre », qui était constitué d'importantes réserves d'or, de devises étrangères et de diamants. On ne possède aucun chiffre sur le volume de ce trésor de guerre, mais il a pu être évalué par certains services à plusieurs dizaines de millions de dollars. Cette réserve stratégique et les flux non interrompus continueront à assurer la survie de la ou des structures centrales dans un avenir prévisible. Ainsi, on notera que d'importantes transactions commerciales portant sur des diamants ont été constatées en Russie, au début de 2003, par divers services compétents qui les relient à l'appareil financier d'Al-Qaïda.

Tout aussi important est le « microfinancement » qui, lui, sert à financer les attentats. Et contrairement à une idée reçue, ces attentats ne coûtent pas cher. D'après les enquêtes américaines on sait aujourd'hui que l'ensemble de la préparation des attentats du 11 septembre 2001, qui s'est étalée sur trois années, n'a pas coûté plus de 500 000 dollars ou peut-être même, selon de nouvelles estimations, pas plus de 300 000 dollars. Quant aux autres attaques commises depuis le 11 septembre et dont certaines, sans atteindre l'ampleur des attentats américains, ont été particulièrement meurtrières, leur coût unitaire doit être compris dans une fourchette allant de quelques milliers à 25 000 dollars. Le microfinancement nécessité par ces actions est souvent assuré par de petits vols, des escroqueries et des trafics divers, notamment de stupéfiants. Autre source d'argent : une sorte d'« impôt révolutionnaire » payé localement, entre autres en Europe, par des bandes et des gangs *via* des mosquées complices de la mouvance. Énième variante : le recours aux banques... : quelques islamistes préparant un attentat empruntent, chacun dans leur banque, des sommes de moyenne importance sous prétexte de financer, par exemple, l'achat d'un ordinateur ou d'une voiture, puis les sommes recueillies sont mises en commun. On le devine, il est impossible de tarir ces microfinancements. Du reste, une fois de plus, reportons-nous aux chiffres : le gel de sommes extrêmement importantes n'a pas empêché Al-Qaïda et ses organisations affiliées de réaliser plusieurs dizaines d'attentats depuis le 11 septembre 2001.

Un cas concret : Ahmed Ressam, le faussaire islamiste

Après la théorie, passons à la pratique en examinant de plus près quelques affaires qui sont autant de cas d'école permettant de comprendre comment fonctionnent, au quotidien, les cellules djihadistes.

Lorsqu'ils arrêtèrent Benni Noris, de son vrai nom Ahmed Ressam, le 14 décembre 1999, les douaniers américains ignoraient qu'ils mettaient la main sur un « agent dormant » d'Al-Qaïda assez proche du profil type du « moudjahid non aligné ». Le véhicule de l'homme transportait plusieurs dizaines de kilos d'un explosif puissant destiné à commettre une série d'attentats dans le nord-ouest des États-Unis et, peut-être, à Los Angeles. Benni Noris était arrivé au Canada cinq ans plus tôt et avait prétendu être persécuté en Algérie pour obtenir l'asile politique. Dans les premières années de sa nouvelle vie, il était assez rapidement passé dans une semi-clandestinité, vivant de petits larcins et de vols de cartes de crédit et de chèques.

Mais Ressam était bien autre chose qu'un petit délinquant ou un immigré clandestin désireux de tenter sa chance dans le Nouveau Monde : en 1998, après avoir survécu trois ans sans se faire prendre par une police canadienne qui, pourtant, le recherchait en vue de l'expulser, il avait gagné le Pakistan muni de faux papiers, et, de là, était passé en Afghanistan pour se rendre dans un camp d'entraînement contrôlé par Al-Qaïda. Sa formation y avait été supervisée par Abou Jaffar, de son vrai nom Omar Chabani, et Abou Zoubeidah, un proche de Ben Laden. Les deux hommes étaient directement responsables du contrôle des réseaux algériens ralliés à la mouvance. Après quelques mois de formation, il était rentré au Canada en utilisant la fausse identité de Benni Noris, dont il ne devait plus se défaire jusqu'à son arrestation.

Lorsque Noris-Ressam fut interpellé à la frontière américaine, certains ne furent pas franchement surpris, tel Jean-Louis Bruguières, le magistrat parisien qui connaît certainement le mieux les arcanes du terrorisme islamique en Europe. Car le nom de Ressam apparaissait de longue date dans les dossiers du pôle d'instruction antiterroriste français. Il était, en effet, étroitement lié au dossier Fateh Kamel, qui renvoyait, pour sa part, à une affaire qui avait défrayé la chronique en 1996 : celle du gang de Roubaix [1]. Le 28 mars 1996, une Peugeot 205 garée devant le commissariat central de la métropole du

1. L'un des membres les plus intéressants du gang de Roubaix est certainement le converti Lionel Dumont. On a longtemps pensé qu'il avait trouvé la mort à Roubaix en mars 1996, mais il s'était, en fait, réfugié en Bosnie où il participa au djihad. Arrêté et condamné à vingt ans de réclusion pour une attaque à main armée, il s'évada et voyagea beaucoup en Asie où il participait aux activités de réseaux logistiques d'Al-Qaïda, notamment en Malaisie et au Japon. Arrêté en décembre 2003 à Munich, Dumont était probablement revenu en Europe pour y monter une ou plusieurs cellules logistiques. Il a été extradé vers la France le 18 mai 2004 et doit être rejugé devant la cour d'assises du Nord qui l'a condamné par contumace à perpétuité, en 2001, pour sa participation à une série de braquages.

Nord était secouée par une explosion : le détonateur d'une bombe artisanale s'était déclenché, mais la bombe, elle, n'avait pas sauté. Cela faisait plusieurs mois que la région était ébranlée par des braquages d'une violence extrême. Lance-roquettes, grenades et kalachnikovs étaient couramment exhibés et utilisés lors de ces attaques qui avaient fait un mort et plusieurs blessés graves. La police avait fini par mettre sous surveillance une mouvance naviguant à la lisière du terrorisme et du grand banditisme.

Or, le matin même du 28 mars, la 205 piégée avait été vue à proximité immédiate d'un des lieux fréquentés par la bande. Dans les premières heures du 29 mars, les hommes du RAID donnaient l'assaut à une petite maison ouvrière de la rue Henri-Carette à Roubaix. Ils étaient accueillis par des rafales d'armes automatiques et des jets de grenades. Quelques minutes plus tard, une série d'explosions et un incendie détruisaient la maison dans laquelle on retrouvait plusieurs cadavres. Un peu plus tard dans la journée, un véhicule était pris en chasse et rattrapé en Belgique, toute proche. L'un des passagers, Christophe Caze, devait être tué, son complice, Omar Zemmiri, étant blessé et capturé après une brève prise d'otages.

Après des mois d'atermoiements – le ministre de l'Intérieur de l'époque, Jean-Louis Debré, avait souhaité dans un premier temps que l'affaire soit traitée comme un dossier criminel classique –, l'enquête fut enfin confiée aux spécialistes du contre-terrorisme. Dans les décombres de la rue Henri-Carette on avait retrouvé, en effet, outre un arsenal impressionnant, une abondante documentation islamiste. Assez rapidement, dès lors, la police identifia deux rouages essentiels, et toujours vivants, du gang : Hocine Bendaoui et Laifa Khabou, deux Algériens. Tous deux étaient des complices de Fateh Kamel. Bendaoui était le maillon faible de ce duo ; il parla et expliqua que

Khabou gérait, pour le compte des réseaux européens du GIA, un trafic de faux papiers destinés aux islamistes en cavale. Pas seulement algériens, d'ailleurs : au printemps 1996, il s'était rendu à Ankara pour y remettre des documents falsifiés à deux Turcs impliqués dans une tentative d'assassinat contre le président Suleyman Demirel. L'une des sources d'approvisionnement de Khabou était un certain Karim, habitant à Montréal, place de la Malicorne, où il partageait son appartement avec un prénommé Ahmed. Ahmed, c'était Ahmed Ressam, bien entendu.

Le 4 octobre 1999, les juges Bruguières et Ricard perquisitionnèrent donc l'appartement de la place de la Malicorne avec l'aide de la police locale. Mais Ressam s'était envolé. Il devait être arrêté, deux mois plus tard, à la frontière américaine. Des éléments découverts dans l'appartement révélèrent toutefois l'importance de cette petite cellule canadienne : de la place de la Malicorne partaient des faux papiers destinés aux militants de la mouvance islamiste armée en France, en Italie et en Turquie.

Deux réseaux, deux cibles : Francfort et Milan

Dans les derniers jours de décembre 2000, la police allemande démantela à Francfort un petit commando qui préparait, depuis plusieurs semaines, une attaque contre Strasbourg. Entre autres choses, les forces de l'ordre mirent la main sur une cassette vidéo de repérages qui a, depuis, été visionnée par le tribunal chargé de juger les terroristes. On pouvait y voir, notamment, des images de la cathédrale de Strasbourg, et on entendait les terroristes dire : « C'est la maison des ennemis de Dieu, des impies, il faut la détruire... » D'autres images montraient un marché de Noël, sur la place Kléber, avec un zoom sur une mère et son très jeune fils ; la caméra restait très longtemps sur eux. Le groupe de Francfort s'apprêtait à passer à l'action au moment des fêtes de fin d'année. Lors de l'opération des forces antiterroristes furent saisis, outre des armes de poing et des pistolets-mitrailleurs, vingt kilos d'un produit chimique en vente libre mais permettant la fabrication d'explosif artisanal.

Parmi les terroristes arrêtés, Fouad Sabour, que l'on peut qualifier, malgré ses trente-quatre ans, de « vieux cheval de retour » du terrorisme islamiste puisqu'il avait déjà été impliqué dans le réseau de Khaled Khelkal lors des attentats commis en France en 1995. Sabour devait être jugé lors du procès de l'un des complices de Khelkal, Karim Koussa, mais, remis en liberté après six mois de détention préventive, il avait pris la tangente et n'avait pu être condamné que par défaut. Un autre suspect était, lui aussi, loin d'être un inconnu pour la justice : Moustapha Labsi, celui-là même qui avait partagé un appartement à Montréal avec Ahmed Ressam. Enfin, en juin 2001, tombait le responsable du groupe, Mohammed Bensakhria, alias Meliani, arrêté en Espagne, à Alicante plus exactement, où il était apparemment venu transmettre des ordres à des cellules locales.

À des centaines de kilomètres de Francfort, à Milan, la Digos (la police antiterroriste italienne) intercepta, quelques jours après les arrestations effectuées en Allemagne, un coup de téléphone entre deux suspects qu'elle surveillait depuis un certain temps. Le premier, Saber, appelait le second, Tarek Maaroufi, un Belge d'origine tunisienne – condamné depuis à plusieurs années de prison par la justice belge pour avoir recruté les assassins du commandant Massoud : « Ils ont arrêté nos frères… la moitié du groupe. Ils ont trouvé les armes en Allemagne. Il faut faire attention. » Trois mois plus tard, la Digos interpella, dans la capitale lombarde, Saber, de son vrai nom Essid Sami Ben Khemais, et cinq de ses complices. Apparemment, le groupe souhaitait attaquer des intérêts américains, dont l'ambassade des États-Unis à Rome. L'étude du groupe Ben Khemais et de ses activités devait se révéler pleine d'enseignements. Ainsi, la police a pu entendre « en direct » certains des terroristes évoquer leurs expériences tchétchènes : « D'abord, il fallait étudier la structure de l'immeuble, puis calculer la charge et placer le plastic. Ensuite, boum ! Et l'immeuble s'effondrait. » Plus inquiétant, Ben Khemais faisait clairement référence à un produit pouvant entrer dans la constitution d'une arme chimique et qu'il appelait la « drogue » : « J'ai appris comment utiliser la drogue et j'ai pu observer les effets qu'elle faisait sur quelqu'un qui la respirait. Ils ont inventé un moyen permettant de combiner la drogue avec une bombe, mais ça, je ne sais pas comment le faire… »

La Digos avait été mise sur la piste du groupe de Milan par les services de renseignement américains qui avaient informé leurs collègues italiens qu'un homme répondant au nom d'Omar al-Mouhajer avait été envoyé en Italie, après deux années de formation en Afghanistan, pour y animer une cellule proche de la mouvance Ben Laden. Les Américains donnèrent également aux Italiens un numéro de téléphone mobile. Le reste n'était que du bon travail de police, et Ben Khemais fut rapidement identifié puis placé sous surveillance. Dans l'appartement occupé par Ben Khemais à Gallarate, dans la banlieue de Milan, la Digos trouva une trentaine de cartes à puce permettant d'activer des téléphones mobiles : la plupart du temps, il s'agissait de « clones », des copies de cartes fonctionnant déjà et attribuées à d'inoffensifs citoyens. Elle découvrit aussi une quarantaine de cassettes vidéo montrant des scènes d'entraînement en Afghanistan et de combat en Tchétchénie… des trouvailles habituelles dans ce type de perquisitions. Ce qui l'était un peu moins, c'est que Ben Khemais n'était pas, de prime abord, le clandestin inactif que l'on s'attendait, à l'époque, à rencontrer dans les milieux islamistes armés.

Khemais se présentait comme le gérant d'une société de prestation de services spécialisée dans le nettoyage de bureaux et l'entretien de jardins et de parcs. Cette entreprise ayant pignon sur rue lui permettait d'offrir une couverture satisfaisante aux autres membres de son réseau. Non content de présider aux destinées de son petit groupe italien, il entretenait des contacts suivis avec plusieurs autres cellules terroristes disséminées sur le sol européen, en Allemagne, on l'a deviné, mais aussi en Belgique et en Grande-Bretagne. Dans ce dernier pays, son contact privilégié était Haydar Abou Doha, alias « le Docteur ». Abou Doha était déjà en prison au moment du démantèlement du groupe milanais : il avait été « balancé », aux États-Unis, par un Ahmed Ressam soucieux de négocier une réduction de peine (il encourait cent trente ans de prison…) et qui l'accusait d'être l'un des cerveaux des actions qu'il avait planifiées sur le sol américain. Abou Doha était aussi un cadre important du Groupe salafiste pour la prédication et le combat (GSPC).

La « cellule Atta », un cas d'école…

L'un des exemples les plus intéressants de cellule islamiste telle qu'elle fonctionne dans les réseaux associés à Al-Qaïda reste probablement, à ce jour, le groupe responsable des attentats du 11 septembre 2001. Tant du point de vue du recrutement de ses membres que de leur trajectoire personnelle ou pour la minutie avec laquelle ont été préparés les attentats, la « cellule Mohamed Atta » mérite que l'on s'y attarde. Mohamed Atta, que ses amis décriront plus tard comme un jeune homme taciturne et peu liant, n'a rien, en apparence, du terroriste islamique classique. Il était issu de la moyenne bourgeoisie éclairée du Caire ; son père est avocat et ses deux sœurs enseignent à l'université. Ce n'est pas la photo diffusée par le FBI après les attentats qui peut aider à mieux cerner sa personnalité certainement complexe. On y voit un homme plutôt beau, mais manifestement sûr de lui, froid, aux traits et au regard durs et tendus. On est loin de l'« enfant merveilleux, calme et souriant », décrit par son père.

En 1992, Atta, diplômé en architecture de l'université du Caire, décide de compléter ses études à l'université technique de Hambourg. C'est apparemment dans cette vieille ville européenne que son destin va basculer. Le laïc éclairé, celui qui aime la compagnie des filles et ne dédaigne pas l'alcool, s'est installé au deuxième étage d'un vieil immeuble de briques rouges typiquement allemand, sur la Marienstrasse. Il passe son diplôme d'urbanisme en rédigeant un mémoire remarqué. Le sujet : « Un vieux quartier menacé à Alep, l'urbanisme d'une ville islamo-orientale ». Voilà pour la face claire. La face obscure, elle, est évidemment plus difficile à cerner. En marge de ses cours, Mohamed Atta a créé une petite organisation islamique qui regroupe une vingtaine de ses camarades et dont il s'occupe activement. Il n'y a là rien d'exceptionnel : le retour à la religion est un phénomène régulièrement observé chez les étudiants musulmans confrontés pour la première fois avec l'Occident. Ce groupe-ci, pourtant, n'était pas banal : deux de ses membres, Ziad Amir Jarrah, qui étudie pour devenir officier mécanicien de bord de la marine, et Marwan al-Shehhi prendront place, eux aussi, dans les avions transformés en bombes volantes le 11 septembre 2001. Comme Mohamed Atta, Jarrah a un profil qui, *a priori*, n'a pas grand-chose à voir avec celui d'un candidat terroriste : il appartenait à une famille de notables sunnites du Liban et a été décrit par ses proches comme « non pratiquant ». Il vivait maritalement avec une Allemande, Ilse, qu'il avait présentée à sa famille. Son rêve était celui de beaucoup de gamins, petits ou grands : piloter un avion.

C'est durant ces années allemandes que Mohamed Atta rencontra – sans doute en 1997, dans une mosquée – l'homme qui devait faire basculer sa vie, Ramzi Binalshibh, un réfugié politique yéménite, avec lequel il partagea un appartement durant deux ans. Binalshibh, qui a, depuis, été capturé au Pakistan, a été l'un des planificateurs des attentats du 11 septembre 2001. À la fin de 1999, il s'est rendu en Afghanistan, sans doute pour coordonner le plan en gestation avec Oussama Ben Laden et ses proches, et s'est vu charger de gérer les aspects financiers de l'opération. Il est considéré comme la seule personne encore en vie à avoir participé à deux réunions cruciales tenues pour mettre au point les attaques : la première en Malaisie et la seconde en Espagne, durant l'été 2001.

Entre le printemps et l'été 2000, Mohamed Atta et plusieurs autres futurs pirates de l'air arrivent aux États-Unis. Tous pénètrent sur le sol américain avec des visas en règle, peut-être obtenus, pour certains, par la corruption : la justice américaine a inculpé un employé yéménite de l'ambassade américaine de Riyad qui, moyennant des pots-de-vin, aurait délivré des visas de complaisance à qui le voulait. Il n'est pas exclu que certains des terroristes aient eu recours à cette filière. La majorité d'entre eux, cependant, n'en avait nul besoin. L'Arabie Saoudite entretenant à l'époque d'excellents rapports avec les États-Unis, il a suffi aux complices de Mohamed Atta de se présenter comme des étudiants ou des touristes. On retiendra un élément intéressant. Deux des islamistes kamikazes du 11 septembre détenaient déjà des brevets de pilote depuis plusieurs années, ce qui pourrait indiquer que les stratèges d'Al-Qaïda planifiaient depuis longtemps des opérations nécessitant de se rendre maître d'un ou de plusieurs avions. Walid al-Shehri avait ainsi obtenu sa licence à l'université aéronautique Embry-Riddle, de Daytona Beach, en 1997. Et

Hani Hanjour avait suivi des cours en Arizona et était breveté depuis 1996.

Encore un garçon de bonne famille que ce jeune homme né à Taef (Arabie Saoudite) en 1972 ; la famille Hanjour a acquis une confortable aisance dans le commerce. À deux reprises, en 1996 et en 1998, les Saudi Arabian Airlines rejetèrent sa candidature de pilote. Étrange destin : bien qu'il fût citoyen d'Arabie Saoudite – régime théocratique s'il en est –, c'est en Floride, où il séjourna dix-huit mois à partir de 1990 pour apprendre l'anglais, qu'il se rapprocha de la mouvance islamiste radicale ; il voulait être pilote, et la seule fois où il s'assit dans le cockpit d'un Bœing en vol, ce fut pour aller le jeter sur le Pentagone.

Appliquant strictement les consignes de sécurité édictées par Al-Qaïda, ni Mohamed Atta ni ses camarades n'attireront jamais l'attention. En juillet 2000, Atta s'installe à Venice, dans le sud de la Floride, avec son cousin, , âgé de vingt-trois ans. Les deux hommes suivent les cours de l'école de pilotage Huffman Aviation, payés dix mille dollars cash. Mais ils n'y apprennent à maîtriser que de petits appareils de tourisme. Mohamed Atta prendra donc, près de Miami, quelques leçons complémentaires sur un simulateur de vol et s'initiera au tableau de bord des Bœing. L'apprentissage dure des mois. Peu à peu, tous les pirates de l'air se retrouvent aux États-Unis. Sur dix-neuf hommes qui monteront dans les avions le 11 septembre, quinze sont des Saoudiens, les autres sont originaires du Yémen, d'Égypte ou du Liban. Entre mai et juin 2001, ils sont tous à pied d'œuvre. Quatorze d'entre eux résident en Floride, notamment à Delray Beach, à trente minutes au nord de Miami. D'autres, dont Hani Hanjour, s'installent pour quelques mois au 486 Union Avenue, dans le quartier hispanique de Paterson, une petite ville du New Jersey. C'est l'équipe qui s'écrasera sur le Pentagone. Des voisins tranquilles, sans histoires. Comment soupçonner ces hommes de préparer le plus grand attentat de tous les temps ? À un seul moment, mais ils ne le sauront jamais, les terroristes seront en danger : à la fin du mois d'août, le FBI, en confrontant ses fichiers à ceux de l'immigration, s'aperçoit que Khalif el-Midhar et Salem Alhamzi, suspectés d'avoir participé à la préparation de l'attentat contre le *USS Cole* en 2000, sont entrés aux États-Unis. Mais ils ne seront jamais retrouvés.

Le signal attendu arrive, sans doute, en août 2001 : entre le samedi 25 août et le mardi 28 août, dix-neuf billets sont réservés par Internet ou payés directement aux guichets des compagnies. Les terroristes prennent bien soin d'acheter des places en classe affaires comme en classe touristes, de manière à être capables, le moment venu, de prendre simultanément le contrôle de tous les segments de l'avion.

À mesure que l'heure H se rapproche, Atta et ses complices se font plus prudents. Plus économes aussi. Ainsi, deux des pirates qui lanceront le United Airlines 175, censé relier Boston à Los Angeles, sur la seconde tour du World Trade Center ne s'achètent que des allers simples. Quelques jours avant l'attentat, le méticuleux Mohamed Atta prend soin de reverser sur des comptes en banque liés à l'organisation les quelques milliers de dollars qui forment le reliquat de son budget opérationnel. Une erreur : ces virements permettront aux enquêteurs d'acquérir une nouvelle preuve que les attentats ont bien été effectués par des hommes d'Oussama Ben Laden.

Une bande vidéo tournée en octobre ou en novembre 2001 et sur laquelle on peut voir Oussama Ben Laden commenter l'opération pour des amis égyptiens de passage permet d'en savoir plus sur la manière dont fonctionne le réseau. Ainsi, le maître d'Al-Qaïda affirme : « Les frères qui ont conduit ces opérations, ils savaient tous qu'ils étaient engagés dans une opération de martyre [...] Nous leur avons demandé de se rendre aux États-Unis, mais ils ne savaient rien sur l'opération elle-même, pas une simple lettre... » En clair, tous savaient qu'ils allaient à la mort, mais seuls les chefs connaissaient la forme qu'elle prendrait.

Enfin, Oussama Ben Laden assure également avoir appris « le jeudi précédent que l'opération aurait lieu ce jour-là ». Une indication particulièrement intéressante, qui démontre une fois de plus comment travaille Al-Qaïda : la direction définit des objectifs et trace un cadre général d'action, mais la plus grande liberté opérationnelle est laissée aux hommes de terrain. Tout porte donc à penser que la décision finale a été prise aux États-Unis, ou peut-être à Londres. Par Mohamed Atta ? Par un responsable du réseau logistique américain ? Par l'un des dirigeants d'Al-Qaïda installés dans la capitale britannique ?

La mécanique, en tout cas, est parfaitement huilée. Un seul témoignage permet de deviner la nervosité qui habitait Atta dans les derniers jours : le 7 septembre, il s'emporte dans un bar quand il croit que le patron met en doute sa capacité à payer ce qu'il vient de consommer avec un autre pirate de l'air. La nature de ces consommations, elle aussi, pourrait indiquer la tension qui ronge Mohamed Atta : de la vodka et du rhum. Pour la première fois sans doute, pour la dernière certainement, le mystérieux Égyptien vient de désobéir aux ordres d'Al-Qaïda qui interdit de boire de l'alcool..., sauf exception pour servir la cause.

La dernière nuit, les terroristes la passent dans des hôtels, à proximité immédiate des aéroports où ils doivent embarquer. Il ne reste aux dix-neuf hommes que quelques heures à vivre. C'est la dernière étape de la préparation mentale des « martyrs », entrecoupée d'ultimes vérifications. On en sait beaucoup sur ces dernières heures grâce à des documents abandonnés dans une voiture de location par l'un des pirates de l'air. D'abord, des prières : « Je te prie, Dieu, de pardonner mes péchés, de me permettre de te glorifier par n'importe quel moyen […] Nous détestons, nous craignons tous la mort. Mais seuls les fidèles qui croient en la vie et ses récompenses après la mort rechercheront la mort […] Vous n'accéderez jamais au paradis si vous n'avez jamais eu à affronter de problèmes. »

Puis viennent les dernières recommandations, entrecoupées de conseils religieux : « Connaissez-vous bien le plan sous tous ses aspects ? Attendez-vous à une réaction ou à une résistance de l'ennemi. Restez éveillés toute la nuit et priez avec assiduité pour la victoire, le pouvoir et le triomphe évident. Mentionnez beaucoup le nom de Dieu, vous êtes sur le point de rencontrer le créateur des Cieux et de la Terre. Combien d'heures avons-nous perdues dans nos vies ? Ne devrions-nous pas utiliser ces heures pour offrir des sacrifices et des actes d'offrandes ? […] Assurez-vous de la propreté de vos vêtements et de vos chaussures, soyez propres sur vous. Vérifiez tous vos objets – sac, vêtements, couteaux, testament, carte d'identité, passeports, documents de toutes sortes. Vérifiez que vous êtes en sécurité avant de partir et faites en sorte de ne pas être suivi… »

Enfin, sous l'intitulé « La dernière nuit » : « Rappelez-vous que cette nuit vous ferez face à bien des risques. Mais vous devrez les affronter et les comprendre à 100 % […] Purifiez votre cœur et débarrassez-le de toute pensée terrestre. Le temps de l'amusement et du gaspillage s'en est allé. Le temps du jugement est arrivé. Utilisez les quelques heures qui vous restent à implorer le pardon de Dieu. Vous devez comprendre que ces quelques heures qui vous restent seront courtes. Vous vous apprêtez à entrer dans la vraie vie, l'infini du paradis. Soyez optimistes. Le Prophète était toujours optimiste… »

Arrive le moment de l'action. Il nous en reste un témoignage : une bande vidéo d'une caméra de surveillance d'aéroport. On peut y voir Mohamed Atta marcher d'un pas vif et décidé, sans l'ombre d'une hésitation, vers la mort qu'il s'est choisie et qu'il va imposer à des milliers d'autres. Quand il pénètre dans le vol 11 d'American Airlines, sans doute récite-t-il, en lui-même, les derniers mots de la lettre-testament qu'il laisse derrière lui – et dont on ignore par qui elle a été rédigée : « Quand vous entrerez dans l'avion, répétez : "Ô Dieu, ouvre-moi toutes les portes. Ô Dieu, toi qui réponds aux prières et réponds à ceux qui t'implorent, je te demande ton aide. Je te demande ton pardon. Je te demande d'éclairer ma route. Je te demande de lever ce poids sur mon cœur. Ô Dieu, toi qui ouvres toutes les portes, ouvre toutes les portes pour moi s'il te plaît, ouvre-moi tous les lieux, ouvre-moi toutes les avenues..." »

Tout cela en dit long sur l'état d'esprit des terroristes et sur leur immense et lucide capacité de sacrifice : sur les dix-neuf pirates de l'air qui, tous, savaient qu'ils allaient mourir, pas un seul n'a craqué. Ce simple fait éclaire d'une lumière crue la nature réelle du terrorisme islamique. Ce qui est d'autant plus frappant, dans le cas des attentats commis aux États-Unis le 11 septembre, c'est que leurs auteurs vivaient, pour la plupart, dans un milieu « normal » depuis des mois, voire des années, et semblaient totalement intégrés : ils travaillaient, s'occupaient de leurs familles, payaient leurs impôts... On est loin ici des « écoles de la terreur » du Moyen-Orient.

À 8 h 29, le vol dans lequel Mohamed Atta a pris place vire vers New York puis descend à trois cents pieds. À 8 h 48, il s'encastre au quatre-vingt-septième étage de la première tour du World Trade Center. Al-Qaïda, qui n'était, jusqu'à ce moment, connu que de quelques spécialistes et journalistes, vient d'entrer dans l'histoire.

9

La persistance de la menace contre les États-Unis et l'Europe depuis septembre 2001

Depuis le mois de janvier 2002, qui marqua son retour à l'offensive après les mois de dispersion dus à l'invasion de l'Afghanistan, la mouvance du djihad – voire, dans certains cas, Al-Qaïda *stricto sensu* – a exécuté, on l'a vu, plusieurs dizaines d'attentats importants ou très symboliques. Le type de cibles choisies, les pays frappés et le nombre d'attentats permettent d'établir une sorte de classement qui n'a, certes, aucune valeur scientifique, mais qui donne de précieuses indications sur la stratégie d'Al-Qaïda et son évolution probable.

Même si le terrorisme djihadiste n'est pas apparu rapidement en Irak [1] c'est clairement ce pays qui est, aujourd'hui, le principal terrain d'opération de la mouvance. Les communautés chiite et kurde, les

1. On n'a enregistré aucune attaque imputable à la mouvance djihadiste durant l'engagement américain de 2003, ni durant les premiers mois qui l'ont suivi. Les actions terroristes et embuscades frappant les troupes de la Coalition étaient alors le fait d'anciens membres des milices baassistes ou des différents services secrets de Saddam Hussein. Le premier attentat clairement attribuable à la mouvance djihadiste est celui commis contre l'ambassade jordanienne à Bagdad le 7 août 2003. Entre cette date et le 31 mai 2004, trente attentats ont été commis, ce qui représente une moyenne de trois attentats par mois.

« collaborateurs » sunnites (tels que policiers et recrues de la nouvelle armée irakienne et des forces de sécurité locales), les forces de la Coalition, les journalistes étrangers et les experts ou techniciens participant à la reconstruction du pays ont payé le prix fort : en une trentaine d'attentats, près de 1 000 personnes ont été tuées et plus de 3 000 autres blessées [1].

L'offensive terroriste en cours contre la reconstruction de l'Irak s'inscrit, en fait, dans une stratégie plus large visant à déstabiliser l'ensemble de la péninsule Arabique et de sa région. La Jordanie, le Yémen et le Koweït ont, eux aussi, été le théâtre de plusieurs attentats, mais après l'Irak, la deuxième cible régionale d'Al-Qaïda et des organisations affiliées est, évidemment, l'Arabie Saoudite : depuis mai 2003, par une cruelle ironie de l'histoire, le royaume wahhabite est en effet frappé de

1. Ce décompte est arrêté au 31 juillet 2004. Les attentats pris en compte sont, notamment, les suivants : 07.08.03, ambassade de Jordanie à Bagdad (14 morts ; 40 blessés) ; 19.08.03, bureaux de l'ONU à Bagdad (22 morts, dont le représentant personnel du secrétaire général de l'ONU, Sergio Vieira de Mello, et une centaine de blessés) ; 29.08.03, mosquée de l'Imam Ali, à Nadjaf (83 morts, dont l'imam modéré Mohammed Baqer Hakim, et 125 blessés) ; 27.10.03, quatre postes de police et les bureaux du CICR à Bagdad (43 morts et 200 blessés) ; 12.11.03, base italienne à Nassiryah (28 morts dont 19 soldats italiens, une centaine de blessés) ; 22.11.03, commissariats du nord de Bagdad (18 morts et 53 blessés) ; 14.12.03, poste de police de Khalkilya (18 morts et 29 blessés) ; 27.12.03, base militaire à Kerbala (19 morts, dont 5 militaires bulgares et 2 militaires thaïs de la Coalition, 200 blessés) ; 18.01.04, QG américain à Bagdad (24 morts et 100 blessés) ; 01.02.04, sièges des deux principaux partis kurdes (105 morts, 200 blessés) ; 10.02.04, poste de police d'Iskandariya (55 morts, 67 blessés) ; 11.02.04, centre de recrutement de la nouvelle armée irakienne (47 morts, une centaine de blessés) ; 14.02.04, commissariat à Falloujah (23 morts et plusieurs dizaines de blessés) ; 23.02.04, poste de police de Kirkouk (10 morts, 45 blessés) ; 02.03.04, mosquées chiites à Bagdad et à Kerbala (180 morts et 550 blessés) ; 21.04.04, bureaux de police à Bassorah et à Zoubeir (75 morts, 160 blessés) ; 17.05.04, assassinat de Zohra Othman Mahomed, président du Conseil provisoire de gouvernement, et de plusieurs de ses proches (9 morts, plusieurs dizaines de blessés).

plein fouet par l'islamisme armé qu'il a idéologiquement et financièrement encouragé depuis plus de vingt ans [1].

Autre cible « naturelle » de la mouvance djihadiste : la présence américaine et occidentale dans la région afghano-pakistanaise, où les djihadistes souhaitent maintenir un état de tension permanente qui pourrait conduire à la déstabilisation de toute la zone et y permettre la renaissance d'un sanctuaire terroriste comparable à ce que fut l'Afghanistan avant octobre 2002 [2]. On trouve ensuite, dans les objectifs des frappes terroristes de la mouvance djihadiste, la présence européenne dans différents pays musulmans [3], les communautés juives, Israël

1. Les premiers attentats marquants attribués à Al-Qaïda en Arabie Saoudite eurent lieu le 12 mai 2003, notamment avec l'attaque d'une résidence, habitée par des Occidentaux, entre autres des Américains. Les autorités saoudiennes firent alors savoir qu'elles mettraient tout en œuvre pour éliminer la menace terroriste, mais les résultats n'ont pas été concluants. En novembre 2003, un nouvel attentat du même genre tuait, à nouveau, quelques dizaines de personnes. En 2004, le rythme s'est accéléré : attaque contre un immeuble des services secrets saoudiens le 22 avril (4 morts et 148 blessés), attentat contre des employés d'une firme étrangère dans le port pétrolier de Yanbu le 1er mai, assassinat ciblé d'un ressortissant allemand trois semaines plus tard, enfin, la prise d'otages de Khobar durant le dernier week-end du mois de mai (22 morts). Outre ces attentats spectaculaires, on dénombre de nombreux affrontements entre forces de sécurité et cellules terroristes, et plusieurs autres attentats ont été déjoués en 2003 et 2004. L'ensemble de ces éléments indique clairement l'importance prise par la mouvance djihadiste en Arabie Saoudite.

2. Outre deux tentatives d'assassinat dirigées contre le président Pervez Mucharraf, plus d'une dizaine d'attentats importants ont été enregistrés dans cette région depuis 2002, avec entre autres, notamment : 22.01.02, attentat contre le Centre américain de Calcutta ; 23.01.02, enlèvement puis assassinat de Daniel Pearl ; 17.03.02, attentat contre le temple protestant d'Islamabad ; 08.05.02, attaque contre des ingénieurs et techniciens français à Karachi ; 14.06.02, attaque contre le consulat américain à Karachi ; 13.07.02, attaque contre un car de touristes ; 05.08.02, attaque contre une école chrétienne dans le nord du Pakistan ; 28.02.03, nouvelle attaque contre le consulat américain à Karachi ; 02.08.03, attaque contre un immeuble de l'ONU à Kaboul ; 02.03.04, attentat contre la communauté chiite ; 28.05.04, attentat contre le Centre culturel américain à Karachi ; 31.05.04, attentat contre une mosquée chiite à Karachi (19 morts).

3. Avec, notamment, en Tunisie : l'attentat de Djerba le 11 avril 2002 ; en Indonésie : le massacre de Bali le 12 octobre 2002 et l'attaque contre l'hôtel Marriott de Djakarta le 5 août 2003 ; en Turquie : les attentats contre le

et les « sionistes [1] », ou encore la présence russe dans le Caucase, et plus particulièrement en Tchétchénie [2]. On notera enfin, l'attentat commis contre le pétrolier *Limburg* (affrété par une société française) le 6 octobre 2002, au large du Yémen. Cette action spécifique est sans doute à rapprocher d'autres attentats ou tentatives d'attaques qui ont eu lieu en Irak ou en Arabie Saoudite depuis le début de 2004 et qui semblent prouver qu'Al-Qaïda cible désormais l'industrie pétrolière en tant que telle. Et, bien entendu, on ne peut omettre les attentats de Madrid, le 11 mars 2004, qui ont souligné que la capacité opérationnelle de la mouvance en Europe restait intacte.

Il apparaît clairement, à la lueur de ce rapide passage en revue des attentats les plus spectaculaires de la « nébuleuse Al-Qaïda », que, d'une part, les intérêts et ressortissants américains et occidentaux restent des cibles privilégiées d'Al-Qaïda et de ses satellites et que, d'autre part, les attentats dirigés en partie contre les « régimes impies » (gouvernements de pays musulmans censés

---

consulat de Grande-Bretagne et le siège de la banque britannique HSBC à Istanbul en novembre 2003.

1. On retiendra à nouveau ici l'attentat de Djerba : certes, les victimes étaient allemandes, mais c'était la Ghriba, la plus ancienne synagogue de la région, qui était visée. On y ajoutera : l'attaque contre un hôtel fréquenté par des Israéliens et contre un vol charter israélien à Mombassa (Kenya) le 28 novembre 2002, l'attentat-suicide perpétré par deux Britanniques d'origine pakistanaise au bar *Mike's Place* à Tel-Aviv le 29 avril 2003, les attentats contre la communauté juive marocaine de Casablanca le 16 mai 2003 et les attentats commis en novembre 2003 à Istanbul contre des synagogues.

2. Tous les attentats commis en Tchétchénie ne sont pas liés à la mouvance djihadiste internationaliste, certains étant attribuables à des bandes locales ou à la résistance tchétchène. Nous retiendrons essentiellement cinq actions : 23.10.02, prise d'otages dans un théâtre de Moscou ; 12.05.03, attentat-suicide de Znamenskoïe ; 14.05.03 : attentat-suicide contre Akhmad Kadyrov, administrateur de la Tchétchénie ; 05.07.03, attentat-suicide d'un commando féminin dans un concert rock à Moscou ; 01.08.03, attentat-suicide contre l'hôpital militaire de Mozdok.

s'être détournés de l'Islam et de ses valeurs) se multiplient.

Il ne s'agit toutefois ici que d'une lecture extrêmement rapide de faits qui sont extrêmement complexes, et doivent être analysés le plus finement possible. Par exemple, l'une des caractéristiques de la mouvance étant de privilégier les attentats à objectifs multiples, une même attaque peut correspondre à plusieurs objectifs. Ainsi, quand la synagogue de la Ghriba est visée en Tunisie, en avril 2002, les terroristes ciblent tout à la fois le monde juif *et* le gouvernement tunisien *et* l'Allemagne (l'explosion se produit au moment où une vingtaine d'Allemands visitent la synagogue. Ils en seront les principales victimes. Or l'Allemagne est étroitement alliée aux États-Unis...) *et* l'industrie du tourisme. À Bali, en octobre 2002, en frappant une boîte de nuit fréquentée par de jeunes touristes, ils visent l'Australie (alliée des États-Unis et puissance régionale) *et* la minorité hindouiste de l'île (qui est un obstacle aux plans d'établissement d'un califat en Indonésie) *et* l'industrie du tourisme, etc. Cette pratique de la cible multiple est tellement répandue qu'elle est devenue une véritable signature de la mouvance du djihad, à l'exception, à l'heure actuelle, de la Tchétchénie et de la zone israélo-palestinienne.

Ce que nous apprennent les cibles frappées depuis le 1er janvier 2002

Cette énumération d'attentats nous permet de tirer certains enseignements sur ce que sont, aujourd'hui, les objectifs d'Al-Qaïda et de ses associés. Nous pourrons, ensuite, nous interroger sur les risques futurs.

Premier constat : entre le 11 septembre 2001 et le 11 mars 2004, aucun attentat n'a eu lieu sur les territoires américain ou européen. Cela n'était évidemment pas dû à un désintérêt des djihadistes pour ces cibles qui restent naturelles, mais plutôt à l'excellence du travail défensif mené par les services de renseignement et de sécurité, la police et la justice : aux États-Unis, en Allemagne, en Belgique, en Espagne, en France, en Grande-Bretagne, en Italie, de nombreuses cellules logistiques et opérationnelles ont été mises hors d'état de nuire, et des centaines de djihadistes ont été arrêtés. Cette « sanctuarisation » de l'Europe et des États-Unis a probablement été la première et la principale victoire de la lutte antiterroriste depuis les attentats de New York et Washington. Mais il ne faut pas s'y tromper : les États-Unis et l'Europe restent bien des objectifs essentiels de la mouvance du djihad, qui fera tout pour pouvoir y organiser un ou des attentats particulièrement importants ou symboliques.

Deuxième constat : ne pouvant frapper l'ennemi occidental chez lui, la mouvance du djihad le traque dans les zones périphériques – Arabie Saoudite, Indonésie, Maroc, Pakistan, Tunisie, Turquie – et lui inflige des pertes humaines et matérielles importantes. Dans le même temps, fidèle à sa tactique visant à atteindre plusieurs buts par une seule action, elle déstabilise des régimes qui lui sont hostiles. Du même coup, elle fragilise des pans entiers de l'économie occidentale, par exemple le tourisme. Or frapper le tourisme, c'est attaquer les transports aériens, donc, à terme, la construction aéronautique, donc, à plus long terme, le système bancaire pratiquant le leasing des avions et le secteur des assurances, etc. Autre cible économique : le secteur pétrolier.

De l'avis de la majorité des experts, la flambée qu'ont connue les cours du pétrole en 2004 n'est pas due à une pénurie – elle est d'autant plus inexistante que le pétrole irakien devrait rapidement revenir sur le marché –, mais à l'inquiétude des opérateurs face à la multiplication des attentats ciblés dirigés contre ce secteur. Si elle se poursuit, cette offensive contre l'économie tendra à réduire les échanges commerciaux et industriels entre le monde développé et une grande partie du monde en développement. Outre l'affaiblissement de l'économie occidentale, l'effet pervers induit par cette tactique sera d'exclure encore un peu plus le monde en développement des bienfaits de la mondialisation ; en revanche, il sera frappé de plein fouet par ses effets néfastes. Il en résultera une augmentation de la masse des exclus et des désenchantés qui formeront un vivier naturel dans lequel la mouvance du djihad pourra pêcher de nouveaux adhérents.

Troisième constat : par ses frappes « périphériques », la mouvance du djihad internationaliste intègre un nombre croissant de djihads locaux et les renforce en attaquant à coups redoublés les « régimes impies » (dans la péninsule Arabique, en Indonésie, au Maroc, en Turquie). La mouvance a même réussi à investir des champs de bataille dont, jusqu'à présent, elle était à peu près exclue, comme la Tchétchénie. Elle tente, par ailleurs, de s'infiltrer dans le conflit israélo-palestinien et s'est frontalement attaquée à la monarchie marocaine. Il s'agit là de tendances qui sont appelées à perdurer. De même, il apparaissait dès l'été 2003 – et cette tendance n'a malheureusement fait que se renforcer depuis – que la mouvance du djihad est finalement arrivée à s'imposer comme un acteur durable de la crise irakienne.

À partir de ces quelques constatations, on peut conclure que la mouvance du djihad tentera de se développer en suivant deux axes stratégiques distincts et complémentaires : d'une part, la poursuite de l'offensive tous azimuts contre l'Occident, entre autres par des attentats de masse et des attaques plus ciblées contre l'économie, et, d'autre part, la recherche d'« ancrages » locaux dans des régions où peuvent se développer des zones de djihad.

Les États-Unis : la cible essentielle de la mouvance du djihad

Les États-Unis restent la cible essentielle des djihadistes qui identifient en eux, non sans raison, leur adversaire le plus déterminé et le plus dangereux. Pour les stratèges djihadistes, si la terreur fait plier Washington, aucun autre État occidental – ni aucune coalition d'États – ne sera à même de reprendre le flambeau et de continuer la lutte. Privés de tout soutien réel, livrés à eux-mêmes, les gouvernements « impies » du monde musulman – de Riyad à Islamabad, en passant par Alger, Rabat, Tunis, Le Caire, Djakarta... – s'effondreront alors peu à peu sous les coups de boutoir portés par les djihads locaux épaulés par la mouvance internationale. Chaque succès aura un effet mobilisateur et entraînera d'autres victoires : dans une simple application de la théorie des dominos, le mouvement s'accélérera et, en quelques années, les califats se multiplieront tout autour du globe.

Encore faut-il disposer des réseaux nécessaires pour frapper. L'arrestation au Pakistan, le 1er mars 2003, de Khalid Sheikh Mohammed a permis de se faire une idée relativement précise de l'étendue de la pénétration de la mouvance du djihad aux États-Unis. Khalid Sheikh Mohammed est l'oncle de Youssef Ramzi, l'un des comploteurs du premier attentat contre le World Trade Center, en 1993. Il était, surtout, responsable du déploiement de cellules terroristes sur le sol américain et rêvait d'y paralyser toute activité en organisant, par exemple, des attentats contre les grandes infrastructures publiques telles que ponts autoroutiers ou aéroports. Khalid Sheikh Mohammed est certainement l'une des meilleures prises opérées depuis le 11 septembre 2001 : le contenu de son ordinateur portable et la puce de son mobile ont « parlé », et l'homme a confirmé une partie des renseignements ainsi recueillis. Il a notamment révélé que, après le

11 septembre 2001, alors que des restrictions étaient mises à l'entrée sur le sol américain des ressortissants de certains pays arabo-musulmans, la mouvance du djihad a commencé à recruter des Américains naturalisés et des porteurs de passeports européens pouvant se rendre facilement aux États-Unis et a cherché à pénétrer les communautés afro-américaines musulmanes. Comme en Europe, ce travail se ferait, entre autres, par le biais de la « réislamisation » de détenus de droit commun.

De plus, des agents dormants chargés de l'accueil de nouveaux arrivants ont été mis en place. Ainsi en a-t-il été de Ali S. Marri, un Qatari. Arrivé en Amérique du Nord à la veille du 11 septembre 2001, il avait été entraîné, au camp Al-Farooq en Afghanistan, au hacking (piratage informatique) et à l'usage de poisons ; il a été chargé d'aider des membres d'Al-Qaïda et de la mouvance du djihad à s'installer aux États-Unis, et devait également mener des attaques dans l'après-11 septembre. Son arrestation, en décembre 2001, l'a empêché de mener à bien cette dernière mission. Il a, depuis, été déclaré « ennemi combattant », le 23 juin 2003, et interné à ce titre dans une prison militaire. On notera que sa femme a pu quitter les États-Unis grâce à un passeport de complaisance délivré par l'ambassade saoudienne à Washington, ce qui n'a guère détendu l'atmosphère avec Riyad.

Autres exemples : Lyman Faris, un Américain originaire du Cachemire et vivant à Colombus (Ohio) pouvait profiter de sa licence de conducteur de camion pour entrer dans les aéroports. À Baltimore, Majid Khan était, lui, chargé de préparer des attentats en série contre des stations-service.

D'importants succès ont été remportés aux États-Unis dans la lutte antiterroriste grâce à l'interpellation d'une quinzaine de personnes qui n'ont pas été arrêtées « officiellement » et vivent actuellement dans des lieux sûrs sous la surveillance permanente d'équipes du FBI.

Celui-ci utilise leurs connaissances et leurs contacts pour remonter les filières, rechercher les cellules, identifier leurs membres et les arrêter. La collaboration de ces informateurs plus ou moins volontaires serait acquise par la menace, s'ils ne remplissent pas parfaitement leur contrat, de les inculper et de les envoyer en prison pour longtemps. Cette même technique a été utilisée avec succès, depuis de nombreuses années, contre le crime organisé.

Ces succès, toutefois, ne prémunissent pas l'Amérique du Nord contre de futurs attentats. Tout laisse à penser que, d'une part, de nombreuses cellules terroristes et autres « moudjahidin non alignés » (voir chapitre 11) sont encore non détectés et prêts à passer à l'action sur le sol américain [1] et que, d'autre part, la menace peut provenir de l'extérieur. Les ressortissants et résidents du Canada, de certains pays d'Amérique centrale et du Sud et de l'Union européenne jouissent en effet de facilités d'accès aux États-Unis en étant dispensés de la procédure de visa qui a l'avantage de permettre des enquêtes plus ou moins approfondies sur les candidats au voyage. Il serait aisé pour la mouvance du djihad de faire pénétrer au cœur des villes de l'« ennemi principal » des volontaires difficiles à démasquer (par exemple, des convertis, un « matériel humain » dont les organisations djihadistes ne manquent pas) qui n'auraient alors qu'à se procurer les moyens nécessaires pour commettre un attentat. Certes, celui-ci n'aura probablement pas l'ampleur des attaques du 11 septembre mais qu'à cela ne tienne : dans la guerre terroriste, l'aspect psychologique est toujours le plus important. Et qui peut nier que n'importe quelle attaque

1. Sur la pénétration djihadiste aux États-Unis, voir, notamment, Steven Emerson, *American Jihad : The terrorists living among US*, New York, The Free Press Paperbacks (Simon & Schuster), 2002. Ancien journaliste, Steven Emerson dirige aujourd'hui The Investigative Project, une organisation spécialisée dans l'étude du « djihad domestique » américain.

ne faisant « que » quelques dizaines de morts traumatiserait profondément une nation américaine qui découvrirait ainsi qu'elle n'est toujours pas à l'abri de la menace ?

Par ailleurs, aucun expert sérieux ne peut affirmer que des risques de plus grande ampleur sont totalement exclus. Quoi que l'on puisse en penser dans certains milieux européens, les États-Unis restent un pays extraordinairement ouvert sur le monde. Les flux de marchandises sont encore plus importants que les flux humains, et les dizaines de millions de conteneurs qui, chaque année, arrivent dans les ports américains ou transitent par eux peuvent, eux aussi, receler des menaces mortelles. Les services de renseignement américains (et britanniques) sont persuadés que, tôt ou tard, un attentat chimique, nucléaire ou peut-être bactériobiologique frappera les États-Unis. À tel point que mes interlocuteurs habituels de Washington ont pris l'habitude de dire, comme nombre de leurs collègues, que « la question n'est pas de savoir s'il y aura un attentat de ce type, mais quand il se produira et quelle sera son ampleur »… Il est clair que ces millions de conteneurs sont à ce jour le meilleur moyen d'introduire une arme de destruction massive sur le sol américain. Le physicien Dave Dobson – qui participa dans les années 1960 à une expérience pleine d'enseignements que j'aborderai dans le chapitre 11 – déclarait récemment, évoquant l'hypothèse de l'emploi par Al-Qaïda d'une arme nucléaire classique ou « sale » : « Ils pourraient l'envoyer dans la baie de Chesapeake, de San Francisco, à Puget Sound ou dans la rivière Mississippi. Ils peuvent se rendre partout, la plupart des grandes villes sont soit côtières, soit proches d'une rivière où circulent des barges [1]. »

1. Cité dans l'article de Dan Stober, « No experience necessary », *Bulletin of the Atomic Scientists*, mars-avril 2003.

L'Europe et la France sont loin d'être à l'abri

Si l'Europe, les États-Unis et quelques autres États occidentaux ou industrialisés restent des cibles essentielles pour la mouvance, celle-ci aura pourtant autant de mal à les frapper qu'elle en a eu depuis le 11 septembre 2001. On ne peut oublier, en effet, que pour un attentat réussi (celui de Madrid, le 11 mars 2004), une demi-douzaine d'autres ont échoué, les cellules qui les préparaient ayant été démantelées par les services de sécurité et de police. Un autre chiffre permet de relativiser la menace : sur plusieurs dizaines d'attentats commis depuis janvier 2002, un seul a eu lieu sur le territoire de l'Union européenne, aucun sur le sol américain.

Dans un avenir prévisible, outre les États-Unis, un certain nombre de pays occidentaux courent pourtant toujours le risque d'être des cibles de la mouvance du djihad. Malgré les arrestations incessantes, de nombreuses cellules terroristes (logistiques ou opérationnelles) restent actives, tant aux États-Unis qu'en Europe. Et tout – depuis la fréquence des arrestations jusqu'au nombre de personnes impliquées dans chaque affaire en passant par les renseignements qui remontent des milieux islamistes – indique que les milieux djihadistes en Europe sont dans une phase de renforcement.

En Europe, les arrestations qui ont été opérées depuis 2001 démontrent clairement que les cibles essentielles des djihadistes restent la Grande-Bretagne, la France et quelques pays identifiés comme étant des alliés des États-Unis. Le fait de ne pas être proche de Washington ne peut être considéré comme une assurance de sanctuarisation. La présence de la France dans la liste des pays ciblés indique bel et bien que les critères de sélection des terroristes sont complexes et multiples. Certes, Paris a pris ses distances – pour employer un doux euphémisme – avec Washington dans le dossier de la guerre en

Irak, mais les islamistes, surtout algériens, ont un lourd contentieux à régler avec la France qui, par ailleurs, est perçue comme un pays menant une politique injuste et agressive vis-à-vis de l'Islam.

À la fin du mois de mars 2004, diverses menaces ont été proférées contre Paris. Une lettre a été envoyée à des journaux et à plusieurs ambassades françaises dans le monde. Signée d'un groupe inconnu – Commando Mosvar Barayev – elle contenait des menaces contre l'Hexagone et ses intérêts à l'étranger, entre autres à cause de la loi sur la laïcité interdisant le voile dans les écoles et les administrations. Ce courrier (qui a pu sembler douteux) reprenait, en fait, d'autres menaces proférées, celles-là, un mois plus tôt et par un homme que l'on a toutes les raisons de prendre au sérieux : Ayman al-Zawahir, le numéro deux d'Al-Qaïda. Dans un message diffusé le 24 février sur la chaîne satellitaire panarabe Al-Arabiya, Al-Zawahiri soulignait que « la décision du président français de faire voter une loi pour empêcher les filles musulmanes de couvrir leur tête dans les écoles est un autre exemple de la jalousie des Croisés que nourrissent les Occidentaux à l'égard des Musulmans ».

Autre pays a être en délicatesse avec Washington : la Belgique. *A priori*, celle-ci ne devrait pas être retenue comme cible d'un attentat de masse des islamistes armés. Pourtant le « plat pays » abrite d'importantes institutions internationales, civiles ou militaires, qui le placent sous une menace directe : les sièges de l'Union européenne, du Parlement européen, de l'OTAN, du SHAPE (le commandement militaire de l'OTAN) sont en effet des objectifs tentants pour les djihadistes. Deux autres éléments concourent au fait qu'aucun pays, quelles que soient par ailleurs sa politique internationale et son attitude propre vis-à-vis des milieux islamistes, ne soit aujourd'hui à l'abri. D'une part, les djihadistes peuvent être tentés de frapper une installation américaine, britannique ou autre – telle qu'une ambassade, un consulat, un centre culturel, le siège d'une multinationale – sur le sol d'un pays plus ou moins « neutre » s'ils estiment qu'elle est plus facile à atteindre qu'ailleurs, par exemple en raison de la faiblesse ou de l'inexpérience des services de sécurité ou de police. D'autre part, des documents récents prouvent à ceux qui en douteraient que les communautés juives sont considérées comme des cibles intéressantes et même prioritaires par les djihadistes. Tout pays abritant une communauté juive peut donc être visé par un attentat, comme on l'a vu, d'ailleurs, en Tunisie en mars 2002, au Maroc en mai 2003, ou en Turquie en novembre 2003.

Les pays de la « première ligne »

Cela étant posé, on peut néanmoins distinguer, en Europe, un certain nombre de pays plus exposés que d'autres à la menace. Ce statut peu enviable de « cible désignée » est tributaire de plusieurs facteurs, au premier rang desquels on trouvera évidemment la capacité réelle de la mouvance djihadiste à passer à l'action grâce à l'existence de cellules locales capables de préparer et, éventuellement, de réaliser les attentats. Le facteur sécuritaire est important. Un pays peut très bien représenter une valeur exceptionnelle aux yeux des djihadistes et ne jamais être frappé parce qu'il est « sanctuarisé » par les mesures de sécurité qui y sont appliquées. Dans ce cas, ils tenteront de l'attaquer hors de ses frontières.

Ces pays de « première ligne » sont, bien entendu, le Royaume-Uni et la France, mais également l'Italie, qui a choisi de participer à la guerre en Irak et abrite le Vatican, un objectif évident dans une guerre qui est d'abord religieuse, l'Allemagne, où des moudjahidin sont détenus, et l'Espagne, bien que celle-ci, après le revirement du gouvernement socialiste issu des élections de mars 2004, doive sans doute s'estimer plus protégée aujourd'hui qu'elle ne l'était avant les attentats du 11 mars. Outre ces pays du « cœur de cible », la Pologne, la Hongrie, la République tchèque devraient également être considérées comme des pays « à risques » : ils sont les alliés des États-Unis, et les mesures de sécurité peuvent y être perçues comme moins strictes que dans d'autres États européens. Un attentat de masse comme une attaque contre des objectifs américains, britanniques ou autres y sont tout à fait possibles. Il en va de même pour les Pays-Bas, le Danemark ou la Suède, dont les forces armées participent ou ont participé soit aux opérations militaires en Afghanistan, soit à la guerre ou aux opérations de stabilisation en Irak. L'Autriche elle non plus n'est pas à l'abri d'une attaque : Vienne revêt un caractère symbolique important aux yeux des islamistes, puisque cette capitale marqua, au XVIIe siècle, le point le plus occidental de la poussée turque qui fut arrêtée aux portes de la ville.

Hors des frontières de l'Union européenne, quatre autres États sont également dans une position délicate, puisqu'ils appartiennent à l'OTAN et abritent des installations de cette organisation militaire. Ce sont la Bulgarie, la Roumanie, la Norvège et la Turquie. Ce dernier pays nous permet de mieux comprendre comment un État peut être sélectionné par Al-Qaïda et sa mouvance et devenir une cible alors que rien *a priori* ne l'y prédisposait.

En novembre 2003, à quelques jours d'intervalle, deux vagues d'attentats islamistes frappèrent la Turquie. Tout d'abord, deux synagogues d'Istanbul (Neve Shalom, dans le quartier de Beyoglu, et Beth Israël, dans le quartier de Sisli), distantes de deux kilomètres l'une de l'autre, firent l'objet d'attentats-suicides, puis ce fit le tour du consulat général de Grande-Bretagne et du siège de la banque britannique HSBC. En attaquant des synagogues, les terroristes s'attaquaient à la communauté juive, donc de leur point de vue, symboliquement, à Israël et au sionisme. Ils mettaient en péril les bonnes relations existant entre Ankara et Jérusalem depuis plusieurs décennies, ils fragilisaient le gouvernement turc à la fois sur le plan de la politique intérieure et sur celui des relations internationales, ils mettaient à mal l'économie turque pour laquelle le tourisme constitue une importante rentrée de devises fortes.

En s'en prenant à des intérêts britanniques, les djihadistes participaient à une offensive plus vaste contre les États-Unis et leurs principaux alliés. Enfin, ils portaient un nouveau coup non seulement à l'économie turque, mais aussi à l'économie mondiale : dès l'annonce des attentats du 20 novembre, les Bourses européennes plongèrent dans le rouge. De manière générale, il est clair que le fait que la Turquie soit un allié des États-Unis a joué un rôle prépondérant dans sa désignation comme cible, de même que son modèle de pays musulman laïc (même si un gouvernement « islamiste modéré » est aujourd'hui en place à Ankara).

Quand Ben Laden offre une « trêve » à ses ennemis...

Le 15 avril 2004, les chaînes arabes Al-Jazira et Al-Arabiya diffusèrent un message enregistré attribué à Oussama Ben Laden (la voix du guide de la mouvance djihadiste devait être identifiée avec un haut degré de certitude dans les jours suivants) : « J'offre une trêve aux pays européens », déclarait, en substance, Oussama Ben Laden, qui s'engageait ensuite à « cesser les opérations contre tout pays qui ne commet pas d'attaques contre les Musulmans ou ne s'ingère pas dans leurs affaires ». La presse mondiale se lança aussitôt dans d'interminables analyses sur la signification réelle de ces propos et s'interrogeait sur la réponse à y apporter.

Curieusement, un aspect important de ce message semble avoir échappé à la plupart des observateurs. Ceux-ci, qu'ils soient spécialistes d'Al-Qaïda ou journalistes, soulignèrent qu'il y avait là une tentative de diviser le « camp occidental », ce qui est fort possible, mais ne me semble pas être le point principal. Après avoir longuement discuté de ce texte avec des islamologues et des autorités religieuses musulmanes, j'estime que la nature profonde du message d'Oussama Ben Laden était, ce jour-là, à la fois juridique et symbolique. Et c'est bien là que cette déclaration aurait dû inquiéter, car, en fait, sous l'apparence d'une proposition de trêve, elle annonçait de nouveaux attentats contre les intérêts européens.

Il faut revenir ici, une fois de plus, à l'essentiel, les fondamentaux (comme diraient les analystes boursiers) du djihad. Il s'agit d'une guerre à la stratégie bien définie et qui s'articule autour de tactiques précises. Cette guerre s'inscrit également dans un cadre juridique nettement défini. L'Islam n'autorise en effet qu'une seule forme de guerre : le djihad, défensif ou offensif, destiné à défendre la religion ou à la propager. Toute autre guerre (d'annexion, de succession, de razzia, etc.) est purement et simplement hors la loi. Mais le djihad lui-même répond à des conditions relativement strictes édictées par la charia. Ainsi, l'opinion majoritaire prévalant chez les juristes des grandes écoles islamiques établit que, pour être licite, un djihad doit avoir été déclaré : l'attaque par surprise est interdite.

Le prophète Mahomet lui-même donna l'exemple, en 629, lorsqu'il adressa à Héraclius, empereur de Byzance, au mouqawqâs (gouverneur d'Égypte), à Chosroès Parviz, roi des Perses, ou au négus d'Abyssinie des missives les invitant à se soumettre à Dieu. Son successeur, le calife Abu Bakr, suivit la même voie. Nettement plus près de nous, en 1996, le GIA algérien reprit cette tradition lorsqu'il somma le président Jacques Chirac de se convertir à l'Islam pour que la France échappe à de nouveaux attentats. Ben Laden ne pouvait, évidemment, ignorer que son offre serait rejetée. Il n'a donc fait, ce jour-là, que se replacer dans cette tradition qui, à ses yeux et aux yeux de nombreux salafistes et wahhabites, donne une légitimité juridique à toute action ultérieure que ses sympathisants pourraient entreprendre : non seulement « son djihad » a bel et bien été déclaré (en février 1998, lancement du « Djihad contre les Juifs et les Croisés »), mais il peut désormais affirmer qu'il a donné une « seconde chance » à ses adversaires.

Au plan symbolique, enfin, qui est particulièrement important dans l'imaginaire arabo-musulman, Oussama Ben Laden, en proposant cette trêve et la création d'une « commission permanente » chargée d'expliquer aux Européens les questions et problèmes préoccupant les Arabes et les musulmans, se plaçait au niveau d'un chef d'État légitime : il n'était plus le chef d'une bande terroriste, caché dans les montagnes du Pakistan, mais un « grand » parlant d'égal à égal avec ses homologues. Cette évolution traduit une évolution de l'état d'esprit des djihadistes, qui estiment, surtout depuis les attentats de Madrid, avoir le vent en poupe et être prêts à passer à une vitesse supérieure.

On ne peut que regretter, dès lors, l'attitude du nouveau gouvernement espagnol, qui décidait de ne pas attendre le 30 juin pour retirer ses troupes d'Irak – comme il l'avait annoncé au lendemain de sa victoire du mois de mars –, mais de procéder à ce retrait le plus rapidement possible. Une décision qui renforce ce sentiment de toute-puissance des terroristes islamistes. Cette courte analyse – et en particulier le fait que Ben Laden savait que sa proposition serait repoussée – m'amène à penser que de nouveaux attentats sont d'ores et déjà planifiés en Europe et/ou contre les intérêts européens dans le monde.

10

Le développement du djihad dans le monde

Parallèlement aux attentats qui risquent d'être commis contre le monde industrialisé, le deuxième axe de la stratégie développée par Al-Qaïda dans un avenir prévisible sera de soutenir, élargir et multiplier les djihads locaux en tentant de les mettre en relation avec le djihad global. Les premiers viendront ainsi renforcer le second en multipliant les « abcès de fixation » qui obligeront l'Occident et ses alliés à se battre sur tous les fronts. L'élargissement de ces zones de non-droit présente en effet plusieurs avantages aux yeux des terroristes : elles consument le temps et les forces des armées locales ou venues d'ailleurs pour soutenir les régimes attaqués ; elles procurent aux djihadistes de véritables sanctuaires où ils peuvent former leurs recrues et préparer de nouvelles offensives et, enfin, elles peuvent déboucher, à terme, sur le renversement de gouvernements locaux plus ou moins proches de l'Occident. Les régions dans lesquelles le djihad continuera à se développer sont au nombre de cinq : la zone afghano-pakistanaise et l'Asie centrale, le Moyen-Orient et le Proche-Orient (principalement la zone israélo-palestinienne, l'Irak et la péninsule Arabique), le

Maghreb, le Caucase et l'Asie du Sud-Est (Indonésie et pays avoisinants).

En Afghanistan, le désordre règne toujours et l'islamisme menace à nouveau

Globalement, le passage de l'Afghanistan à la démocratie peut d'ores et déjà être considéré comme un échec. Le fait que de nombreuses arrestations importantes aient eu lieu en Afghanistan et que l'on n'y ait plus constaté d'attentat important depuis 2003 peut, certes, être interprété comme une évolution positive, mais la plus grande prudence reste de mise. La résistance à l'occupation de l'Afghanistan par les forces internationales et l'opposition à tout changement démocratique dans ce pays – sans même parler du refus de la modernisation, particulièrement sensible quand on s'intéresse de plus près au statut réel qui reste celui de la femme afghane – perdurent en effet depuis l'hiver 2001. Certes, les troupes de la Coalition peuvent avoir l'illusion de contrôler le pays, mais dans les états-majors chacun sait que ce contrôle est des plus théoriques : par bien des aspects, il est identique à celui qu'exerçaient les Soviétiques dans les années 1979-1989.

La Coalition contrôle Kaboul et les villes principales, les nœuds routiers et les grands axes de communication. Un contrôle essentiellement diurne. Dès la nuit tombée, les moudjahidin et autres éléments factieux se déplacent avec une grande liberté, y compris dans les villes. En conséquence, les embuscades ne diminuent pas et il ne se passe guère de semaines sans que les forces alliées aient à déplorer des blessés ou des morts. L'administration elle-même est impuissante, et l'on peut affirmer sans exagérer que le gouvernement provisoire ne gouverne qu'à Kaboul et dans sa proche banlieue. Les provinces, elles, demeurent sous la coupe des seigneurs de la guerre locaux qui collectent l'impôt et les droits de douane, échappant à toute autorité centrale. Le fait que la protection rapprochée du président de l'autorité de transition, Hamid Karzaï, et de ses principaux collaborateurs ait dû être confiée à des membres des forces spéciales américaines ou à des compagnies privées, plutôt qu'à des Afghans, est éloquent.

Les attaques incessantes lancées contre les forces internationales et l'armée afghane sont le fait de partisans des talibans, de membres de certaines tribus hostiles à la présence occidentale, de milices locales – toutes forces que le gouvernement s'est révélé incapable de désarmer – et, sans doute, de quelques éléments djihadistes internationalistes, mais ceux-ci sont certainement très minoritaires aujourd'hui en Afghanistan. Des signes encourageants existent cependant, qui prouvent qu'une partie de la population soutient les efforts de modernisation – sinon de démocratisation – du pays. Étant donné le contexte politique et la nature du pays, de même que son histoire, on peut craindre néanmoins que le djihad comme les troubles ayant d'autres racines ne soient appelés à durer. Les quatre provinces du Sud, en particulier, peuplées de Pachtouns et jouxtant le Pakistan – Helmand, Kandahar, Paktika et Zaboul –, sont le théâtre de heurts et d'attentats réguliers qui témoignent de l'importance de l'implantation de la guérilla « néo-taliban ».

Un autre facteur d'inquiétude dans ce pays détruit par près de vingt ans de guerre et de guerre civile, puis cinq années de régime taliban, réside dans le taux de criminalité et, surtout, dans l'importance croissante prise par la culture du pavot et le trafic des stupéfiants dans l'économie nationale. À tel point que l'économie afghane a pu être qualifiée de « narco-économie », et que l'on peut craindre l'émergence d'une « narco-démocratie », c'est-à-dire un État où le contrôle des cultures et trafics d'opium détermine *de facto* l'« élection » du personnel au pouvoir. Le risque est loin d'être exagéré, ainsi qu'en témoignent les chiffres : 130 000 hectares produisent aujourd'hui 80 % de l'héroïne mondiale, ce qui représente un revenu égal à 50 % du PNB afghan et à dix fois les revenus de l'État[1].

Face aux tentatives de démocratisation et de stabilisation du pays, le scepticisme règne dans les principales capitales occidentales aussi bien qu'à l'ONU. Le 27 mai 2004, Jean Arnault, représentant spécial des Nations unies, avertissait le Conseil de sécurité de la nécessité d'une forte présence militaire internationale pour permettre la tenue de ces élections et leur régularité : « Qu'il s'agisse de contre-terrorisme, de sécurité des opérations électorales, de lutte contre le trafic de stupéfiants, ou de contrôle des rivalités entre factions, dans cette conjoncture critique pour le processus de paix en Afghanistan, l'assistance internationale en matière de sécurité continue à faire la différence entre le succès et l'échec...[2]. »

En un sinistre écho à ces paroles, le 10 juin 2004, une énième attaque due aux talibans ou à une bande terroriste quelconque se soldait par la mort de onze ouvriers chinois tandis qu'un convoi de l'ONU faisait l'objet de tirs de roquettes, dans le sud-est de l'Afghanistan. Cette dernière action entraînait la fermeture du bureau des Nations unies en charge du recensement – une étape pourtant indispensable à la tenue des élections – dans la province de Paktika. Force est de constater que peu de voix se sont élevées alors pour insister sur la nécessité de renforcer la présence militaire internationale sur le terrain.

---

1. Ces chiffres sont ceux cités par plusieurs organisations internationales et services spécialisés.
2. Cité par Radio Free Europe/Radio Liberty, *Afghanistan Report*, vol. 3, n° 20, 2 juin 2004.

Le problème, en l'occurrence, est qu'un deuxième terrain d'opération s'est ouvert en Irak en 2003, lequel réclame aussi un effort militaire important. Dans ce contexte, peu de pays sont intéressés à participer à l'effort en cours à Kaboul. Le risque est grand de voir la pacification de l'Afghanistan échouer, et tout le pouvoir revenir aux chefs tribaux et aux factions qui ont déjà démontré dans le passé leur incapacité à s'entendre et à rétablir l'ordre. On ne peut oublier, dans ce contexte, que c'est la guerre civile et l'insécurité qui ont permis aux talibans de prendre le pouvoir en 1996. La répétition d'un scénario identique ne peut être exclue. Pas plus que l'éclatement du pays en micro-États provinciaux gérés de manière féodale. Dans un cas comme dans l'autre, l'Afghanistan redeviendrait un sanctuaire terroriste et un centre de criminalité transfrontalière qui pourrait gangrener toute l'Asie centrale et le Pakistan voisin.

Le Pakistan : un État nucléaire au bord de l'abîme ?

En marge de la question afghane, la situation du Pakistan reste extrêmement préoccupante : puissance nucléaire occupant une position stratégique à la jonction de l'Asie du Sud et de l'Asie centrale, opposé à l'(Inde en une rivalité qui a déjà dégénéré en un conflit armé direct (en 1965), ce pays est l'un des plus pauvres du monde. Une population d'environ 150 millions de personnes, très jeune [1], peu alphabétisée et chassée des campagnes par l'exode rural (en quinze ans, les villes principales ont doublé de taille...) offre de multiples

1. À titre de comparaison : 39,3 % de la population pakistanaise est âgée de moins de quatorze ans. En France, ce pourcentage est de 18,6 %, en Belgique de 17,2 %, en Italie de 14 %, en Grande-Bretagne de 18,3 %. Alors que la moyenne d'âge pakistanaise est de 19,8 ans, elle est de 38,3 en France, de 40 en Belgique, de 41 en Italie, de 38,4 en Grande-Bretagne et de 34,5 aux États-Unis.

opportunités aussi bien au crime organisé qu'aux différentes factions extrémistes. Tout, en définitive, pourrait se résumer en trois chiffres : en 1948, le Pakistan comptait vingt-cinq madrasas [1], il y en a aujourd'hui plus de vingt-cinq mille ; le pays enregistre plus de dix mille naissances par jour ; le budget national consacre 56 % de ses dépenses à l'armée et 2 % seulement à l'éducation. Progression de l'intégrisme, démographie galopante et analphabétisme sont, ici comme ailleurs, des signaux de grand danger.

Quoi d'étonnant, dès lors, à ce que le Pakistan soit en proie à un désordre permanent, d'origine ethnique ou religieuse, encore aggravé par la véritable « culture de la violence » qui caractérise un pays où, dans certaines régions, la possession d'une arme est indispensable à l'affirmation du statut social. Les règlements de comptes et autres vendettas « d'honneur » sont légions ; étant donné la structure clanique et tribale de la société, ils peuvent, à tout moment, dégénérer en affrontements sanglants. Ce type d'affrontement a fait, en moyenne, deux cent cinquante morts par ans depuis 1985, dans la seule mégapole de Karachi, l'une des villes les plus dangereuses du monde.

C'est dans ce contexte global que, depuis 2002, les attentats islamistes se sont multipliés contre un régime « vendu à l'Occident » et contre ses « protecteurs ». Pour beaucoup, Pervez Mucharraf n'est, en effet, ni plus ni moins qu'un traître. Alors qu'il est arrivé au pouvoir par un coup d'État sans effusion de sang grâce au soutien des secteurs les plus islamistes de l'armée et l'ISI (Inter Services Intelligence, les services secrets pakistanais), les islamistes lui reprochent aujourd'hui d'avoir aidé la coalition internationale à chasser les talibans d'Afghanistan et de traquer les cellules terroristes au Pakistan même. Tout

1. Les madrasas sont des écoles coraniques.

à sa politique de rapprochement avec l'Occident, le général Mucharraf est également accusé par les « ultras » de tourner le dos à la rébellion musulmane anti-indienne du Cachemire, pourtant soutenue par Islamabad depuis des décennies. Ce ne peut, évidemment, que participer à la radicalisation des islamistes locaux pour lesquels le combat du Cachemire a une portée symbolique toute particulière.

Les purges plus ou moins discrètes qui se sont succédé à l'état-major et dans les services spéciaux pakistanais – depuis fin 2001, ils ont visé tout autant la tête que les cadres intermédiaires de ces institutions – sont là pour souligner la profonde imprégnation islamiste de l'appareil d'État. Un autre élément permet de mesurer l'importance de cette pénétration et le danger qu'elle fait courir au monde : le « père de la bombe atomique pakistanaise », Abdul Qadeer Khan, et quatre de ses plus proches collaborateurs ont admis, au début de 2004, avoir fourni des secrets scientifiques à un certain nombre de pays « sensibles », tels que la Corée du Nord, la Libye ou l'Iran. On les suspecte par ailleurs d'avoir entretenu des contacts suivis avec Al-Qaïda. Les cinq hommes ont pourtant été graciés par le président Mucharraf. Cette décision illustre la politique fluctuante suivie par le général.

Début 2002, le gouvernement pakistanais s'était prononcé pour un programme radical visant à éliminer l'extrémisme islamiste de la scène politique. Ces mesures comprenaient notamment le recensement et le contrôle des madrasas. En janvier 2004, comme le soulignent plusieurs rapports d'organisations spécialisées[1], rien n'a été fait. Non seulement les madrasas n'ont pas été recensées, mais les organisations prônant le djihad n'ont

1. Et notamment : International Crisis Group, « Unfulfilled Promises : Pakistan's failure to tackle extremism », *Asia Report,* n° 73, 16 janvier 2004.

fait l'objet que de mesures d'interdiction symboliques qui ne les ont pas empêchées de poursuivre leurs activités sous d'autres appellations, tandis que la plupart de leurs dirigeants étaient autorisés à se présenter aux élections. Al-Qaïda elle-même n'a été formellement interdite qu'en mars 2003 !

La situation politique pakistanaise, même après les élections de 2002 (les premières tenues depuis le coup d'État de 1999 et qui ont vu une nette progression des formations islamistes « traditionnelles »), reste donc pour le moins tendue et instable. Cette consultation électorale a d'ailleurs donné naissance à une coalition regroupant les six principales formations politiques islamistes. Ce front, le Muttahida Majlis-e-Amal (MMA), qui a mené campagne sur la nécessité de créer un État islamique du type de celui des talibans en Afghanistan, ainsi que sur la dénonciation de l'alliance entre l'exécutif et les États-Unis, a conquis le pouvoir dans deux provinces : depuis 2003, il gouverne la Province du Nord-Ouest et partage la direction du Baloutchistan. Il jouit d'importantes sympathies au sein des forces armées [1]. Dans le courant du seul mois de mai 2004, pas moins de cinq attentats ont fait quarante-six morts dans la seule ville de Karachi, la grande majorité d'entre eux appartenant à la minorité chiite, qui représente 15 à 20 % de la population totale du pays. La réalité pakistanaise actuelle est donc celle d'une véritable bombe à retardement.

Bref, dans ce pays tout semble aujourd'hui tenir à la présence d'un homme : Pervez Mucharraf. S'il reste au pouvoir, le Pakistan continuera, bon gré mal gré, à jouer sa partition dans la guerre antiterroriste. Mais s'il est renversé ou, pire, assassiné, tout sera à craindre, y compris une déstabilisation globale de la région. L'Inde

---

1. Voir International Crisis Group, « Pakistan : The Mullahs and the Military », *Asia Report*, nº 49, 20 mars 2003.

tolérerait-elle de voir des islamistes « durs » s'installer aux commandes d'un Pakistan doté de l'arme nucléaire ? Il est permis, en tout cas, d'en douter. Le contexte donne peu de raisons d'être optimiste, le général Mucharraf ayant déjà échappé à deux attentats en décembre 2003. Le vice-amiral Lowell Jacoby, directeur de la Defense Intelligence Agency (l'agence de renseignement militaire américaine), déclarait, lucide, en février 2004 : « La viabilité de Mucharraf dépend du soutien continuel de l'armée. Il semble bénéficier de l'appui de sa majorité. Pourtant, les deux récents attentats contre Mucharraf suggèrent des complicités intérieures. Le risque d'assassinat reste important [1]... »

Vers une déstabilisation de l'Asie centrale ?

On pourrait craindre que le djihad afghan ou une éventuelle déstabilisation du Pakistan ne « déborde » sur le Nord et ne ranime certains djihads locaux en Asie centrale ex-soviétique. En tout état de cause, on notera la flambée de violence qui a frappé l'Ouzbékistan à la fin du mois de mars 2004 : des attentats-suicides, des attaques à l'arme automatique contre les forces de l'ordre et des opérations de police ont fait, alors, une quarantaine de morts en trois jours.

L'année 2003 avait été marquée par une résurgence de l'activisme islamiste dans la région. Ainsi, le Mouvement islamique d'Ouzbékistan (habituellement désigné sous l'acronyme IMU, d'après son nom anglais) et le Hizb ut-Tahrir al-Islami (HT, ou Parti de la libération islamique) semblent avoir pris une importance nouvelle. Le Hizb ut-Tahrir, une organisation transnationale

1. Vice Admiral Lowell E. Jacoby : « Current and Projected National Securit y Threats to the United States », témoignage devant le Senate Select Committee on Intelligence, 14 février 2004.

présente dans toute l'Asie centrale, en Asie du Sud, au Moyen-Orient et même en Europe, a été créé dans les années 1950 et s'est implanté en Asie centrale au milieu des années 1990, suite à l'effondrement de l'Union soviétique. Il ne prêche certes pas la violence, mais prône l'islamisation de la société par des voies pacifiques et participe à la radicalisation d'une frange de la société d'où peuvent surgir des éléments qui, eux, iront grossir les rangs des groupes terroristes.

Le HT se fait remarquer par un recrutement de plus en plus ciblé et inquiétant puisqu'il arrive à séduire de plus en plus de membres des classes moyennes et des couches éduquées de la population, dont certains sont liés à l'administration. Le HT serait aujourd'hui très présent au Kirghizstan, en Ouzbékistan, au Tadjikistan au Kazakhstan et même en Russie.

L'IMU, quant à lui, est une organisation violente, née, probablement, à la fin de 1997 – son acte de naissance sanglant aurait été l'assassinat de policiers dans la ville de Namangan, en décembre de cette année-là. Son premier chef militaire, Juma Namangani (Juma de Namangan), était un ancien militaire soviétique, sans doute un parachutiste, qui avait combattu en Afghanistan. Il aurait fait ses premières armes dans l'islamisme violent pendant la guerre civile qui a ravagé le Tadjikistan au début des années 1990 et aurait trouvé la mort, fin 2001, en Afghanistan. Un certain Ulug'bek Holik (de son nom de guerre Mohammed Ayub) lui aurait alors succédé.

Le responsable politique de l'IMU serait Tohir Yuldashev, assisté de Dilshod Hojiyev, cousin de Juma Namangani, pour les affaires financières. L'importance exacte de l'organisation est d'autant plus difficile à cerner que, à la fin des années 1990, en proie à la répression, elle s'est dispersée. Une partie de ses combattants sont restés en Ouzbékistan tandis que les autres gagnaient les régions ouzbèkes de l'Afghanistan ou le Pakistan. Ils auraient dès lors été protégés par les talibans et auraient rejoint la mouvance Ben Laden. L'offensive alliée de l'automne 2001 a, à nouveau, chassé les membres de l'IMU. La direction et les forces vives de l'organisation résideraient désormais dans le nord-ouest du Pakistan, mais l'IMU disposerait de *daftars* (bureaux de représentations) chargés, entre autres, de son financement dans toute l'Asie centrale, au Pakistan, en Iran et en Turquie. On estime généralement ses forces à une fourchette allant de quelques centaines à 2 000 ou 3 000 combattants.

Les attentats du début du printemps 2004 n'ont pas été une surprise pour les experts, qui savaient que l'IMU, restructuré, cherchait à revenir sur la scène ouzbèke. Plus surprenant était cependant le profil des auteurs de certaines de ces actions [1]. On y trouvait des jeunes femmes provenant de milieux favorisés, dont l'une au moins, Dilnoza Holmuradova, âgée de dix-neuf ans, était inscrite à l'académie de police de Tachkent, parlait l'anglais et était décrite par ses proches comme parfaitement « moderne » avant qu'elle ne se lance dans des études islamiques en 2002. Cela semblerait indiquer que, comme le Hizb ut-Tahrir, l'IMU est maintenant capable de recruter dans tous les secteurs de la société. Il y trouve d'autant plus d'échos que l'Ouzbékistan ne fait pas exception à la règle en Asie centrale : le pouvoir corrompu et dictatorial y est rejeté par de plus en plus de jeunes diplômés auxquels l'Islam radical apparaît trop souvent comme la seule possibilité de régénérer la société.

Dans une région qui est loin d'être stabilisée et qui est d'autant plus sensible qu'elle jouxte, d'une part, les immenses champs de pavot de l'Afghanistan et, d'autre

1. L'Institute for War and Peace Reporting (IWPR) a étudié ces profils. Les résultats de cette recherche ont été partiellement reproduits dans Radio Free Europe/Radio Liberty, *Central Asia Report*, vol. 4, n° 17, 26 avril 2004.

part, la Fédération de Russie tout en étant la voie naturelle de gazoducs et d'oléoducs qui pourraient être vitaux pour l'Occident, cette évolution a de quoi inquiéter.

Au Moyen-Orient, la péninsule Arabique dans la tourmente

La déstabilisation de la péninsule Arabique et, singulièrement, de l'Arabie saoudite est l'un des axes de base de la stratégie d'Al-Qaïda depuis plusieurs années et le restera dans un avenir prévisible. Le terrain, il est vrai, est particulièrement propice : la dynastie des Séoud doit affronter de longue date un islamisme armé qui trouve un certain écho dans la population. On se souviendra ainsi de l'affaire de La Mecque, qui, en novembre 1979, s'était soldée par un véritable massacre [1].

Si la tentation du djihad pouvait, en 1979, sembler très marginale, il n'en est plus de même aujourd'hui alors que l'Arabie Saoudite doit faire face à des problèmes économiques graves liés, pour l'essentiel, à un déséquilibre démographique. En moins de vingt ans, le PIB par habitant est passé de 16 500 dollars américains à un peu plus de 10 000 dollars. On ne dispose plus de statistiques officielles fiables depuis 1992, mais les experts estiment généralement le taux de chômage des hommes entre 25 % et 30 % alors que, chaque année, le marché du travail doit absorber 200 000 nouveaux arrivants âgés de vingt ans. On sait que le facteur économique n'est jamais le principal élément de développement de

1. Le 20 novembre 1979, Jouhayman al-Otaibi, le Mahdi (« inspiré de Dieu ») Mohamed al-Qahtani et 200 à 300 Ikhwan (« Frères ») prenaient en otage 130 pèlerins. Il s'agissait de la première remise en cause spectaculaire de la famille régnante. On soulignera que la Cour, habituellement à cheval sur le dogme, transigea à cette occasion pour sauver les meubles en « convertissant », à la va-vite, les gendarmes du GIGN français, afin qu'ils puissent opérer dans l'enceinte sacrée de la Grande Mosquée dont l'accès est strictement réservé aux musulmans.

l'islamisme radical, mais il est évident qu'il y a ici une bombe à retardement sociale : la frustration des jeunes diplômés, le chômage et la misère de certains élargissent notablement la base de recrutement des organisations islamiques.

Il existe à l'heure actuelle plusieurs organisations islamistes radicales en Arabie Saoudite, mais seules certaines d'entre elles prônent ou pratiquent la lutte armée. C'est le cas notamment de l'IRO (Islamic Revolutionnary Organization, ou, en arabe, Munazamat al-Thawra al-Islamiya), un groupe clandestin chiite très proche des positions de Téhéran. L'IRO prétend avoir abandonné la lutte armée depuis 1982, mais certains de ses membres auraient été mêlés à plusieurs attentats ces dernières années, dont celui de Khobar en 1996. Autre mouvement violent, le CDLR (Committee for the Defense of Legitimate Rights), créé en 1993 et qui s'est fortement radicalisé suite aux persécutions subies par son chef spirituel, Mohamed al-Maasari. Il épouse aujourd'hui une rhétorique très proche de celle d'Oussama Ben Laden bien que son influence semble négligeable.

Mais la principale organisation islamiste présente en Arabie saoudite est, évidemment, Al-Qaïda. Longtemps protégée par le responsable des services de renseignement, le prince Turki Ibn Fayçal, Al-Qaïda continue, incontestablement, à jouir de nombreuses sympathies en Arabie Saoudite, y compris dans certains cercles très proches du pouvoir – voire au sein de la Cour –, auprès de ceux qui réprouvent la corruption de la branche régnante de la famille et la manière dont le pays est géré.

Toujours est-il que, depuis près de vingt ans, plusieurs attentats ont eu lieu, qui, en général, ont été traités par le mépris par le pouvoir en place [1]. Sa réaction a trop

1. Entre autres, le 13 novembre 1995, attentat contre un centre d'entraînement de la garde nationale, à Riyad : cinq soldats américains et deux Indiens

souvent été de mettre tous les actes de violence commis contre des Occidentaux sur le compte de rivalités de gangs liées, par exemple, au trafic d'alcool. Et quand le caractère politique des attentats était indéniable, la réponse de Riyad a été, généralement, de « régler » la question par des moyens expéditifs qui coupaient court à toute enquête approfondie [1].

L'attentat-suicide de Riyad, le 12 mai 2003, a obligé les autorités saoudiennes à admettre, enfin, certaines réalités et à se départir de la position intenable qui était la leur depuis plusieurs années en matière de terrorisme islamique. Nonobstant les communiqués triomphants des autorités affirmant, très rapidement, avoir « éradiqué » la cellule terroriste qui avait planifié les attentats, il apparaissait toutefois qu'une simple réponse répressive ne pouvait venir à bout de la nébuleuse armée constituée dans le pays et qui semblait y être bien implantée. Du reste, les diverses arrestations qui eurent lieu en Arabie Saoudite après mai 2003 pouvaient se lire de deux façons très différentes : soit comme un succès des services spécialisés, soit comme la preuve de l'importance des réseaux terroristes.

---

sont tués ; 25 juin 1996, attentat contre les immeubles abritant des soldats américains à Khobar : 19 morts, 500 blessés ; août 2000 : un policier est tué dans une tentative d'attaque contre un *coumpound* américain ; 15 novembre 2000 : un Britannique est blessé dans une explosion à Al-Khobar ; 17 novembre 2000 : un ingénieur anglais est tué et sa femme grièvement blessée dans l'explosion de leur véhicule, à Riyad ; 22 novembre 2000 : trois blessés dans une nouvelle explosion à Riyad ; 14 janvier 2001 : une bombe est désamorcée peu avant son explosion, à Riyad ; 15 mars 2001 : une bombe explose à Riyad sans faire de victimes.

1. Rappelons qu'après l'attentat qui avait tué cinq soldats américains et deux Indiens dans un centre d'entraînement de la garde nationale à Riyad, le 13 novembre 1995, les suspects ont été décapités avant de pouvoir être interrogés par une équipe du FBI dépêchée sur place. Après l'attentat de Khobar, le 25 juin 1996, Riyad a purement et simplement ignoré les demandes de renseignements du FBI. La plupart des analystes du terrorisme en ont conclu, à l'époque, que la Cour cherchait à camoufler les divergences graves existant au sommet du pouvoir sur la question des relations avec l'islamisme armé.

Dès l'automne, un deuxième attentat du même type démontra que le succès de la lutte antiterroriste était moins évident que ne le prétendaient les responsables saoudiens. Et la vague d'attentats du printemps 2004, dirigée, essentiellement, contre l'industrie pétrolière, vint prouver que les autorités, en fait, ne contrôlaient plus rien.

On notera enfin que le nouveau discours qui se développe aux États-Unis vis-à-vis de l'Arabie Saoudite est de nature à isoler le régime et à accentuer la crise en cours. Ainsi, le 26 juin 2003, à Washington, un *hearing* sur le terrorisme, dirigé par le sénateur John Kyl, mit directement en cause l'Arabie. L'expert David Aufhauser, représentant le département du Trésor, déclara : « Par beaucoup d'aspects [l'Arabie Saoudite] est l'épicentre du financement des réseaux d'Al-Qaïda, d'Oussama Ben Laden et d'autres organisations terroristes […] Le mouvement wahhabite, radical et sans compromis, est un facteur très important à prendre en compte quand on discute du financement du terrorisme [1]. »

Riyad a, d'ores et déjà, donné certains gages, entre autres en s'attaquant à l'un des principaux vecteurs de ces flux financiers, la fondation Al-Haramain, la plus importante organisation caritative saoudienne. Après les attentats du 12 mai 2003, le gouvernement a fermé dix bureaux de la fondation dans le monde et a purgé sa direction, ce qui semble indiquer que, confrontée à une menace qu'elle ne peut plus nier, la Cour a décidé de trancher dans le nœud des contradictions au sommet du pouvoir. Mais c'est sans doute trop peu et trop tard.

L'un des principaux motifs d'inquiétude apparus avec les derniers attentats réside dans la personnalité de celui qui semble avoir été l'un des protagonistes de l'attaque du 12 mai 2003. Samir Taufik Shalbi, arrêté fin mai 2003

1. Cité dans *The Washington Post*, 27 juin 2003.

à Riyad, était en effet un Égyptien né à Port-Saïd dans une famille copte et converti à l'islam. À Port-Saïd, il avait rejoint une cellule du Jamaah Islamiyya qui l'aurait envoyé en Arabie Saoudite au début de 2002. Le Jamaah Islamiyya et d'autres organisations asiatiques, appartenant à la mouvance du djihad auraient ainsi placé de nombreux moudjahidin qui, se faisant passer pour des travailleurs immigrés (une catégorie de population « transparente » pour les autorités locales tant qu'elle respecte les prescritions religieuses), auraient créé des dizaines de cellules terroristes prêtes à passer à l'action parmi les cinq ou six millions de travailleurs immigrés présents dans le pays. Cet apport extérieur viendrait ainsi revivifier les cellules djihadistes locales.

Toujours est-il qu'en s'attaquant à l'industrie pétrolière et aux personnels expatriés qui la gèrent, les djihadistes ont considérablement fait monter la pression contre un régime dont la marge de manœuvre se réduit de jour en jour : procéder aujourd'hui aux réformes démocratiques et sociales réclamées par une part importante de la société, et par les alliés de l'Arabie Saoudite, pourrait permettre aux islamistes « politiques » de marquer des points, tandis que les retarder encore donne des arguments aux islamistes armés et facilite leur recrutement. Le pétrole est vital non seulement à la survie de l'Arabie Saoudite, mais aussi à l'économie mondiale. Or des experts ont estimé dans le passé que des attentats très ciblés contre le terminal pétrolier d'Abqaiq – ce qui ne présente aucune difficulté de réalisation majeure – pourraient entraîner une baisse de production de près de six millions de barils par jour (la consommation moyenne de brut aux États-Unis...), et ce pour des mois. De plus : « L'Arabie Saoudite possède plus de quatre-vingts gisements de pétrole et de gaz en cours d'exploitation, avec un total de plus de mille puits en activité. Mais la moitié des réserves connues est située sur huit sites [...] Il suffirait que des attentats terroristes s'attaquent simultanément à cinq des nombreux points sensibles du secteur pétrolier aval [raffinage, distribution, pétrochimie] pour rayer l'Arabie Saoudite de la liste des pays producteurs pendant environ deux ans [1]. »

Le 18 juin 2004, les autorités saoudiennes ont, sans aucun doute, marqué un point contre Al-Qaïda en abattant Abdulaziz al-Moqrin, le principal responsable militaires de l'organisation dans le pays. Mais rien ne permet de penser que Riyad en a fini avec le terrorisme. D'autre part, certains des attentats commis au printemps 2004 posent de nombreuses questions. Il en est ainsi, notamment de la prise d'otages de Khobar – une ville clé de l'« Arabie pétrolière », à l'issue de laquelle les terroristes ont pu s'enfuir sans être inquiétés –, de l'attaque de Yanbu – ce port de la mer Rouge, une infrastructure vitale pour le commerce saoudien, est lui aussi sous haute surveillance – et, enfin, des attaques ciblées commises contre des étrangers vivant dans des quartiers extrêmement sécurisés. De même, on ne peut que s'étonner qu'Al-Moqrin ait été abattu quelques heures *après* l'assassinat de Paul M. Johnson, un ingénieur enlevé et décapité par les terroristes, alors que « 15 000 hommes » recherchaient ce dernier, ainsi que l'a déclaré Adel al-Joubeir, conseiller diplomatique du prince Abdallah. On remarquera, en tout état de cause, que cette élimination, intervenant peu de temps après un crime horrible commis contre un citoyen américain, ne peut que renforcer la position de Riyad à Washington.

Quoi qu'il en soit, on ne peut éluder la question des soutiens dont les terroristes ont pu bénéficier dans l'appareil d'État, et en particulier dans les services de sécurité, voire au cœur du pouvoir, ainsi que celle du jeu politique

1. Robert Baer, *Or noir et Maison Blanche : comment l'Amérique a vendu son âme pour le pétrole saoudien*, Paris, Jean-Claude Lattès, 2003, p. 15.

auquel ce pouvoir pourrait se livrer en laissant le terrorisme se développer assez largement pour prouver que l'Arabie Saoudite est bien une victime du salafisme combattant qu'elle a pourtant elle-même encouragé et financé pendant des années.

Enfin, les communiqués officiels qui ont suivi la mort d'Al-Moqrin semblent pour le moins pécher par excès d'optimisme. On a ainsi dit à Riyad que « la seule cellule connue d'Al-Qaïda » en Arabie Saoudite avait été anéantie. Il est pourtant difficile à des spécialistes de croire qu'une unique cellule terroriste ait pu, dans un pays aussi surveillé que l'Arabie Saoudite et disposant d'aussi peu de routes praticables, exécuter au printemps 2004 onze opérations en moins de deux mois dans des lieux distants parfois de plusieurs centaines de kilomètres l'un de l'autre. Il est, ainsi, particulièrement douteux qu'un seul et même groupe ait pu agir à Khobar les 29 et 30 mai, frapper à Riyad (à 400 kilomètres de Khobar) le 2 juin, participer à une fusillade à Djeddah (plus de 800 kilomètres de Riyad) le 5 juin et parcourir à nouveau 800 kilomètres pour commettre un nouvel attentat à Riyad le lendemain. Ou alors, il faudrait prendre comme hypothèse de départ que les forces de sécurité saoudiennes sont particulièrement incompétentes et que personne ne surveille l'autoroute Darhan-Riyad-Djeddah (plus de 1 200 kilomètres) principal axe routier est-ouest du pays.

Pour conclure, on soulignera que la mort de Youssef al-Ayri, responsable des attentats du 12 mai 2003, et celle de Khaled Ali Haj, son successeur et le prédécesseur d'Al-Moqrin, tué en mars 2004, n'avaient été suivies, respectivement, que de quatre mois et de deux mois de calme tout relatif. Beaucoup de choses dépendent donc de la rapidité avec laquelle le nouveau chef d'Al-Qaïda en Arabie Saoudite, Saleh Mohammed al-Oufi, pourra reconstituer ses réseaux et rétablir les liaisons intérieures et extérieures des djihadistes saoudiens. Cette inconnue n'a pourtant pas empêché la Cour de décréter, le 23 juin, une amnistie pour tous les djihadistes qui déposeraient les armes…

On notera également que les djihadistes jouissent de possibilités de repli importantes au Yémen. Au sein des tribus frontalières, Oussama Ben Laden (dont la famille, avant de s'installer en Arabie Saoudite, était yéménite) et Al-Qaïda conservent de vives sympathies. C'est d'ailleurs dans cette région qu'a été fait prisonnier un autre organisateur présumé des attentats du 12 mai 2003, Ali Abd al-Rahman al-Faqa'si al-Ghamdi (alias Bassam Abu Bakr al-Azdi), très proche d'Oussama Ben Laden. Il s'est rendu, le 26 juin, au ministre de l'Intérieur saoudien, le prince Nayef, après que des chefs de sa tribu ont négocié pour lui des conditions de détention décentes et ont obtenu la garantie qu'il ne serait ni torturé ni exécuté.

On soulignera que deux des pirates de l'air du 11 septembre 2001, Ahmed et Hamza al-Ghamdi étaient issus, eux aussi, de la puissante tribu des Al-Ghamdi. Suite aux accords passés entre cette tribu et Riyad, quarante-quatre autres terroristes présumés (dont quatre femmes saoudiennes) se sont rendus.

Mais la pression exercée sur le pouvoir saoudien est également une menace à l'encontre du monde industrialisé. Pour l'Occident et le monde développé, la menace de voir l'Arabie Saoudite basculer aux mains des islamistes ou même, sans être si pessimiste, le risque d'une attaque majeure contre le pétrole sont aussi terrifiants que la menace de voir le Pakistan passer sous le contrôle des radicaux…

D'autres pays de la péninsule, tels le Koweït ou, surtout, le Yémen, sont, eux aussi, confrontés à la montée en puissance de l'islamisme et à l'irruption du terrorisme fondamentaliste. Au Koweït, notamment durant la préparation de la guerre en Irak, plusieurs attentats, d'ampleur certes limitée même s'ils ont causé des pertes humaines, ont été commis contre les troupes américaines. Le pouvoir a réagi avec une certaine mollesse. Ainsi, le 5 juin 2004, un tribunal rendait son verdict contre sept militants islamistes complices d'une attaque ayant fait un mort et un blessé en 2002 : les peines principales s'échelonnaient de quatre à cinq ans de prison, et trois prévenus s'en tiraient avec une amende ! Il est à prévoir que le Koweït, comme d'autres États de la région, continuera à être attaqué si les terroristes veulent maintenir ou augmenter la pression sur le secteur pétrolier.

La situation du Yémen est plus préoccupante encore. Les cellules djihadistes directement liées à Al-Qaïda ou à d'autres organisations djihadistes internationalistes de la mouvance y sont nombreuses. C'est au Yémen ou à partir de ce pays qu'ont été lancées deux attaques particulièrement symboliques contre le navire de guerre *USS Cole*, en octobre 2000, et contre le pétrolier *Limburg*, en octobre 2002. De nombreux cadres importants de la mouvance djihadiste, comme Ramzi Bin al-Shibah, l'un des maîtres d'œuvre des attentats du 11 septembre 2001, sont ou étaient yéménites. Enfin, au plan local, des attentats contre la présence occidentale – entre autres contre des missionnaires – ont été commis. Le gouvernement central semble toutefois bien décidé à faire face à la crise et à la traiter avec toute la fermeté nécessaire. Il faudra cependant que cette contre-offensive passe par un plus grand contrôle des tribus, ce qui, pour d'évidentes raisons culturelles et sociologiques, n'ira pas sans mal.

L'Irak : terre de djihad ou abcès de fixation ?

On sait que l'une des justifications de la guerre déclenchée en mars 2003 contre l'Irak reposait sur l'existence de contacts existant entre cet État et Al-Qaïda. De tels contacts ont bien existé, mais ils semblent avoir été assez marginaux. En fait, tout répugnant qu'il ait été, le régime de Saddam Hussein était, en partie, tout ce que déteste les djihadistes : un État laïc dans lequel la religion était totalement séparée de l'État et qui laissait une large place aux femmes dans la vie publique. Le fait que Saddam Hussein était un farouche ennemi des États-Unis, d'une part, et sa répression féroce des chiites (que les salafistes considèrent, à l'aune des wahhabites, comme des hérétiques), d'autre part, ont pu à certains moments permettre des rapprochements, mais ceux-ci n'ont été que tactiques. Dans les années 1990, des centaines de passeports ont été donnés par Bagdad à Al-Qaïda ; il est possible que quelques spécialistes de la guerre biobactériologique et chimique aient été formés par les Irakiens pour le compte de l'organisation d'Oussama Ben Laden. Enfin, il est largement prouvé qu'Al-Qaïda et la mouvance djihadiste entretenaient des liens avec l'organisation kurde islamiste Ansar al-Islam, présente dans le nord de l'Irak, où elle était utilisée par les services spéciaux de Saddam Hussein pour combattre la rébellion kurde.

On ne peut que constater, toutefois, que, malgré quelques appels à la solidarité agissante, les diverses menaces proférées par Al-Qaïda contre l'intervention en Irak et les craintes que les services secrets occidentaux nourrissaient à cet égard ne se sont pas concrétisées : aucun attentat important n'a eu lieu durant la période de la guerre, un peu comme si la mouvance du djihad avait voulu souligner qu'elle n'entendait pas soutenir un régime athée. Depuis la chute de Saddam, la situation a toutefois dramatiquement changé. À une guérilla purement « baassiste », formée d'anciens membres des services de sécurité et des unités spéciales de Saddam Hussein ainsi que d'anciens miliciens du parti unique, est venue s'ajouter, à partir de l'été 2003, une campagne de terreur orchestrée par les islamistes.

La situation, pour confuse qu'elle soit, était toutefois,

au printemps 2004, moins désastreuse et désespérée que ne le laissaient supposer l'examen superficiel des faits ou la lecture de la presse européenne, rapide à mettre en exergue les défaillances – réelles ou supposées – des forces de la Coalition menée par les États-Unis. D'abord, loin des quelques villes et du « triangle sunnite » du centre du pays où la situation reste tendue, la reconstruction de l'Irak est un fait. La politique intelligente de la Coalition – qui a doté ses bataillons de véritables « caisses noires » alimentées par les biens de l'ancien dictateur et de ses proches – a permis de démontrer aux Irakiens que le progrès était réel. Autorisés à dépenser jusqu'à 10 000 dollars par projet, les officiers de terrain assainissent des puits, rebâtissent des écoles, créent des dispensaires ou des infirmeries. Longtemps négligé et méprisé, le pays chiite revit enfin.

La guérilla menée par les fidèles de Saddam Hussein, dont l'action se traduisait par des embuscades, des fusillades, le noyautage de manifestations publiques de mécontentement qui dégénéraient souvent en affrontements ouverts, des attentats à la bombe contre des véhicules et des infrastructures, a fortement décru. À l'automne 2003, on enregistrait jusqu'à quarante-cinq attaques par jour – ce qui, dans l'absolu, est très loin d'être un chiffre énorme si l'on considère que plus de 130 000 soldats alliés sont présents en Irak et que, quotidiennement, entre 4 000 et 5 000 convois militaires de toutes tailles sillonnent le pays. Au printemps 2004, ces attaques sont passées à une dizaine par jour. Il y a là, très clairement, un effet direct de l'arrestation de Saddam Hussein et du manque de perspectives qui s'offre aux anciens membres du Baas. Néanmoins, le terrorisme de masse, islamiste, a fait son apparition en Irak grâce à une curieuse convergence d'intérêts. Avec la bénédiction de la Syrie – qui n'a aucun intérêt à ce que la démocratisation de l'Irak soit un succès, car elle craint d'être, pour

Washington, la prochaine candidate au changement forcé –, des camps d'entraînement ont été formés au Liban. Des cadres du Hezbollah chiite et des officiers des services de renseignement de Damas y dispensent des cours aux « volontaires arabes » accourus pour se battre contre les Américains. Après leur formation, ces volontaires sont infiltrés en Irak depuis la Syrie et viennent y grossir les rangs de la guérilla et des cellules terroristes.

Sur le terrain irakien, ces moudjahidin retrouvent d'autres volontaires, venus eux, pour la plupart, d'Arabie Saoudite ou du Yémen, et plus directement rattachés à Al-Qaïda et à la mouvance du djihad [1]. L'ensemble forme une nébuleuse locale de petites cellules extrêmement mobiles, décidées et dangereuses qui alternent attentats de masse, en vue de faire le maximum de victimes possibles, et opérations plus ciblées, dans le but de décapiter les autorités émergentes du nouvel Irak et à empêcher ainsi toute transition. À la mi-mai 2004, le président du gouvernement provisoire était tué, et moins d'un mois plus tard Bassam Koubba, vice-ministre des Affaires étrangères du nouveau gouvernement intérimaire formé le 1er juin 2004, était le premier membre de cette équipe à tomber sous les balles des tueurs. Il y en aura sans doute d'autres.

Les services de renseignement – et pas seulement les services américains – considèrent généralement que l'« état-major » qui planifie la stratégie des djihadistes en Irak est dirigé par Abou Musab al-Zarqawi, l'une des étoiles montantes de la mouvance, même si des

1. Certaines affaires récentes on prouvé que certains volontaires provenaient directement d'Europe, notamment de France et d'Italie. Ainsi, au cours d'une opération contre un réseau islamiste actif à Levallois-Perret, dans la banlieue parisienne, l'une des personnes interpellées a reçu sur son téléphone portable un SMS disant : « Le groupe est bien arrivé. Je vous contacterai si j'ai besoin d'aide. » Vérification faite, le message venait d'Irak.

divergences demeurent sur le point de savoir si Al-Zarqawi lui-même est ou n'est pas présent en Irak. Les attentats massifs et autres actions plus précises permettent de deviner la stratégie de la mouvance du djihad en Irak : rendre la situation intenable aux forces alliées en s'attaquant directement à elles, d'une part ; freiner ou empêcher la reconstruction en s'en prenant aux ingénieurs, techniciens et ouvriers qui y participent, d'autre part ; enfin, multiplier les attentats contre la communauté chiite pour précipiter le pays dans une guerre civile sanglante qui opposerait chiites et sunnites.

Le fait que la communauté chiite soit directement visée par les islamistes n'est pas discutable. Mais c'est là que réside l'une des principales faiblesses des djihadistes en Irak. En s'attaquant aux chiites, ils se coupent de toute possibilité de s'étendre au-delà de la communauté sunnite, minoritaire. Par ailleurs, cette communauté elle-même supporte de plus en plus mal un terrorisme aveugle qui frappe également les sunnites (policiers, militaires et autres « collaborateurs », simples civils), et, si l'on excepte le cas, extrêmement marginal, du groupe Ansar al-Islam, l'intégrisme n'a aucune chance de « mordre » sur la population kurde.

La guérilla et le terrorisme islamique, qui ne sont pas sans posséder, on l'a vu, d'importantes capacités de nuisance, sont, à terme, plus que probablement condamnés en Irak : rejetés par des secteurs de plus en plus importants de la population, traqués et éliminés par les force spéciales alliées et, demain, par les services de sécurité du nouvel Irak, les terroristes peuvent frapper, certes, mais il est douteux qu'ils puissent peser, de manière durable, au plan politique. On peut même estimer cyniquement que la présence de centaines de volontaires du djihad en Irak a un aspect positif : elle permet de les détruire.

La seule chance de réussite pour la mouvance du

djihad en Irak aurait été d'arriver à s'articuler à la tendance chiite dure. Cela n'a pas été le cas. La rébellion de Moqtada Sadr, en effet, n'a rien à voir, ni de près ni de loin, avec la mouvance djihadiste internationaliste : il s'agit d'un (petit) djihad local justifié par des rivalités de pouvoir et des divergences d'analyse à la tête de la communauté chiite. Le clergé chiite irakien, en effet, se rattache à l'école de l'ayatollah Khoï, qui prônait la séparation de la religion et de l'État. Moqtada Sadr, lui, est un tenant de l'école khomeiniste, qui défend une position résolument inverse. En tout état de cause, on ne peut que se féliciter de l'attitude extrêmement responsable adoptée par la grande majorité chiite, de la direction à la rue, en particulier par le grand ayatollah Sistani et par son entourage. À la fin du printemps 2004, Moqtada Sadr était totalement isolé, et ses troupes avaient fondu. De plus de 4 000 hommes en mars, sa milice personnelle – le Jaish al-Mahdi, ou Armée du Mahdi – était passée à moins de 400 le 15 juin. La stratégie américaine – offensive politique vers les secteurs chiites modérés, retenue dans l'usage de la force contre la masse et autour des lieux saints, et opérations létales contre les noyaux durs de la milice – a bien fonctionné.

Les divergences entre chiites irakiens et iraniens expliquent, par ailleurs, la position pour le moins ambiguë adoptée à Téhéran depuis le début de la crise. Mais cette ambiguïté a ses propres limites. Certes, les mollahs iraniens, pour heureux qu'ils soient d'avoir vu Saddam Hussein, leur ennemi historique, mordre la poussière, ne souhaitent pas la réussite de l'expérience irakienne qui, tôt ou tard, aurait des répercussions chez eux. Mais, dans le même temps, la persistance du chaos régional est porteuse de dangers et pourrait déstabiliser le gouvernement iranien.

On peut donc s'attendre à de nouveaux attentats et à l'utilisation de nouvelles tactiques – prises d'otages, attentats-suicides individuels « à la palestinienne », etc. – mais, à terme, si le terrorisme devait être récurrent, il ne pourrait, sans doute, représenter une véritable menace stratégique. Il va de soi que des opérations significatives – par exemple l'assassinat de trop nombreux dirigeants modérés – pourraient entraîner une évolution négative, mais rien ne dit que le pire doive toujours arriver.

La Jordanie, une victime collatérale de la crise irakienne

Amman a été l'objet, de longue date, de toutes les attentions des djihadistes qui, d'une part, reprochent à la Jordanie d'avoir trahi la cause palestinienne en signant un accord de paix avec Israël et, d'autre part, accusent la famille royale de vouloir marginaliser l'influence de la religion en modernisant les structures sociales et politiques du pays. Mais la crise irakienne a mis encore plus de pression sur le royaume hachémite, perçu comme l'un des plus solides soutiens des États-Unis dans le monde arabe. La situation est d'autant plus tendue que les réformes politiques en cours ont connu bien des soubresauts, comme la suspension du Parlement entre 2001 et 2003, ou les restrictions de certaines libertés publiques. Des phénomènes locaux de corruption, la crise économique et la dureté avec laquelle le pouvoir gère certains événements – huit jours d'affrontements dans la ville de Maan, dans le sud du pays, en novembre 2002, se sont ainsi soldés par 6 morts, des dizaines de blessés et 150 arrestations, dont 45 ayant débouché sur des emprisonnements – sont encore venus amplifier le malaise et approfondir la crise de confiance entre le gouvernement et certains secteurs de la société. Le roi a toutefois insisté, après ces incidents, sur la nécessité de prendre des mesures bénéficiant à la population et de tout faire pour éviter de nouvelles violences.

L'influence réelle du djihadisme dans le pays semble toutefois limitée. Cela n'a pas empêché la Jordanie d'être victime d'attentats imputables à la mouvance du djihad, dont l'assassinat du diplomate américain Lawrence Fowley, à Amman, fin 2002. Par ailleurs, plusieurs attentats meurtriers ont été déjoués au printemps 2004. L'un d'eux aurait pu faire des milliers de morts – même s'il est permis de penser que l'estimation de « 80 000 morts et 160 000 blessés » avancée par Amman est quelque peu exagérée : un groupe terroriste manipulé et payé par Abou Musab al-Zarqawi s'était procuré plusieurs tonnes de produits chimiques et s'apprêtait à perpétrer une série d'attentats contre les bâtiments des services de sécurité, l'ambassade américaine et d'autres cibles officielles. Tout indique, cependant, que la Jordanie continuera, dans l'avenir, à faire l'objet de toutes les attentions des djihadistes. D'autant qu'Al-Zarqawi est d'origine jordanienne et a un contentieux personnel à régler avec son pays.

Proche-Orient : vers une extension du conflit israélo-palestinien ?

Pour les islamistes palestiniens, qu'ils appartiennent au Djihad islamique ou au Hamas, l'heure est à la réflexion. Pendant plusieurs années, les organisations terroristes islamistes locales n'ont entretenu de relations qu'avec le Hezbollah libanais. À plusieurs reprises, pourtant, la mouvance du djihad avait manifesté son intérêt pour la lutte palestinienne. Sans grand succès, il faut le dire. Certes, cette cause est extrêmement mobilisatrice dans les milieux extrémistes islamiques et dans le monde arabe, mais aucune percée sur le terrain n'avait pu être constatée.

Plusieurs actions terroristes commises depuis 2002 – l'attaque contre la synagogue de la Ghriba à Djerba (Tunisie) en avril 2002, l'attaque contre un hôtel fréquenté par des Israéliens et contre un vol charter israélien à Mombassa (Kenya) en octobre 2002, les attentats contre des synagogues en Turquie – démontrent à suffisance que les djihadistes ne renoncent pas à internationaliser le conflit.

Le signe le plus inquiétant dans ce contexte est certainement l'attentat-suicide perpétré par des Britanniques d'origine pakistanaise au bar *Mike's Place* à Tel-Aviv, en avril 2003. On notera également qu'un ou plusieurs autres attentats du même type organisés par Abou Musab al-Zarqawi ont été déjoués en février 2002, après que trois terroristes en route pour Israël ont été interpellés en Turquie. À l'heure actuelle, il s'agit encore d'un phénomène extrêmement marginal, mais si la crise actuelle de l'autorité palestinienne et la mise en cause de la « feuille de route » devaient déboucher sur une éventuelle nouvelle flambée de violence, alors toutes les craintes seraient à nouveau permises.

D'autre part, les succès remportés par les services de sécurité israéliens et l'armée semblent avoir fortement limité la capacité des terroristes à frapper sur le sol israélien. Attaquer des cibles juives ou israéliennes a l'étranger serait donc tentant pour les organisations terroristes locales. On remarquera, de ce point de vue, que les liens entre le Hamas et le Hezbollah se sont renforcés depuis le début de la seconde Intifada. Or le Hezbollah dispose d'une importante infrastructure hors du Liban, et l'on ne peut oublier les attentats commis en son nom en Argentine au milieu des années 1990. On ne peut que souligner, également, que le mouvement national palestinien a une longue histoire dans ce domaine. Dans les années 1960, 1970 et le début des années 1990, c'est essentiellement en Europe que les organisations palestiniennes portaient leurs coups.

Au vu du rapprochement tactique opéré, essentiellement autour du champ de bataille irakien, entre ces frères ennemis que sont le Hezbollah chiite et la mouvance djihadiste salafiste, on peut craindre, si cette hypothèse se confirme, d'assister à une mortelle joint-venture entre ces deux mouvances en vue de pratiquer des attaques sur le sol européen.

Les cas particuliers du Liban et de l'Égypte

Au Proche-Orient, deux autres pays pourraient se révéler sensibles à la poussée djihadiste dans les années à venir : le Liban et l'Égypte. Des tentatives d'établissement de la mouvance du djihad ont été signalées au Liban. Elle serait notamment présente au sein du camp palestinien d'Aïn el-Helwoué, non loin de Saïda, dans le Sud, mais aussi près de Tripoli dans le Nord, et y contrôlerait une petite organisation locale, Asbat al-Ansar. Ces tentatives ne sont, évidemment, pas vues d'un très bon œil par le Hezbollah qui, même s'il entretient des relations avec Al-Qaïda – et pourrait même envisager des opérations communes avec les djihadistes salafistes –, ne tient pas à voir sa position dominante remise en cause au Liban.

Des attentats anti-chrétiens attribuables à la mouvance djihadiste ont eu lieu le 21 novembre 2002 (un mort) et le 7 mai 2003 (un mort). Une semaine plus tard, les services de sécurité démantelaient un réseau, probablement lié à Asbat al-Ansar, qui projetait des attentats contre les intérêts occidentaux, notamment l'ambassade des États-Unis à Beyrouth. Toutefois, sauf évolution inattendue, la mouvance du djihad tendance Al-Qaïda ne semble pas promise à un grand avenir au Liban.

En Égypte, l'un des effets pervers de la guerre en Irak aura été de marginaliser les éléments les plus modérés : cette guerre « d'agression » contre un pays arabe et le soutien sans faille de Washington à Jérusalem ont augmenté les sentiments anti-américains et, plus généralement, anti-occidentaux dans le pays. Les islamistes pourraient peut-être profiter de cette tendance si le contrôle de l'État sur la vie publique n'était pas, à peu près, absolu. Ainsi, le terrorisme a pratiquement disparu de la scène égyptienne depuis la fin des années 1990. Beaucoup de cette stabilité – dont le corollaire est la forte limitation des libertés publiques et politiques – tient à la personnalité du raïs, Hosni Moubarak. Or, né en 1928, le président égyptien ne sera pas éternel. Sa succession pourrait ouvrir une ère nouvelle et plus chaotique dans l'histoire égyptienne. On voit mal comment les islamistes, très présents dans la société civile et très actifs dans la « défense des valeurs islamiques », pourraient ne pas tenter d'en profiter.

Le Maghreb vers un deuxième djihad ?

Les années 1990 ont été, en Algérie, le cadre d'un sanglant djihad. La situation a fortement évolué depuis, et si la paix civile est loin de régner, elle n'est plus comparable avec les « années de plomb » qui voyaient les attentats se multiplier et les morts s'additionner en une sinistre comptabilité. Aujourd'hui, si l'on peut contester l'analyse du pouvoir qui n'évoque plus qu'un « terrorisme résiduel » – les attentats font quand même entre dix et cinquante morts par semaine –, il est indéniable que le risque d'embrasement généralisé a disparu. On remarquera pourtant que ce djihad algérien, essentiellement local, a été, avec l'apparition de la mouvance de Hassan Hattab (dissident du GIA qui devait créer le Groupe salafiste pour la prédication et le combat – GSPC), l'un des premiers au monde à s'internationaliser en portant la guerre terroriste sur le sol français et en créant, partout en Europe, des réseaux logistiques. La majorité de ces réseaux et de leurs acteurs a été, ces dernières années, récupérée par la mouvance du djihad et Al-Qaïda, auxquels le GSPC est affilié.

Durant les années 2001 à 2003, de nombreux membres du GSPC, intégrés dans les réseaux djihadistes internationalistes, ont été neutralisés en Europe, et, en Algérie même, l'organisation semble être en déroute. Deux dissidences, menées l'une par le numéro deux du GSPC, Amar Saïfi, dit Abderrazak le Para, un ancien militaire des forces spéciales algériennes, et l'autre par Nabil Sahraoui, ex-chef d'un maquis du GIA, auraient encore affaibli le groupe. La rumeur de l'assassinat de Hassan Hattab par ses anciens lieutenants a même couru, mais a été démentie. Le GSPC se diviserait désormais en deux ailes concurrentes, l'une active dans l'Est algérien (essentiellement en Kabylie) et dirigée par Nabil Sahraoui jusqu'à récemment, et l'autre présente dans le Sud algérien et commandée par le « Para ».

Cette dernière faction a « importé » le terrorisme islamiste dans le Sud algérien d'où il avait longtemps été absent et circule entre le sud du pays et le nord du Mali, du Niger et du Tchad. C'est à elle que l'on doit, entre autres, la prise d'otages d'une trentaine de touristes européens dans le Sahara au printemps 2003. Ce sont ces hommes, encore, qui auraient organisé une embuscade contre le rallye Paris-Dakar en janvier 2004. Tentative déjouée *in extremis* par la DGSE – Direction générale de la sécurité extérieure, les services secrets français –, très présente dans cette région. Aux dernières nouvelles, Abderrazak le Para a été capturé au Tchad, avec plusieurs de ses hommes, par le Mouvement pour la justice et la démocratie au Tchad (MTJD) qui souhaiterait le livrer à un pays désireux de le juger [1].

---

1. Le MTJD se heurte toutefois à un problème important : étant un mouvement de guérilla sur le territoire d'un État par ailleurs reconnu au plan international, il n'a aucune qualité pour négocier une extradition de son

La mort de Nabil Sahraoui et de ses principaux lieutenants, tués en juin 2004 dans un affrontement avec les forces de l'ordre est un autre revers pour le GSPC. Cependant, quelques jours plus tard, une importante explosion endommageant la centrale électrique d'El-Hamma dans la capitale était revendiquée par le GSPC. Le gouvernement a nié qu'il s'agisse là d'un attentat, mais les détails donnés par les terroristes ont semblé crédible à la plupart des experts en sécurité.

En Tunisie, un attentat a certes été commis contre la synagogue de la Ghriba, à Djerba, mais les groupes islamistes tunisiens, s'ils restent extrêmement dangereux au plan international – nombre de Tunisiens ont été arrêtés, ces dernières années, dans le cadre du démantèlement de cellules de la mouvance du djihad –, semblent incapables, au plan local, de passer à l'offensive. Des attentats sont possibles, mais ils seraient sans doute isolés.

Aujourd'hui, au Maghreb, c'est clairement le Maroc qui fait peur. Le 16 mai 2003, cinq attentats simultanés dirigés contre la communauté juive et la présence étrangère faisaient 41 morts et plus de 100 blessés à Casablanca. Suite à cette attaque, les arrestations se multiplièrent à travers tout le pays, sans que cela empêche le Groupe islamique combattant marocain (GICM) de préparer et de perpétrer les attentats de Madrid. Il semble aujourd'hui que les autorités marocaines ont, en fait, le plus grand mal à contrôler la situation. C'est d'autant plus inquiétant que le Maroc est en proie à une grave crise sociale et économique. La participation de l'opposition de gauche au gouvernement et le contrôle étroit de la pratique religieuse opéré par le pouvoir ont également eu des effets pervers : d'une part, il n'y a pas d'alternative politique crédible et, d'autre

prisonnier vers un État tiers. En juin 2004, la situation d'Amar Saïfi semblait donc bloquée.

part, les religieux sont perçus comme des fonctionnaires coupés du peuple et des réalités. Ici comme ailleurs, le terrain est donc occupé par les radicaux.

Au début des années 1990, l'organisation Salafia Djihadia (SD) était créée par une quarantaine de moudjahidin de retour d'Afghanistan. À l'automne 2002, on estimait le nombre de ses membres à environ quatre cents. Le SD recrute beaucoup dans les quartiers pauvres et les bidonvilles ainsi que chez les marchands ambulants. Ses figures de référence sont le cheikh Omar Abderrahmane (fondateur du Gama'a al-Islamiyya égyptien) et Abou Qutada al-Falistini (Londres). Dans les grandes villes marocaines, le SD, organisé en cellules indépendantes de trois à cinq membres, s'est fait une réputation en organisant des opérations punitives après la prière du vendredi contre la police, les trafiquants de drogue ou les consommateurs d'alcool. D'autres s'en prenaient volontiers à la communauté juive marocaine [1], et faisaient, ainsi, d'une pierre deux coups en frappant les juifs (dans la dialectique simpliste des islamistes modernes, « le sionisme »), mais aussi en s'attaquant, symboliquement, à la Cour, qui protège particulièrement cette communauté. Outre la lapidation, le fusil à canon scié et le sabre étaient les armes préférées de ces « justiciers ». Malgré cet activisme et en dépit de l'existence d'au moins deux autres groupes prônant la lutte armée, Al-Hijra Wa Takfiri (Retraite et Excommunication), de Youssef Fikri, et Assirat al-Moustakim (Le Droit Chemin), de Zakaria Miloudi, le djihad ne s'est pas imposé, jusqu'à présent, au Maroc.

Confrontés à une forte répression, nombre de sympathisants du djihadisme ont pris, dans les années 1990, le

---

1. Les attentats de mai 2003 visaient essentiellement la communauté juive. On observera que, à l'automne de la même année, deux citoyens marocains de confession juive – Albert Rebibo et Élie Afriat – étaient assassinés, tous deux dans des circonstances qui évoquent les « expéditions punitives » auxquelles les islamistes armés marocains se livrent de longue date.

chemin de la Bosnie ou de l'Afghanistan, comme Abdallah Tabarak, alias Abou Omar, un ancien receveur d'autobus à Casablanca qui sera d'abord l'un des gestionnaires des biens d'Oussama Ben Laden au Soudan avant de diriger sa garde personnelle en Afghanistan. (Tabarak, capturé à Tora Bora en décembre 2001, est aujourd'hui détenu à Guantanamo, de même que dix-sept autres ressortissants marocains.) L'islamisme « modéré », en revanche, a progressé. Aux élections du 27 septembre 2002, le Parti de la justice et du développement (PJD), qui, jusque-là, n'avait que 14 élus, a obtenu 42 sièges et est devenu le parti politique du pays. En apparence, le PJD est un parti des classes moyennes, conservateur et plutôt à droite, opposé à l'intégration de la femme dans la société et au micro-crédit. Mais, en fait, il est de notoriété publique que le PJD n'est que la couverture du Mouvement pour l'unification et la réforme (MUR), nettement plus radical, dirigé par Ahmed Raissouni. Une autre organisation, Justice et Bienfaisance, dirigée par le cheikh Abdessalam Yassine, n'a pas participé aux élections. Forte de 30 000 membres, elle contrôle des associations caritatives et éducatives, des cercles culturels, des associations de médecins, d'avocats, d'ingénieurs. Elle dénie au roi le titre de commandeur des croyants, prône le califat et refuse le jeu politique.

Les attentats du 16 mai 2003, qui ont révolté et mobilisé une grande partie de la société marocaine, ont eu pour premier effet de faire stagner l'islamisme modéré, d'autant que le trésorier du PJD à Kenitra, Younès Oussalah, était interpellé le 30 mai suivant pour son implication dans ces attentats. Lors des élections municipales de la fin de l'été 2003, on a donc enregistré, en apparence, un tassement des formations islamistes. En réalité, c'est parce que le PJD avait accepté, après avoir « négocié » avec le palais royal, de présenter des candidats dans moins de 20 % des circonscriptions que ses résultats étaient médiocres [1]. De fait, le PJD, partout où il s'était présenté, avait remporté un vif succès et il était même arrivé en troisième position à Casablanca, ce qui confirmait les résultats qu'il avait obtenus aux législatives de septembre 2002.

Si l'on peut comprendre les calculs politiques qui mènent à limiter la participation islamiste aux élections, on peut aussi les regretter, car ils faussent la carte politique du pays et masquent une réalité profonde qui, un jour ou l'autre, se rappellera au bon souvenir des politiques et des observateurs. La négation politique et officielle de l'islamisme risque d'ajouter à la confusion, de détourner une partie de la société du processus démocratique et de la pousser vers la violence. Si le terrorisme devait continuer, les répercussions en seraient terribles pour le Maroc, mais aussi pour l'Europe. Comme on l'a vu dans le cas de l'Algérie, ce sont les djihads du Maghreb qui, en raison de la présence de fortes communautés maghrébines en Europe, sont le plus susceptibles d'avoir des répercussions terroristes sur le Vieux Continent. Les attentats du 11 mars, à Madrid, sont là pour le rappeler.

Le Caucase rongé par le cancer tchétchène

L'implication de la mouvance du djihad en Tchétchénie n'est pas récente. Il a, certes, été de bon ton, durant longtemps, de faire la sourde oreille aux affirmations de Moscou qui claironnait sur tous les toits que la rébellion tchétchène était fortement liée au terrorisme international. Les incontestables exactions russes dans la région autant que l'incapacité de Moscou à en finir avec les rebelles permettaient de faire passer ces allégations

1. Au plan national, le PJD est le onzième parti sur vingt-six ; il a remporté 2 593 sièges sur 26 000.

pour de la pure propagande. C'était, pourtant, ignorer les faits. Après la fin de la première guerre de Tchétchénie, la reprise des hostilités fut en grande partie due à l'arrivée sur place de moudjahidin non tchétchènes, dirigés par le commandant Khattab, de son vrai nom Samer Ben Saleh al-Souiellem, un ressortissant saoudien formé en Afghanistan. Très proche d'Oussama Ben Laden, Khattab (tué en mai 2002) réorganisa la guérilla tchétchène, la radicalisa et lui enseigna les rudiments de la guerre non conventionnelle. C'est lui, notamment, qui, inspiré par ses années afghanes, a appris aux Tchétchènes à combattre les blindés et les hélicoptères russes.

Dès 1999, des va-et-vient étaient observés entre l'Afghanistan et la Tchétchénie, mais, à partir de la fin de 2001, c'est à une véritable transhumance que se sont livrés des centaines de moudjahidin et de cadres de la mouvance du djihad. Ils s'installèrent sur place (en Tchétchénie et dans les gorges de Pankissi, en Géorgie voisine) et firent profiter les Tchétchènes de leur expérience. En échange d'un abri et de la concession de nouveaux camps de formation pour remplacer ceux qui avaient été perdus en Afghanistan, ils leur apprirent de nouvelles techniques d'attentats et prirent l'engagement d'attaquer des cibles russes à l'étranger. Si cette dernière promesse n'a pas encore été tenue – en dépit de deux tentatives à Paris et à Londres en décembre 2002 et en janvier 2003 –, on a assisté, depuis octobre 2002 (prise d'otages dans un théâtre de Moscou), à plusieurs attentats-suicides particulièrement impressionnants (menés entre autres par des femmes), qui sont tout à fait dans la lignée de ce que pratique habituellement la mouvance du djihad.

Le djihad tchétchène se finance, entre autres, par des donations venues du Golfe. La collecte de cet argent était l'une des spécialités de Zelimkhan Iandarbiev, mystérieusement assassiné au Qatar en février 2004 [1]. La mort du commandant Khattab est loin d'avoir entraîné la fin de la présence des moudjahidin en Tchétchénie. L'un des responsables des « actions spéciales » auprès du président tchétchène Aslan Maskhadov ne serait autre qu'un djihadiste arabe, Abou al-Valid, qui promettait notamment, en mars 2004, de disperser des mines antipersonnel au cœur des villes russes [2]. Le même mois, on trouvait sur le cadavre d'un terroriste abattu dans le district de Kourtchaloï, un passeport britannique au nom de Binatria Yassin, né en Algérie en 1979 [3]. Apparemment sans profession et sans revenus, Yassin voyageait pourtant beaucoup. Les tampons ornant les pages de son passeport indiquaient qu'il avait séjourné en Arabie Saoudite du 24 janvier au 13 mars 2003, et en Azerbaïdjan de juin à septembre de la même année.

Si les coups portés aux bandes tchétchènes par les forces spéciales et les services secrets russes sont rudes, le terrorisme ne désarme pas pour autant. Le 6 février 2004, un attentat-suicide faisait plusieurs dizaines de morts dans le métro de Moscou. Il s'agissait de l'un des attentats les plus sanglants jamais commis sur le sol européen (faut-il rappeler que la capitale russe, géographiquement, au moins, se situe sur le Vieux Continent ?). Dans un avenir prévisible, la Tchétchènie restera donc une zone de djihad, un lieu de regroupement des moudjahidin aux confins de l'Europe et une base où seront préparées des actions terroristes qui pourront toucher aussi bien la Russie que les pays de l'Union européenne. Une évolution à surveiller d'autant plus près que, au sein de la mouvance djihadiste, ce sont les groupes dirigés par

---

1. Les services secrets russes ont été accusés d'avoir organisé l'attentat ayant coûté la vie à Iandarbiev ; deux ressortissants russes ont été arrêtés.

2. Voir la dépêche de Viatcheslav Lachkoul, l'un des meilleurs spécialistes russes du renseignement, à l'agence RIA-Novosti, le 24 mars 2004.

3. Passeport n° RP 0166202, délivré le 23 février 2001.

Abou Musab al-Zarqawi qui sont les plus liés au terrorisme local.

Asie du Sud-Est : la sanglante route du califat

L'Asie du Sud-Est est, à ce jour, l'une des zones dans laquelle la mouvance du djihad peut trouver le plus d'opportunités pour agir et de complicités. Outre la facilité relative avec laquelle l'incompétence des services de sécurité locaux permet d'y frapper les intérêts occidentaux (voir les attentats de Bali en octobre 2002 et de l'hôtel Marriott de Djakarta en août 2003), il s'y déroule en effet, depuis des années, un djihad local de portée régionale. Plusieurs organisations de la mouvance du djihad, toutes affiliées à Al-Qaïda et entretenant des liens étroits avec elle, poursuivent le but de créer sur place, autour de l'Indonésie (aujourd'hui le pays musulman le plus peuplé du monde), un califat qui regrouperait, outre l'Indonésie, la Malaisie et Singapour, une partie de la Birmanie, de la Thaïlande et des Philippines. Ce vaste projet ne peut évidemment se faire qu'en éliminant ou en marginalisant les communautés hindouistes, bouddhistes et chrétiennes présentes sur place, ce qui explique les fréquents massacres qui se sont produits dans cette région.

On peut penser que deux puissances mondiales (l'Inde et la Chine) et une puissance régionale (l'Australie) ne laisseront probablement pas le califat s'installer sous leurs fenêtres, mais elles auront fort à faire pour conjurer la menace. La principale organisation locale, le Jamaah Islamiyya (JI) d'Indonésie, est implantée dans plusieurs pays voisins et posséderait des cellules jusque dans des pays où la religion musulmane est extrêmement minoritaire : l'un de ces groupes a été démantelé en mai 2003 au Cambodge, où la population est bouddhiste à 95 %. Une autre cellule a été mise hors d'état de nuire à

Singapour, en décembre 2001, alors que sa quinzaine de membres préparaient des attaques contre des navires de guerre américains mouillant dans le port. Le JI a procédé à des dizaines d'attaques ces dernières années. Une opération, en particulier, a montré sa capacité à coordonner des campagnes complexes d'attentats : dans la nuit de Noël 2000, pas moins de 30 bombes ont explosé dans des églises ou chez des prêtres dans 11 cités indonésiennes situées dans 6 provinces.

La mouvance islamiste armée indonésienne n'est pas née de la génération spontanée. Durant la Seconde Guerre mondiale, des mouvements islamistes ont participé à la lutte contre l'envahisseur nippon. Après la guerre, ces mouvements se sont retournés contre le colonisateur hollandais, puis contre le gouvernement de l'Indonésie indépendante en lançant une guérilla connue sous le nom de Darul Islam. En août 1949, un éphémère « État islamique d'Indonésie » (Negara Islam Indonesia) vit même le jour dans l'ouest de l'île de Java sous la direction de Sekamardji Maridjan Kartosuwijro. Près de trente ans plus tard, le Bakin, les services secrets indonésiens, tenta de mobiliser les anciens réseaux islamistes pour contrecarrer d'hypothétiques infiltrations communistes venues de Malaisie.

Aujourd'hui, le JI semble être organisé en cellules et dispose d'une structure d'encadrement assez floue. La plupart de ses stratèges sont des Indonésiens vivant en Malaisie et des vétérans de la guerre d'Afghanistan. Ils dirigent, parfois de loin, des réseaux de coordinateurs qui sont chargés de répartir argent, armes et explosifs, et se choisissent eux-mêmes des lieutenants qui seront les chefs des cellules de base dont ils auront recruté les membres. Les exécutants sont, en général, choisis peu avant les actions et sont souvent des jeunes gens issus de *pesantrens* (internats islamiques, appelés, aussi, *pondok*) ou d'écoles supérieures islamiques. Ces écoles sont habituellement dirigées par des religieux liés à la rébellion islamique des années 1950. Une de ces écoles, le pondok de Ngruki, un village proche de Solo, dans le centre de Java, a formé la plupart des terroristes arrêtés depuis 2001. Abou Bakar Ba'asyr, considéré comme le « guide spirituel » du JI, est l'un des deux fondateurs du pondok Ngruki.

On notera que, jusqu'à l'attentat de Bali en octobre 2002, les actions du JI avaient, pour l'essentiel, touché les milieux chrétiens. Aujourd'hui, on estime que le terrorisme qu'il pratique est plus global et rejoint ainsi les objectifs à moyen et long terme de la mouvance du djihad et d'Al-Qaïda. Enfin, comme c'est le cas pour le terrorisme islamiste au Pakistan, le JI pourrait bénéficier de complicités au sein du renseignement militaire, héritage de l'époque où le Bakin instrumentalisait les anciens rebelles musulmans dans sa lutte contre le communisme.

L'arrestation du terroriste indonésien Ridouane Ben Isomuddin (mieux connu sous son nom de guerre, Hambali) le 11 août 2003, en Thaïlande, est certainement l'un des coups les plus durs portés à la mouvance globale du djihad depuis 2001. Numéro deux présumé du JI et l'un de ses chefs militaires, Hambali est plus que probablement impliqué dans les attentats de Bali et de Djakarta ; plusieurs services secrets pensent qu'il avait été chargé de recruter des pilotes pour de nouveaux attentats anti-américains. Malgré cette arrestation et la répression accrue qui a suivi les attentats de Bali et de Djakarta, on peut craindre que l'Asie du Sud-Est ne reste un terrain de prédilection de la mouvance du djihad et d'Al-Qaïda dans un avenir prévisible, et ce autant pour des actions à caractère local que pour des attentats anti-occidentaux.

Je clos ici ce tour d'horizon des zones – actuelles et futures – dans lesquelles le djihad continuera à se développer dans l'avenir. On l'a compris, c'est au plan mondial que la menace se déploiera. D'autant que de nouveaux terrains d'affrontement pourraient apparaître dans d'autres régions du monde, notamment en Afrique de l'Est et dans les Balkans.

Il est temps d'aborder une autre question clé, l'une des plus angoissantes peut-être : celle des méthodes que les djihadistes emploieront pour arriver à leurs fins.

11

Le *modus operandi* des djihadistes : des armes de destruction massive au moudjahid non aligné

Le djihad lancé par Al-Qaïda et les organisations qui l'ont rejointe va donc se poursuivre, à la fois contre les États-Unis, l'Europe et plus généralement l'ensemble de ce que les djihadistes perçoivent comme étant le « camp occidental », sans omettre les régimes alliés à ce camp ou soutenus par lui dans le monde arabo-musulman. Quelles seront les méthodes utilisées par les islamistes pour perpétrer leurs attentats ? D'après ce que l'on sait du passé et des renseignements disponibles, le *modus operandi* de la mouvance du djihad devrait rester en partie le même : recours aux véhicules piégés de tous types (voitures, deux-roues, camions, aéroplanes, bateaux) et attentats-suicides (« opérations de martyre »). D'autres risques préoccupent toutefois particulièrement les experts : l'utilisation d'armes de destruction massive, le recours à des missiles sol-air pour toucher des avions en vol, à l'atterrissage ou au décollage, l'activation de moudjahidin non alignés. Enfin, des menaces pèsent également sur le domaine informatique ou sur les activités économiques et les actions humanitaires.

La guerre de la quatrième génération

Examinons d'abord la « doctrine de combat » d'Al-Qaïda. Au début de 2002, Abou Oubeid al-Qurashi, un proche collaborateur d'Oussama Ben Laden, rédigea un texte intitulé « Les guerres de la quatrième génération [1] ». Ce texte prend pour point de départ une réflexion d'experts militaires américains [2] qui, en 1989, prévoyaient que les guerres du XXIe siècle seraint dominées par une stratégie qu'ils nommaient la « quatrième génération de la guerre ». Les historiens militaires admettent, en effet, que, depuis la fin du XVIIIe siècle, trois manières de faire la guerre se sont succédé.

Entre la révolution industrielle et la guerre de Sécession américaine (*grosso modo* de 1800 à 1860), la tactique était fondée sur la manœuvre de masse de soldats avançant en rangs et dotés de fusils primitifs. Entre la guerre de Sécession américaine et la Première Guerre mondiale, la tactique consistait à épuiser l'économie de l'ennemi et à lui imposer le maximum de pertes possible en misant sur la puissance de feu et les premières armes automatiques. Le troisième âge de la guerre a vu l'emploi massif de blindés et de l'arme aérienne. La guerre de la quatrième génération, elle, ne visera plus seulement à détruire des cibles militaires, mais englobera toute la société ; elle visera à saper le soutien populaire à la guerre dans la nation ennemie tandis que la distinction entre la guerre et la paix disparaîtra presque totalement. On parle alors de guerre révolutionnaire ou de guerre asymétrique.

---

1. Ce texte a été publié dans les colonnes d'un magazine bimensuel djihadiste édité électroniquement par Al-Qaïda : *Al-Ansar : pour la lutte contre la guerre des Croisés*, n° 2, janvier 2002. J'ai utilisé la traduction anglaise réalisée par le Middle East Media Research Institute (MEMRI) : *www.memri.org*

2. Cette étude, intitulée « The changing face of war : Into the Fourth Generation » et rédigée par cinq officiers, a été publiée dans le *Marine Corps Gazette* d'octobre 1989.

Pour Al-Qurashi, « des guerres de la quatrième génération ont déjà eu lieu, et la supériorité de la partie théoriquement la plus faible a déjà été prouvée [...] en plusieurs circonstances, des États-nations ont été défaits par des nations sans État ». Et de souligner que « la nation islamique a déjà enregistré plus de victoires, dans un temps très court, qu'à aucun moment depuis la chute de l'Empire ottoman. Ces victoires ont été acquises durant les vingt dernières années contre les armées les mieux équipées, les mieux entraînées et les plus expérimentées du monde (l'URSS en Afghanistan, les États-Unis en Somalie, la Russie en Tchétchénie et l'entité sioniste au Sud Liban) ». De plus, ces combats ont été menés sur des terrains très variés, « dans les montagnes, les déserts, les collines, les villes ».

Dans la guerre dite de la quatrième génération, « la technologie n'aide pas les grandes armées, même si cette technologie est suffisante pour détruire la planète des centaines de fois en utilisant l'arsenal nucléaire, chimique et les armes biologiques. Les Moudjahidin ont prouvé leur supériorité, dans la guerre de la quatrième génération, en utilisant seulement des armes légères ». Comme d'autres théoriciens de la guerre révolutionnaire avant lui, Al-Qurashi rappelle que la supériorité du moudjahid tient en partie au fait qu'« il appartient au peuple et se dissimule dans la multitude ». Abordant ensuite les attentats du 11 septembre 2001, l'auteur note qu'ils ont porté un coup fatal aux trois éléments essentiels de la défense stratégique américaine : la détection de la menace, la frappe préventive et la dissuasion.

La détection de la menace, d'abord : l'attaque surprise réussie et l'ampleur des pertes infligées à l'Amérique ce jour-là « ont placé chaque individu, dans la société américaine, devant la nécessité d'être prêt, de manière permanente, à toute éventualité, que ce soit émotionnellement ou du point de vue pratique. Cela a un prix économique et psychologique extrêmement élevé, en particulier pour une société qui n'a pas été touchée par la guerre depuis la guerre civile américaine. Si l'attaque du *USS Cole* a pu toucher l'armée américaine, qui est censée être dans un parfait état de préparation, alors, préparer toute une société à une attaque "terroriste" semble difficile à réaliser ».

La frappe préventive, elle, perd tout son sens (en admettant que la menace ait été détectée en temps utile) puisqu'il est « extrêmement difficile de lancer une attaque préventive couronnée de succès contre une organisation qui manœuvre et se déplace rapidement, sans base permanente ». Il en va de même pour la dissuasion, qui implique que chaque partie en cause cherche à survivre ; elle est donc inopérante face à des « gens qui ne se soucient pas de vivre mais ont soif du martyre […] Cela ne marche pas du tout avec une organisation […] qui n'a pas de capitale et ne dépend d'aucune aide d'un pays en particulier ».

Dès lors, conclut Al-Qurashi, « le temps est arrivé, pour les mouvements islamiques qui font face à une offensive générale des Croisés, d'intégrer les règles de la guerre de la quatrième génération. Ils doivent consolider une réflexion stratégique appropriée et se livrer à la préparation militaire nécessaire. Ils doivent s'intéresser davantage à la Dawa [le prosélytisme], recruter, et acquérir le soutien du peuple ».

Je pourrais citer bien d'autres textes, dont certains du même auteur, par exemple celui dans lequel il compare les attentats du 11 septembre 2001 à la prise d'otages des athlètes israéliens à Munich, en 1972 ; il y souligne en particulier le fait que « le 11 septembre a restauré la gloire arabe et islamique, a prouvé la supériorité des Musulmans sur l'Ouest et sera justifié par l'histoire [1] » –,

1. Texte publié dans la quatrième édition d'*Al-Ansar : pour la lutte contre la guerre des Croisés*, février ou mars 2002. Trad. du MEMRI.

mais cela ne me semble pas nécessaire. La lecture des lignes qui précèdent aura convaincu, je pense, que les djihadistes réfléchissent en permanence à leurs pratiques et que chaque acte posé par eux s'inscrit dans une tactique et une stratégie très élaborées.

Cette guerre de la quatrième génération vantée par les stratèges d'Al-Qaïda sera donc, en grande partie, une guerre menée contre les civils, une guerre bien moins destinée à affaiblir l'appareil militaire occidental et celui des alliés de l'Occident – du point de vue strictement militaire, la mouvance du djihad ne peut espérer remporter la victoire – qu'à briser le moral des populations pour les amener à exercer une pression maximale sur leurs gouvernements respectifs, en vue du désengagement des zones de conflit. Le deuxième effet recherché sera de créer et d'entretenir une situation économique chaotique qui minera les défenses du monde démocratique. La troisième conséquence de cette stratégie « asymétrique » sera de creuser un fossé de méfiance entre les populations occidentales et le monde musulman – y compris les communautés musulmanes vivant en Occident : le sentiment de rejet qui en résultera ouvrira, pensent les tenants du djihad, de nouvelles perspectives de progression et de recrutement pour la mouvance. Les attentats à venir devraient donc être massifs, pour atteindre ces trois buts distincts mais complémentaires. L'objectif sera de faire le plus de victimes possibles et de laisser nos sociétés hébétées et traumatisées, incapables de la moindre réaction et prêtes au « lâche abandon ». Pour ce faire, bien entendu, le moyen le plus simple et le plus direct serait l'utilisation d'armes de destruction massive (ADM).

Pour rappel, les ADM sont de trois types : nucléaire, biobactériologique et chimique (NBC). On notera qu'il n'y a eu, dans l'histoire, que très peu d'incidents terroristes ou assimilés impliquant des moyens biologiques ou chimiques et un seul incident (bénin) impliquant un moyen nucléaire. Pour beaucoup, l'éventualité de l'utilisation d'une ADM par un groupe terroriste relève du mythe, voire de la paranoïa. C'est oublier que, jusqu'à présent, les djihadistes ont montré à quel point ils étaient déterminés et imaginatifs. Cette volonté, l'extrême adaptabilité de la mouvance et l'importance du but global recherché au plan politico-religieux indiquent clairement que la seule limite existant dans la tête des terroristes face à la question du choix de la méthode est d'ordre pratique : la nébuleuse ou telle de ses organisations dispose-t-elle ou non du moyen envisagé ou peut-elle l'acquérir ? Il est interdit, ici, de se faire la moindre illusion : si la réponse à la question qui précède est positive, le moyen en question sera utilisé, tôt ou tard.

Devant une commission parlementaire d'enquête, George Tenet, le directeur de la CIA, a récemment déclaré : « Durant la dernière année, nous avons vu augmenter le risque d'utilisation [par les terroristes] d'armes sophistiquées de type nucléaire, chimique, biologique ou à radiations [...] Les extrémistes ont largement disséminé les instructions de fabrication d'une arme chimique improvisée utilisant des produits communs et pouvant causer des pertes importantes [...] Même s'il reste des lacunes dans notre perception des choses, nous estimons que les programmes de production d'anthrax par Al-Qaïda sont une des menaces NBC les plus immédiates auxquelles nous devons faire face. Al-Qaïda poursuit son objectif stratégique d'acquisition d'une capacité nucléaire. Et elle reste intéressée par les bombes sales. Des documents terroristes contiennent une vision précise de la manière dont une telle arme pourrait être utilisée [1]. »

La menace est telle que, le 17 juin 2003, Éliza

1. George J. Tenet, « The worldwide threat 2004 : Challenges in a changing Global Context », témoignage devant le Senate Select Committee on Intelligence, 24 février 2004.

Manningham-Buller, directrice du MI5 britannique, consacrait sa première intervention publique (elle était en place depuis octobre 2002) à la menace CBRN (*chemical, biological, radiological, nuclear*). Elle déclara notamment : « Nous sommes confrontés à la possibilité réaliste d'une forme d'attaque non conventionnelle qui pourrait inclure des moyens chimiques, biologiques, radiologiques ou nucléaires : ce n'est qu'une question de temps avant qu'une version primitive d'attaque CBRN soit lancée contre une cité occidentale. »

Le risque d'utilisation de l'arme nucléaire classique

À ce jour, un seul incident terroriste impliquant un moyen nucléaire a été répertorié, et il est bénin : en 2000, un groupe tchétchène a abandonné dans un parc du centre de Moscou une capsule contenant du césium avant de prévenir les autorités, dans le but sans doute de faire la preuve de sa détermination et de démontrer qu'il avait accès à des matériaux nucléaires. Cet incident est resté isolé.

À l'heure actuelle, la menace nucléaire émanant de la mouvance du djihad reste floue[1]. On sait qu'à plusieurs reprises Al-Qaïda a tenté de s'approprier des armes nucléaires tactiques (entre autres en ex-URSS) et de recruter des savants, ingénieurs et techniciens dominant tout ou partie du processus nucléaire militaire (entre autres en ex-URSS et au Pakistan). Pour autant qu'on le sache, les tentatives d'obtention de l'arme atomique se sont soldées par un échec. L'arsenal ex-soviétique et ceux qui y ont accès sont aujourd'hui sous haute surveillance des services de sécurité tant russes qu'américains et, dans

1. En mai 2003, un porte-parole d'Al-Qaïda a annoncé l'intention qu'avait cette mouvance d'utiliser un jour une arme nucléaire. Communiqué d'Abu Mohammed al-Ablaj (alias Mollah Saïf al-Din), 18 mai 2003.

une moindre mesure, européens. On peut donc raisonnablement douter que, dans un proche avenir, Al-Qaïda puisse s'approprier des armes nucléaires.

Il faut cependant souligner que ce sujet suscite, depuis des années, des déclarations pour le moins contradictoires. Ainsi, à Moscou, on a longtemps nié l'existence d'armes nucléaire « portables » – ce que certains journalistes et auteurs de thrillers ont appelé la « valise nucléaire ». On sait aujourd'hui que de telles armes – il s'agit, en fait de mines nucléaires de quelques dizaines de kilogrammes destinées à une utilisation tactique, au front, ou moins conventionnelle, sur les arrières de l'ennemi – ont bel et bien existé. L'ancien chef des forces stratégiques russes, le général Viktor Yessine, l'a confirmé dans une interview à la presse russe, en mars 2004 [1].

Mais il a aussitôt ajouté qu'il était « à cent pour cent certain » qu'il était impossible que de telles armes soient tombées en de mauvaises mains : « Les mines spéciales étaient stockées dans un unique dépôt du ministère de la Défense. Elles étaient conservées sur le territoire de la Fédération de Russie, et elles n'ont jamais été dispersées dans les unités... » Autre son de cloche, avec le général Lebed, ancien secrétaire du Conseil de sécurité et candidat malheureux à l'élection présidentielle russe de 1997, qui affirmait, lui, que certaines « valises nucléaires » avaient pu être détournées dans les années 1990. Quoi qu'il en soit, il existe aujourd'hui un consensus dans la communauté internationale du renseignement pour estimer que les djihadistes ne disposent pas d'armes nucléaires.

Pour ce qui est des relations entre Al-Qaïda et des savants, ingénieurs et techniciens, les choses sont

1. Interview à l'hebdomadaire *Yezhenedelny Zhumal*, citée dans *MosNews*, 29 mars 2004.

nettement moins claires. On sait que de tels contacts ont eu lieu dans le passé, entre autres avec des ressortissants pakistanais liés à la filière nucléaire militaire locale. Mais il n'est pas imaginable, pour les experts, que ces contacts puissent déboucher sur la fabrication d'une arme nucléaire classique, même rustique. Contrairement à ce qu'affirme régulièrement la presse, le marché des matières fissiles est extrêmement contrôlé, et les quelques kilogrammes de ces matières nécessaires à la fabrication d'une bombe ne pourraient être acquis par une organisation terroriste. De plus, les cerveaux et même les matières fissiles, pour indispensables qu'ils soient, ne suffisent pas : les technologies et les laboratoires indispensables à la fabrication de la bombe ne sont accessibles, à l'heure actuelle, qu'aux États.

Restent deux menaces bien réelles : celle de la prolifération et celle du basculement d'un État doté de moyens nucléaires ou susceptibles de s'en doter.

La menace de la prolifération est certes réelle, mais n'appartient pas à la sphère terroriste. Les États qui possèdent ou posséderont l'arme nucléaire n'ont évidemment aucun intérêt à la céder à des groupes terroristes, même s'ils partagent leurs options politiques : ces armes n'ont de valeur que comme moyen politico-militaire local destiné à contrer ou à détruire un ennemi étatique (par exemple, dans le cadre de l'affrontement entre le Pakistan et l'Inde), ou comme objet de négociation donnant une dimension internationale différente à l'État qui possède la bombe (Corée du Nord, Iran). Toute utilisation de cette arme ou sa cession à des tiers priverait le pays qui s'en rendrait coupable du seul réel avantage nucléaire : la dissuasion et l'augmentation de la puissance et de la protection qui en découle. De plus, cette action exposerait la capitale coupable à une riposte immédiate et de très grande ampleur de la part des États-Unis et, peut être, de l'Europe. Le risque de voir, en l'état actuel des choses, un État nucléaire céder une ou des armes au mouvement du djihad peut dès lors, raisonnablement, être considéré comme nul.

Toutefois, un État marginalisé ou une structure infra-étatique disposant de moyens financiers importants et d'un territoire assez vaste et assez difficile à contrôler pourrait probablement fabriquer à l'insu de tous une arme nucléaire. Une expérience ultra-secrète menée en 1964 aux États-Unis prouve en effet que la conception d'une arme nucléaire n'est pas aussi compliquée qu'il y paraît [1]. À travers cette opération – baptisée *Expérience du énième pays* –, l'armée américaine voulait répondre à une question simple : un pays isolé disposant d'une poignée de scientifiques, mais coupé de la communauté scientifique internationale et n'ayant accès à aucune recherche atomique pourrait-il fabriquer une bombe A ?

La réponse vint rapidement : en trois ans, dans un laboratoire perdu de Livermore, en Californie, trois jeunes physiciens ayant fraîchement défendu leur thèse de doctorat mais ne disposant d'aucune information classifiée « réinventèrent » une bombe nucléaire à implosion. Bien entendu, entre la conception et la réalisation de la bombe, il y a un pas de géant. Alliages spéciaux et, bien entendu, matières fissiles de qualité militaire sont, ici, nécessaires. Mais Robert Selden, l'un des protagonistes de l'expérience de 1964, est persuadé que ce problème n'en est pas un, et qu'il y a assez de plutonium métallique ou d'uranium hautement enrichi dans des centrales nucléaires et des installations scientifiques civiles pour permettre de fabriquer une bombe.

Reste le risque de basculement d'un État nucléaire. Même si celui-ci n'est pas à l'ordre du jour dans un futur

1. Cette expérience a été racontée par Dan Stober dans un article scientifique : « No experience necessary », *Bulletin of the Atomic Scientists*, mars-avril 2003.

prévisible, on ne peut sous aucun prétexte perdre de vue que l'un des buts stratégiques du mouvement du djihad est précisément de faire basculer dans le camp islamiste un ou plusieurs pays fragiles. À l'heure actuelle, les deux pays qui, à plus ou moins long terme, pourraient basculer sont le Pakistan (État nucléaire) et l'Arabie Saoudite (État non nucléaire mais riche). Il est évident que, si l'un ou l'autre de ces pays (et surtout le Pakistan) étaient contrôlés par la mouvance islamiste radicale, la situation s'en verrait radicalement modifiée.

Le risque d'attaque d'une installation nucléaire civile

Une autre manière pour la mouvance du djihad d'utiliser l'arme atomique serait, évidemment, de s'attaquer à une installation nucléaire pour tenter de provoquer une catastrophe. Les installations nucléaires sont, pour l'essentiel, de deux types : les centrales de production d'énergie et la filière de traitement et de retraitement du combustible nucléaire d'une part, les usines utilisant les matières radioactives d'autre part. On sait qu'Al-Qaïda s'est intéressée, par le passé, aux centrales nucléaires. Les services de sécurité européens ont appris que, dans deux pays au moins – la France et l'Allemagne –, des sympathisants de la mouvance ont participé à des visites guidées de centrales. Probablement à des fins de repérage. Il n'en reste pas moins que le risque est limité : les centrales sont à peu près inattaquables au sol, et l'utilisation de missiles ne permettrait pas de percer des parois de béton qui atteignent en certains endroits plusieurs mètres d'épaisseur. La seule possibilité de provoquer, à partir d'une centrale, un accident nucléaire serait de jeter volontairement un avion sur celle-ci. Un avion de tourisme – même bourré d'explosifs – ne suffirait pas à provoquer une catastrophe, mais les experts en sûreté et en sécurité nucléaire se contredisent sur les conséquences qu'aurait la chute volontaire d'un avion de ligne sur une centrale. Ce danger, même minime, ne peut donc être écarté.

Les usines utilisant les matières radioactives à des fins industrielles posent, toutefois, un problème nettement plus aigu. On compte, de par le monde :

– trois cents unités lourdes, environ, couramment appelées « irradiateurs industriels ». Leur principale activité est la stérilisation du matériel médical ou la conservation des aliments. En règle générale, la concentration de matières radioactives y est extrêmement importante ;

– plusieurs milliers d'unités de taille réduite à forte concentration de matériaux radioactifs ;

– plusieurs dizaines de milliers d'unités de radiographie industrielles (servant, entre autres, à détecter des fuites dans des canalisations).

À ce propos, on peut affirmer que la sécurité de ces installations n'est pas de nature à les prémunir contre une attaque au sol en vue de sabotage ou de vol. Du reste, le déclenchement réel d'une catastrophe nucléaire pourrait ne pas être le but recherché par les terroristes. On imagine sans peine l'émotion que susciterait la prise de contrôle, même limitée, d'une centrale nucléaire ou d'un irradiateur industriel par un commando terroriste décidé. On entrerait ici dans le domaine de l'attentat virtuel, dans lequel l'important n'est pas tant les destructions et pertes infligées que la menace de celles-ci, et l'impact sur les gouvernements et les sociétés concernées serait immense.

La menace nucléaire non conventionnelle : la problématique de la bombe sale

Cette problématique du vol des matières fissiles m'amène à ce qui est probablement la plus sérieuse des menaces nucléaires émanant, à l'heure actuelle, de la mouvance djihadiste : celle de la bombe sale. Il s'agit d'une arme facile à fabriquer et à utiliser. Son emploi n'aurait évidemment pas les mêmes conséquences désastreuses que celui d'une bombe nucléaire classique. Une telle arme utilisée dans une ville, ne pourrait probablement contaminer que quelques blocs d'habitations, voire, au pire, un quartier entier. À terme, il est probable qu'on ne compterait « que » quelques dizaines de décès, mais des milliers de personnes pourraient être contaminées à des degrés divers et exiger des soins intensifs et longs.

L'accident survenu à Goiâna (Brésil) au début des années 1990 permet de mesurer l'impact probable qu'aurait un tel attentat : une source radioactive (en fait, un appareil de téléthérapie utilisant du césium 137) abandonnée après le déménagement d'un hôpital avait été récupérée par des ferrailleurs, qui ignoraient de quoi il s'agissait, et sommairement démontée. Bilan : 14 personnes surexposées, 4 décès rapides (dans le mois), 112 000 personnes examinées, 249 cas avérés de contamination modérée ; l'obligation de contrôler des centaines d'habitations et d'en évacuer 85 avant de les détruire, la nécessité de reloger des centaines de personnes ; la production et le traitement de 5 millions de mètres cubes de déchets radioactifs (terres, végétaux, débris de démolition, etc.).

On devine à travers ces chiffres que, même si l'impact de ce type d'attentat s'avérait probablement modéré en termes de pertes humaines, il serait évidemment immense en termes psychologiques et économiques. Une telle attaque terroriserait les populations et, *a contrario*, augmenterait très significativement le prestige du mouvement du djihad et ses capacités de recrutement.

On sait qu'Al-Qaïda s'est livrée, dans le passé, à des recherches approfondies sur le sujet et a bénéficié de l'aide et des connaissances de spécialistes issus de pays musulmans (entre autres, le Pakistan). Par ailleurs, selon les services de renseignement britanniques, au moins une bombe radiologique a été fabriquée par Al-Qaïda dans un camp proche de Herat, avec du matériel irradiant civil fourni par les talibans. Des manuels d'instruction relatifs à cette bombe auraient été découverts et des témoins « débriefés », mais l'engin, lui, n'a jamais été retrouvé.

Un « début d'exécution » a même pu être constaté : en juin 2002, le converti José Padilla a été arrêté aux États-Unis où il avait été envoyé en mission pour explorer la possibilité d'y fabriquer et d'y faire détoner une bombe sale. Un autre cas pourrait être avéré. À la fin du mois de mars 2004, un groupe terroriste était arrêté à Londres et accusé d'y avoir préparé des attentats chimiques. Certaines sources dans des services de renseignement asiatiques m'ont affirmé que ce groupe cherchait, en fait, à commettre un attentat à la bombe sale. N'arrivant pas à faire venir les matériaux nécessaires depuis le Pakistan, les terroristes se seraient alors rabattus sur une tentative moins « ambitieuse » visant à faire exploser des bombes chimiques.

Cela étant, la menace de la bombe sale, si elle ne peut évidemment être négligée, doit, selon certains spécialistes, être fortement tempérée : s'il est vrai que des milliers (et probablement des dizaines de milliers) de sources radioactives sont facilement accessibles à un utilisateur mal intentionné – aux États-Unis, la perte d'environ deux cents instruments utilisant des matériaux radioactifs est signalée chaque année –, il faut souligner que nombre d'entre elles, tels le cobalt 60, l'iridium 192, le sélénium 75 ou l'ytterbium 169, sont difficiles ou impossibles à disperser, ce qui rend plus que problématique leur utilisation à des fins terroristes.

La menace bactériobiologique et chimique

Ces vingt dernières années, une quinzaine d'actes terroristes ou assimilés ayant impliqué l'utilisation de moyens bactériologiques ou chimiques ont été répertoriés à travers le monde. Ils ont fait une trentaine de morts et provoqué l'intoxication plus ou moins grave, non mortelle, de plusieurs milliers de personnes. Comme l'arme nucléaire, les armes chimiques et bactériologiques sont difficiles à utiliser. Cela est surtout vrai pour l'arme bactériologique qui, par définition, ne peut plus être maîtrisée une fois qu'elle a été déclenchée : les virus et autre prions ou bactéries sont vivants et leur interaction avec le milieu dans lequel ils évoluent peut modifier rapidement leur action. Le risque principal, en définitive, est que l'arme bactériologique peut être « trop » efficace et causer des pertes énormes, comme elle peut se retourner contre ses utilisateurs.

Il est évident, toutefois, que l'impact psychologique et économique d'un attentat bactériologique ou chimique serait immense. Les fameuses « lettres à l'anthrax » de l'automne 2001, aux États-Unis, n'ont infecté « que » dix-huit personnes et en ont tué sept, mais elles ont durablement traumatisé la population et totalement perturbé le système d'acheminement du courrier... Du reste, les centaines de canulars imbéciles qui ont fait apparaître, depuis septembre 2001, de la « poudre blanche » un peu partout dans le monde sont là pour témoigner des effets de la psychose de l'anthrax.

En tout état de cause, une étude canadienne réalisée en 2002 souligne que dans ce pays – le constat est sans doute transposable ailleurs – certaines lacunes de prévention augmenteraient encore les effets réels et psychologiques d'une attaque bactériologique ou chimique : formation au traitement d'urgence d'un grand nombre de victimes (plus de 5 000) nulle ou très limitée ; hôpitaux disposant d'un nombre insuffisant de lits ; quantités médiocres de médicaments permettant de soigner les victimes d'armes chimiques.

Outre l'attaque biochimique directement dirigée contre

l'homme, il faut également repérer le risque représenté par l'agroterrorisme : frapper les récoltes et surtout le cheptel pourrait être beaucoup plus facile que frapper des personnes et aurait, une fois encore, un immense retentissement psychologique et des conséquences économiques terribles.

On sait qu'Al-Qaïda et la mouvance du djihad s'intéressent de longue date aux armes biologiques et chimiques. Des formations spéciales ont été organisées en Afghanistan puis en Tchétchénie, entre autres sous la responsabilité d'Abou Musab al-Zarqawi. Par ailleurs, plusieurs attentats ont été déjoués depuis 2002 : en décembre 2002 et en janvier 2003, plusieurs cellules ont été démantelés, à Paris et à Londres, alors qu'elles préparaient des attentats à la ricine dans des lieux publics. Enfin, en mai 2003, un porte-parole d'Al-Qaïda a menacé d'utiliser du gaz sarin dans des attentats ou d'empoisonner l'eau potable dans des villes américaines et occidentales. La plupart des spécialistes estiment que tout indique que la mouvance du Djihad continuera ses efforts en vue de réaliser un attentat NBC, de préférence aux États-Unis ou en Europe, mais aussi contre des pays alliés de l'Occident dans le monde arabo-musulman.

Les missiles sol-air : une menace mortelle contre le transport aérien ?

Le 8 juin 2004, un communiqué d'Al-Qaïda menaçait de s'en prendre au transport aérien durant l'été. Invité dès le lendemain sur plusieurs plateaux de télévision et dans des stations de radio, j'ai pu mesurer, à l'abondance des questions qui parvenaient, l'émotion que ce type de menaces suscitait dans la société à trois semaines des départs en vacances de l'été. Cet avertissement est venu rappeler la menace que les missiles sol-air (les Manpads, selon leur acronyme anglais) font peser sur l'aviation et qui est l'un des pires cauchemars que l'on puisse imaginer. Le risque est bien réel : selon le FBI, entre 1978 et 1998, trente vols commerciaux ont été abattus (tous en Afrique), causant la mort de 550 personnes. On remarquera toutefois que ces attentats étaient tous liés à des questions de trafics divers ou à des règlements de comptes politiques et que les avions touchés et détruits étaient tous de petits ou moyens porteurs.

La mouvance du djihad a déjà utilisé, elle aussi, cette technique. Le 28 novembre 2002, en liaison avec l'attaque du Paradise Hotel à Mombassa (Kenya), deux missiles sol-air étaient tirés contre un charter israélien et le manquaient de peu, tandis que le 21 novembre 2003, un autre missile était tiré, au-dessus de Bagdad, contre un Airbus A-300 affrété par la société de courrier rapide DHL, endommageant une aile de l'appareil. Quelques mois auparavant, le 13 août 2003, un trafiquant d'armes avait été arrêté alors qu'il négociait la vente de missiles sol-air à utiliser aux États-Unis avec des « terroristes » qui étaient en fait des agents du FBI.

Les missiles utilisés à Mombassa étaient probablement des SA 7 (Strela, dit aussi SAM 7), d'un poids de quelques kilos et d'une longueur d'1,5 mètre. À Bagdad, il s'agissait d'un SA-14 (Gremlin). Le SAM 7 peut atteindre un avion volant à 4 500 mètres d'altitude, tandis que la portée du SAM 14 est de 6 000 mètres. Ces quinze dernières années, c'est-à-dire depuis l'effondrement du bloc soviétique, plusieurs dizaines de milliers de missiles de ces deux types ont été vendus au tiers-monde ; le Pakistan en fabrique la version de base, et l'on estime qu'au moins dix-sept organisations terroristes à travers le monde en possèdent. Les missiles SAM présentent de nombreux avantages aux yeux des terroristes. Ils sont peu coûteux (entre quelques centaines et quelques milliers de dollars pièce suivant l'endroit où ils sont achetés et où ils doivent être livrés), extrêmement faciles à trouver sur le marché noir et aisés à utiliser. De plus, ils peuvent être activés par un seul opérateur. Autre avantage, leur portée de plusieurs kilomètres et l'altitude minimale à laquelle ils explosent (18 mètres pour le SAM 7, 50 mètres pour le SAM 14) permettent de les utiliser, par exemple, d'un bateau situé au large contre les aéroports installés le long des côtes.

D'autres missiles peuvent être utilisés, comme le Stinger, une arme américaine, d'une portée de 8 kilomètres et qui atteint la vitesse de Mach 2. Ou encore le SA-16 (Igla) russe, qui est aux mains des Tchétchènes – ceux-ci s'en sont servis, notamment, en août 2002 pour abattre un hélicoptère de transport militaire et tuer 118 personnes –, et le SA-18.

Certains experts du transport aérien estiment que de tels missiles ne pourraient détruire un gros porteur civil en vol de croisière, mais si celui-ci était touché lors des deux phases les plus délicates du vol (décollage et atterrissage), il serait gravement déséquilibré et s'écraserait sans doute au sol. On soulignera qu'aucun aéroport au monde n'est, à l'heure actuelle, efficacement protégé contre cette menace. Une preuve parmi d'autres de cette faiblesse : lors de son sommet de Birmingham, en 1998, le G8 reconnaissait « le danger que constitue pour l'aviation civile l'utilisation criminelle des systèmes portatifs de défense aérienne (Manpads) » et appelait de ses vœux « la poursuite des travaux pour y remédier [1] ». Lors du sommet d'Évian, en 2003, les chefs d'État et de gouvernement du G8 déclaraient : « Nous réaffirmons notre vive préoccupation face à la menace que les Manpads font peser sur l'aviation civile, en particulier lorsqu'ils se

1. Communiqué du G8 publié à l'issue du sommet d'Évian, le 3 juin 2003 : « Sécurité des transports et contrôles des systèmes portatifs de défense aérienne. Plan d'action du G8 ». Consultable sur le site *www.G8.fr*. Ce communiqué reprend la décision de Birmingham.

trouvent entre les mains de terroristes ou des États qui les abritent [1]. » N'était-ce pas une manière de reconnaître que, entre les deux sommets, soit en cinq ans, bien peu de choses avaient été faites ? Or, une fois de plus, un attentat, même en partie raté, aurait des conséquences dévastatrices du point de vue psychologique et économique. Quant à un attentat réussi, il se solderait par des centaines de morts en quelques secondes à peine.

La menace du moudjahid non aligné et des femmes kamikazes

L'un des risques le plus présent à l'esprit des spécialistes américains et européens est, aujourd'hui, celui du « moudjahid non aligné ». Ce terroriste, totalement isolé, a été entraîné et lâché dans la nature avec simplement une liste d'objectifs potentiels, ou encore l'indication du type de situation dans lequel il doit passer à l'action. Il est formé à fabriquer une bombe avec des produits se trouvant en vente libre dans le commerce, n'entretient aucune relation d'aucune sorte avec des milieux suspects et attend simplement de frapper, qu'il le décide de lui-même ou soit activé à distance. Il peut alors déposer une bombe ou encore se faire sauter n'importe où, dans une « opération de martyre » solitaire comme Israël en a subi beaucoup. On peut même imaginer que le non-aligné n'a jamais reçu la moindre formation dans un camp djihadiste, mais a été recruté dans une métropole européenne et a suivi des « cours particuliers » avec ses nouveaux amis.

1. *Ibid.*

Ce moudjahid non aligné est, virtuellement, indétectable avant le passage à l'acte : il n'a aucun contact avec la mouvance du djihad, il mène une vie parfaitement normale et n'entrera dans l'illégalité qu'au moment où il commencera à assembler sa bombe. Cette menace peut se réaliser n'importe où, aux États-Unis comme en Europe, et créerait une panique absolue : qu'on réfléchisse un instant aux effets qu'auraient trois ou quatre « opérations de martyre » conduites par des terroristes isolés dans une capitale ou une grande ville, par exemple dans des grands magasins ou des transports en commun. En mai 2003, un porte-parole d'Al-Qaïda a menacé d'attentats-suicides commis par des moudjahidin « portant des ceintures explosives », « dans les villes américaines et occidentales [1] ».

Le moudjahid non aligné pourrait également être... une femme. On a vu que des femmes ont été utilisées dans des opérations-suicides en Tchétchénie, en Russie ou en Ouzbékistan. C'est également le cas en Israël. Un dirigeant détenu d'Al-Qaïda aurait révélé que les stratèges djihadistes estiment qu'une femme pourrait avoir plus de chance de faire pénétrer des explosifs dans un avion, et que certaines sympathisantes féminines de la cause auraient déjà été sélectionnées pour remplir ce genre de mission. Une femme pourrait en effet dissimuler dans son corps environ 350 grammes d'explosif plastic – la fouille intime d'une femme avant son embarquement est difficilement envisageable –, tandis qu'un ou une complice introduirait dans l'appareil les composants électroniques nécessaires à la détonation de la bombe. Celle-ci, une IED (pour *Improvised Explosive Device*, ou engin explosif improvisé), serait assemblée à bord, par exemple dans les toilettes. Selon les experts en sécurité

1. Communiqué d'Abu Mohammed al-Ablaj (alias Mollah Saïf al-Din), 18 mai 2003.

aéronautique, 350 grammes de plastic sont suffisants pour percer un trou dans le fuselage de l'avion et donc provoquer une dépressurisation rapide qui pourrait entraîner une désintégration de l'appareil. De manière plus générale, le passage des contrôles de sécurité d'un aéroport par un homme ou ne femme transportant des explosifs dans ses vêtements ou son corps ne pose que peu de problèmes : les systèmes de détection des explosifs ne sont utilisés, à l'heure actuelle, que pour les bagages à main ou de soute.

Terrorisme informatique et électronique

Il existe une autre menace qui, à ce jour, ne semble pas être suffisamment prise en compte, celle du terrorisme informatique et électronique. Certes, on n'a aucune trace de plans d'Al-Qaïda visant à développer ce type de terrorisme, nettement moins spectaculaire dans sa réalisation que ne l'est le terrorisme classique. On sait pourtant que des membres de la mouvance du djihad ont été formés aux techniques du hacking ou encore à celles de la cryptographie informatique. Les cerveaux et techniciens sont donc disponibles.

On a enregistré à ce jour quatre affaires de terrorisme informatique. Deux d'entre elles étaient, en fait, des affaires d'espionnage menées par des groupes terroristes : des terroristes irlandais ont engagé des hackers pour s'introduire dans les systèmes d'État afin de se procurer les adresses de policiers et de membres des services de renseignement ; en mars 2000, par ailleurs, la police japonaise s'est aperçue qu'une firme sous-traitant ses programmes informatiques était liée à la secte Aum Shinrikyo (responsable de plusieurs attentats chimiques, entre autres dans le métro de Tokyo, le 19 mars 1995).

Les deux autres affaires témoignaient de la possibilité d'utiliser Internet dans le cadre d'une véritable offensive :

en 1998, des guérilleros tamouls ont bloqué les serveurs des ambassades du Sri Lanka en les inondant de messages ; en 1999, au moment du déclenchement de la guerre du Kosovo, des attaques massives ont eu lieu contre les systèmes informatiques de l'OTAN.

La mouvance du djihad pourrait reprendre ces idées à son compte et se servir de l'informatique soit dans des buts de renseignement sur des cibles potentielles (ce qu'elle fait certainement déjà), soit en vue de saboter ou de paralyser des réseaux vitaux. Mais il existe d'autres risques électroniques induits par les EMP (armes à impulsions électromagnétiques), les HPM (armes à hyperfréquences de haute puissance) et les FREH (armes à fréquences radio à haute énergie). Ces « armes » sont extrêmement faciles à fabriquer et ne coûtent rien : aux États-Unis, certains sous-traitants du Pentagone en ont fait, il y a quelques années, la démonstration en deux semaines en utilisant des composants qui n'avaient coûté que quelques centaines de dollars seulement. Les dégâts que ces armes électroniques pourraient occasionner ne sont pas chiffrables puisqu'elles peuvent perturber le fonctionnement d'ordinateurs, de radars et d'instruments électroniques, ou les endommager. Elles peuvent aussi détruire des circuits et des microprocesseurs et effacer des mémoires.

Les cibles potentielles des EMP, HPM et FREH pourraient être les systèmes centraux des Bourses et des grands réseaux bancaires ; les tours de contrôle des aéroports et les systèmes de guidage et de pilotage des aéronefs ; les systèmes de pilotage des bateaux et les installations portuaires ; les services d'urgences des collectivités locales (par le brouillage des communications) ; les grands nœuds de communication. On notera qu'aucune mesure de contrôle global des importations et exportations des composants de ces armes n'existe à ce jour, et qu'il serait probablement à peu près impossible d'en mettre un au point dans un monde où l'électronique joue un rôle central.

L'économie pour cible : tourisme, transport aérien, navigation, pétrole…

L'économie est une cible naturelle pour Al-Qaïda et les organisations affiliées qui ont bien compris que la fragilité de nos systèmes économiques et financiers était l'un des principaux talons d'Achille du monde occidental. C'est ce que prouve le choix des cibles, qu'elles soient touristiques (à Djerba, Bali, Casablanca, dans l'attentat du Marriott de Djakarta) ou bancaires (attentat contre la banque HSBC à Istanbul), qu'elles concernent la coopération internationale (attaque contre les ingénieurs et techniciens français à Karachi) ou le pétrole (attaque du pétrolier *Limburg*, attentats en Arabie Saoudite).

Je reviens brièvement sur les menaces qui pèsent sur le transport aérien pour signaler une enquête réalisée, début 2004, par le journaliste d'investigation américain Aaron Klein [1]. Pour Klein, très peu de mesures de sécurité sont prises pour se prémunir contre la complicité des milliers de personnes (personnel technique et de nettoyage, bagagistes…) qui ont accès aux avions et pourraient donc y introduire des armes ou des explosifs. Par ailleurs, dans certains aéroports américains, seulement 5 % des bagages et colis accompagnés ou accompagnés feraient l'objet d'un passage aux rayons X ou d'une fouille manuelle. Sa conclusion est sans appel : deux ans et demi après le 11 septembre, nombre d'avions américains sont toujours susceptibles d'être détournés.

Une constatation qui est confirmée par une autre investigation conduite, celle-là, en Europe et dont les résultats

1. Les résultats de cette enquête ont été diffusés le 6 mars 2004 sur la liste de diffusion professionnelle Invintelpro.

ont été révélés le 13 juin 2004. Le parlementaire français Charles de Courson a engagé, en 2003, un consultant en sécurité qui, entre le 12 juin et le 10 septembre, a tenté d'embarquer sur dix vols intérieurs et deux vols internationaux au départ d'aéroports français en emportant dans ses bagages à main ou de soute des armes ou des bombes factices. L'expert a échappé aux systèmes de détection et de sécurité dans tous les cas sauf un. De quoi faire réfléchir[1].

On sait depuis un certain temps déjà que la mouvance du djihad a formé des spécialistes des attentats à finalité économique. Abd al-Rahim al-Nashiri (alias Mollah Bilal), qui a joué un rôle pivot dans les attentats contre le navire de guerre *USS Cole* (octobre 2000) et le pétrolier français *Limburg* (octobre 2002), a révélé, après son arrestation en 2002, qu'Al-Qaïda avait spécialement entraîné des équipes en vue d'utiliser des Zodiac piégés contre des bateaux et aurait planifié l'achat de vedettes ou de petits bateaux qui pourraient exploser au milieu de ports. Enfin, des plongeurs auraient été formés à la pose de mines et d'explosifs.

Dans un communiqué diffusé à l'automne 2002, après l'attentat contre le *Limburg*, l'organisation d'Oussama Ben Laden expliquait : « Si un canot qui a coûté mille dollars a, dans le passé, déjà en partie détruit un destroyer [le *USS Cole*] de plus d'un milliard de dollars et dont la valeur symbolique est incalculable, et si un canot semblable dévaste aujourd'hui un pétrolier, alors imaginez toute l'étendue du risque qui menace cette artère vitale de l'Occident qu'est le pétrole[2]... »

Et la menace économique ne touche pas que le pétrole : quel serait l'impact, demain, d'attentats ciblés

1. Dépêche de l'agence de presse Reuters, 13 juin 2004, 15 h 11.
2. Communiqué d'Al-Qaïda, diffusé le 13 octobre 2003 sur différents sites Internet islamistes.

touchant les quartiers des affaires de Francfort ou de Londres ? Même si ces attaques ne perturbaient que superficiellement, et pour seulement quelques jours, le monde économique, quel serait leur coût pour le monde industrialisé et les réseaux financiers mondiaux ?

Menaces contre le secteur humanitaire

Le 19 août 2003, une explosion ravageait l'hôtel Canal, abritant l'administration de l'ONU à Bagdad, faisant vingt-trois morts (dont le représentant personnel du secrétaire général, Sergio Vieira de Mello) et une centaine de blessés. L'ONU avait déjà été visée par la mouvance du djihad à Kaboul. Cette attaque confirmait l'ouverture d'un « nouveau front » par les organisations islamistes armées, qui s'en prennent désormais aux organisations internationales et humanitaires. Ces dernières années, les ONG ont été, à plusieurs reprises, les cibles d'attentats et d'enlèvements, notamment dans le Caucase, et des missionnaires américains travaillant dans le secteur de la santé ont fait l'objet d'attaques mortelles au Yémen.

Dans un message reçu le 12 août 2003, à Islamabad, par plusieurs agences de presse occidentales (mais dont l'authenticité n'a pu être vérifiée), le mollah Omar, chef suprême des talibans, menaçait explicitement les organisations humanitaires présentes en Afghanistan : « Ô Musulmans, reconnaissez les ennemis de votre religion. Les Juifs et les Chrétiens. L'Amérique, la Grande-Bretagne, les Nations unies et toutes les organisations humanitaires occidentales sont les plus grandes ennemies de l'islam et de l'humanité [1]. »

1. Communiqué du mollah Mohammed Omar envoyé à l'agence Associated Press le 12 août 2003.

Il est impossible de passer en revue toutes les techniques qui pourraient être utilisées par les terroristes islamistes dans les années à venir, et cela serait d'ailleurs assez vain. De multiples complots terroristes attribués à la mouvance djihadiste ont été éventés ces dernières années ; leur examen prouve que l'imagination ne manque pas à ces organisations dont l'une des principales forces est d'adapter en permanence leurs méthodes en fonction du développement des systèmes de sécurité et de contrôle : prises d'otages massives, attaques de ferries reliant, par exemple, la France à la Grande-Bretagne, attentats chimiques dans le métro, attentats commis par des moudjahidin non alignés dans les grands magasins, assassinats ciblés de techniciens et d'ingénieurs, attaques contre les ambassades occidentales ou les communautés juives, ce ne sont là que quelques-unes des possibilités innombrables qui s'offrent à la mouvance.

On ne peut avoir, en fait, que deux certitudes. D'abord, les attentats à venir seront de plus en plus meurtriers. Ensuite, au mieux les cibles institutionnelles seront protégées, au pire l'attention des djihadistes se portera sur des objectifs civils impossibles à protéger. On peut sans doute, virtuellement, défendre les ambassades, les grands aéroports, les centrales nucléaires. Mais qui peut penser un seul instant qu'il est également possible de protéger l'ensemble des avions, des trains, des ponts, des tunnels, des centres commerciaux ou des grandes manifestations sportives ? Les terroristes auront toujours un coup d'avance puisqu'ils ont l'avantage de l'initiative mais ils peuvent être vaincus. Une véritable révolution culturelle et de nombreux sacrifices seront nécessaires pour que le camp de la démocratie remporte la victoire.

12

L'islamisme politique, une « cinquième colonne » djihadiste en Europe ?

Depuis quelques années, et plus spécifiquement depuis les attentats du 11 septembre 2001, l'attention du monde s'est portée, comme jamais auparavant, sur les phénomènes du djihad. Quantité de rapports et d'études ont été – et seront encore – publiés sur cette question. On peut regretter que cette réaction vienne si tard, mais elle est évidemment salutaire, car le terrorisme islamique a, certes, une grande capacité de nuisance. Reste qu'il est permis de penser que l'islamisme armé sera vaincu.

Pour des raisons politiques, culturelles, économiques, scientifiques, ou encore technologiques, la mouvance du djihad – même si elle peut faire, encore, et fera, sans nul doute, beaucoup de dégâts – ne peut l'emporter. Sans doute faudra-t-il des années pour en venir à bout. Peut-être sommes-nous engagés dans une guerre de vingt ans (car il faut non seulement démanteler des mouvements et des cellules installés dans le monde entier mais aussi, pour qu'ils ne ressuscitent pas, régler une série de problèmes induits par les injustices sociales et politiques qui sont autant de leviers de recrutement pour les djihadistes). Pourtant, l'issue de cette guerre fait peu de doutes.

Parallèlement à la mouvance djihadiste, un islamisme politique s'est développé ces dernières années en Europe. À tel point que certains spécialistes de l'Islam pensent que l'islamisme armé n'est que l'arbre qui cache la forêt de l'activisme islamiste politique. Une véritable subversion qui mine les sociétés démocratiques occidentales, comme elle tente de bloquer toute évolution vers le modernisme dans le monde arabo-musulman. Et, ici, l'adversaire est beaucoup plus difficile à vaincre, car il utilise des moyens légaux qu'il retourne contre la société pour détruire, à terme, ses institutions. Ou pour les empêcher de fonctionner. Par des moyens violents ou par des moyens pacifiques – les deux pouvant, d'ailleurs, être utilisés indifféremment par la même organisation ou mouvance suivant qu'elle agit en Europe ou au Moyen-Orient –, djihadistes et islamistes politiques visent, en fait, à la même finalité : établir la « cité de Dieu » sur terre, le califat, cet État islamique intégral.

Je ne pense pas, cela étant dit, que l'islamisme politique ait beaucoup plus de chances de l'emporter que l'islamisme armé. Le modèle de société proposé par les tenants de l'État islamique est trop violent, trop rétrograde, trop opposé à la modernité et trop répressif aux yeux de nombreuses catégories de citoyens, pour pouvoir remporter les suffrages d'une majorité. Même (et parfois surtout) dans l'espace culturel arabo-musulman, le modèle islamique d'organisation de la société est questionné, remis en cause, combattu par ceux qui aspirent à faire entrer leurs pays dans la modernité.

De même je ne partage nullement le fantasme véhiculé par l'extrême droite qui prétend que, « d'ici à vingt ans ou à cinquante ans », les musulmans seront majoritaires en Europe et que l'islamisation se fera alors d'elle-même. Non, le risque est ailleurs : en exacerbant les différences et les antagonismes, en jouant le jeu des institutions (entre autres par la création de partis confessionnels musulmans, comme on l'a vu, par exemple, en France et en Belgique), les islamistes savent qu'ils peuvent freiner l'intégration des populations d'origine immigrée et dresser les communautés les unes contre les autres ; ils espèrent ainsi bloquer le fonctionnement normal des institutions. Il s'agit là, à terme, d'une véritable logique de guerre civile, qu'il est nécessaire de comprendre pour pouvoir mieux l'enrayer.

« Islamophobie » : un abus de langage destiné à interdire le débat ?

Depuis peu, un nouveau vocable a fait son apparition dans le langage islamiste. Il a, peu à peu – et sans aucun discernement –, été repris par les médias puis par la classe politique ou une partie d'entre elle : l'*islamophobie*. Ainsi, à en croire les sites Internet et publications islamistes, serait coupable d'islamophobie toute personne qui critique la religion musulmane, ou même simplement son instrumentalisation politique par les islamistes. Mal compris et souvent assimilé, consciemment ou inconsciemment, à une forme de racisme, ce terme tend bien évidemment à museler la critique et à empêcher tout débat. Or cette interprétation est bien sûr abusive puisqu'on peut très bien critiquer l'islam sans être pour autant islamophobe, comme on peut critiquer la religion juive sans être judéophobe ou antisémite, ou s'en prendre aux canons du Vatican sans être « anti-occidental ».

Correspondant néanmoins parfaitement à l'époque « politiquement correcte » actuelle, la catégorisation des adversaires de l'islamisme comme islamophobes a été acceptée par beaucoup, et confère à ce « concept » – dans sa référence à la religion musulmane – un statut exorbitant. Depuis 1968, en Occident, il est permis de critiquer tout et son contraire. Ainsi, peu à peu, la religion catholique et le christianisme, le pouvoir occulte prêté aux loges maçonniques, le monde politique, les syndicats, le patronat, le communisme, le capitalisme, la fonction publique, l'enseignement, les sectes religieuses et tant d'autres institutions ou références font l'objet d'un examen critique. Voire de critiques non fondées et parfois outrancières. Il y a eu, certes, bien des excès, mais, globalement, le monde ne s'en est peut-être pas plus mal porté : ceux qui étaient mis en cause ont pu réfléchir à leur passé, leur doctrine et leurs pratiques, se défendre, tenter de convaincre ou encore évoluer.

Rien de tel avec la religion musulmane que la menace de l'accusation d'islamophobie rend, d'entrée, inattaquable. Et ne parlons même pas de la railler. Comme l'écrit l'intellectuel Pascal Bruckner : « En France, on peut chaque jour, notamment aux *Guignols de l'info*, "bouffer du curé", se moquer du pape, de mère Theresa, du dalaï-lama, mais jamais de l'islam sous peine d'être accusé de racisme[1]. »

Il semble clair que cet interdit se nourrit, en partie, de la mauvaise conscience des anciennes puissances coloniales, et il est nécessaire de retracer l'histoire du mot « islamophobie » que l'on rechercherait en vain dans un dictionnaire (en tout cas, au printemps 2004), ce qui tend à prouver qu'il est très loin d'avoir été d'usage courant ces dernières décennies. Une consultation des archives d'un quotidien de référence, *Le Monde*, fait apparaître deux utilisations de ce mot entre 1987 et 2001. Selon certains auteurs[2], ce vocable serait né en Iran, aux premiers temps de la Révolution islamique, dans un contexte extrêmement précis : les mollahs l'utilisaient contre les femmes qui refusaient de se voiler et se voyaient accusées de « haine de l'Islam » ou

1. Pascal Bruckner : « Le chantage à l'islamophobie », *Le Figaro*, 5 novembre 2003.

2. Alain Gresh, « À propos de l'islamophobie », article publié le 19 février 2004 sur le site *www.oumma.com*

d'islamophobie. Plus tard, les mêmes ont employé ce terme pour qualifier les « ennemis de l'Islam », tel l'écrivain Salman Rushdie. Il a ensuite été introduit en France par Tariq Ramadan, personnalité singulière sur laquelle nous reviendrons.

Il est intéressant, pour conclure, de jeter un coup d'œil à un site Internet qui fait de la dénonciation de l'islamophobie son fonds de commerce politique : celui du Collectif contre l'islamophobie en France ou CCIF [1]. Dans un communiqué mis en ligne sur ce site, le CCIF accuse *Le Monde* de « dérapage » à la suite de la publication d'une interview du ministre israélien Nathan Chtcharansky qui attribue la multiplication d'actes antisémites en France à une « radicalisation islamiste ». Citons le CCIF : « Le CCIF interpelle *Le Monde* sur la gravité de ces assertions. Sciemment ou pas, le quotidien apporte sa pierre à l'instauration d'un climat islamophobe en tirant un trait d'union entre les déclarations alarmistes plus ou moins récentes des autorités israéliennes sur une pseudo-aggravation de l'antisémitisme en France et l'"islamisation croissante de l'Europe en raison du nombre de plus en plus élevé de musulmans". Le CCIF estime qu'aucun élément de cet article n'étaye ces différentes assertions et se demande quelles mesures drastiques et quelles humiliations les autorités françaises se doivent encore d'infliger aux citoyens musulmans [2]. »

D'évidence, ce texte appelle trois commentaires : d'abord, parler d'une « pseudo-aggravation de l'antisémitisme en France », c'est nier une réalité reconnue par tous les observateurs sérieux ainsi que par les autorités ; ensuite, il paraît pour le moins difficile de nier l'implication croissante de jeunes d'origine arabo-musulmane dans

1. L'adresse du CCIF est : *http ://www.islamophobie.net*

2. On peut consulter le communiqué complet à l'adresse du CCIF citée ci-dessus.

ces actes antisémites ; enfin, on comprend mal le lien entre un article publié par un quotidien d'information, par définition indépendant, et « les mesures drastiques » et les « humiliations » que « les autorités françaises se doivent encore d'infliger aux citoyens musulmans ».

Entrisme ou rupture : les deux stratégies de l'islamisme politique en Europe

En Europe, l'islamisme use de deux stratégies en apparence opposées mais qui, à l'examen, apparaissent comme complémentaires : l'entrisme et la rupture. Les tenants de ces deux stratégies se retrouvent souvent sur un terrain commun en développant des pratiques et des approches similaires : forte présence dans l'action sociale et la solidarité, rejet du matérialisme, communautarisme, investissement dans la culture et l'éducation.

La stratégie de l'entrisme est celle que préconisent les Frères musulmans [1] et les organisations et individus qui s'en réclament ouvertement ou en sont, plus secrètement, proches. On peut la résumer de la manière suivante : les entristes jouent la carte légaliste et prônent, en apparence, l'intégration. Ainsi, les entristes, comme le nom que nous leur avons donné l'indique, pratiquent la pénétration des institutions dans le but de les modifier de l'intérieur. De fait, ils participent au développement d'une culture « communautariste » qui est un obstacle à cette intégration, car elle institutionnalise les différences et en fait des thèmes de débat et d'action. L'un des représentants les plus connus de cette stratégie est Tariq Ramadan.

Titulaire d'un doctorat en philosophie, Tariq Ramadan enseigne dans une école secondaire genevoise et il est

1. Sur les Frères musulmans et le rôle qu'ils ont joué dans le développement de l'islamisme moderne, voir le chapitre 3.

chargé de cours à l'université de Fribourg (chaire de sciences des religions). Il vient par ailleurs, en 2004, d'être invité à occuper, pour un an, la chaire Henry-Luce de religion à l'université Notre-Dame (Chicago), l'une des plus prestigieuses universités catholiques d'Amérique du Nord. Il est l'un des maîtres à penser de l'Union des jeunes musulmans de France. Son père, disciple préféré de Hassan al-Banna, fondateur égyptien des Frères musulmans, avait épousé la fille de ce dernier avant de se réfugier en Suisse où il a créé, avec le soutien de l'Arabie Saoudite, la Ligue islamique mondiale.

L'Union des organisations islamiques de France (UOIF) est en France l'une des organisations entristes les plus visibles actuellement. Elle a obtenu 14 sièges sur 41 aux élections du Conseil français du culte musulman (CFCM), ce qui en fait la deuxième organisation représentative de l'Hexagone. Elle regrouperait 200 associations, une trentaine de mosquées et 70 000 membres. Des organisations similaires sont présentes dans plusieurs pays d'Europe. Toutes sont peu ou prou liées au Conseil européen de la fatwa et de la recherche, qui a vocation à se prononcer sur ce qui est licite et ne l'est pas et qui a pris, dans le passé, des positions controversées sur nombre de sujets, depuis les attentats-suicides jusqu'à la loi sur le voile.

Les Frères musulmans, tout en condamnant la corruption des régimes arabes et les « comportements immoraux », entendent « réislamiser » les jeunes immigrés, et ce dans le cadre des lois. Leur légalisme et le discours en apparence assez ouvert des organisations qui leur servent de paravent, et de leurs porte-parole plus ou moins officieux, n'excluent pas les dérapages, tel celui de Tariq Ramadan, dans son texte désormais célèbre, *Les Nouveaux Intellectuels communautaires*, où il dresse, non sans commettre des « erreurs », une liste d'intellectuels juifs ; dérapage notable, également, quand il réclame un

« moratoire » sur les lapidations des femmes adultères. Tariq Obrou, imam de Bordeaux et président des imams de France, lui, développe la thèse de l'inégalité biologique entre hommes et femmes, une inégalité qui s'expliquerait par la « taille du cerveau » ou la « capacité de concentration [1] ». En France toujours, Farid Abdelkrim, un sociologue de trente-cinq ans, fondateur du Mouvement des jeunes musulmans de France, administrateur de l'UOIF et membre du CCFM, estime que l'appartenance à la communauté musulmane est la véritable nationalité.

Je l'ai dit, entristes et partisans de la rupture peuvent se retrouver, par exemple, dans le combat contre la loi interdisant le voile à l'école et dans la fonction publique. On a vu dans certaines manifestations Farid Abdelkrim au coude à coude avec Mohamed Latrèche. Ce fut le cas le 17 janvier 2004 dans les rues de Paris, malgré la consigne d'abstention de l'UOIF qui ne souhaitait pas se mêler officiellement à cette manifestation organisée par les « ultras ». En général, entristes et stratèges de la rupture se retrouvent également pour excuser tous les abus de certains jeunes en les justifiant par l'ignorance qui est le fruit de leur condition sociale et des discriminations dont ils sont victimes.

Les partisans de la rupture, eux, développent une perpétuelle stratégie de la tension destinée à installer un rapport de force permanent avec les autorités et à tester leur volonté réelle. Le Parti des musulmans de France (PMF) de Mohamed Latrèche est un parfait exemple de cette approche. Premier parti politique français fondé sur une base confessionnelle, il a été créé par Latrèche lui-même. Boucher halal de Schiltigeim, dans la banlieue de Strasbourg, l'intéressé a étudié durant sept ans la théologie et la langue arabe en Syrie, d'où il est revenu avec le titre de « docteur de la Charia ». Adepte de la

1. Entretiens avec la sociologue Leïla Babes.

modération, il s'est fait connaître, entre autres, en qualifiant le Parti socialiste de « parti sionisé », et en dénonçant les « Juifs qui ont tout » ou la « dictature républicaine » en France. Autre perle relevée dans une manifestation du PMF : « Bush, Sharon, Hitler : où est la différence ? » Mohamed Latrèche n'est pas isolé : il dispose, notamment, de soutiens au sein des Milli Gorus, une organisation extrémiste turque qui milite pour l'introduction de la loi islamique en Turquie, au besoin par la force.

La défense du voile : un cas d'école

Le combat pour le droit de porter le voile, mené aussi bien par les partisans de la rupture que par certains entristes, est un cas d'école intéressant à examiner. Derrière ce qui pourrait sembler anecdotique – en définitive, quelle importance si quelques jeunes filles décident de porter le voile ? –, on peut lire, en filigrane, la stratégie des islamistes. Car le voile n'est que la partie visible du débat. Si l'État cède sur ce point, d'autres thèmes deviendront des prétextes à affrontement. Quand ils ne le sont pas déjà. Le rapport de la commission Stasi, qui dresse un état des lieux de la laïcité en France, a eu, entre autres intérêts, celui de mettre en lumière ces pierres d'achoppement. À l'école, outre le voile, on assiste à une altération du cours normal de la scolarité (absence systématique un jour de la semaine, interruption des cours ou examens pour motif de prière ou de jeûne), à la contestation de pans entiers de l'enseignement en histoire et en sciences, au refus d'élèves de sexe féminin d'être entendues ou contrôlées par des examinateurs de sexe masculin, ou encore à la contestation de l'autorité de chefs d'établissement ou d'enseignement au seul motif qu'elles sont des femmes.

À l'hôpital, c'est le refus par des maris ou pères de

voir leurs épouses ou filles soignées ou accouchées par des médecins de sexe masculin, la récusation de soignants au titre de leur confession religieuse supposée, les couloirs transformés en lieux privatifs de prières, les cantines parallèles ne répondant pas aux critères sanitaires. Dans la justice, la commission a souligné les pressions exercées sur les détenus afin que les membres de leur famille adoptent une tenue « religieusement correcte » lors des visites. Elle a également constaté l'imposition de cantines halal (parfois les seules cantines disponibles dans les prisons – c'est le cas à Fleury-Mérogis, le plus grand ensemble pénitentiaire d'Europe), les demandes de récusation de magistrats en raison de leur religion supposée, et remarqué que certains jurés d'assises avaient souhaité siéger en affichant des signes religieux ostentatoires, tandis qu'une avocate avait demandé à prêter serment revêtue d'un voile.

L'armée n'échappe pas à ces tensions : lors des Journées d'appel pour la défense, des jeunes filles ont refusé de participer à des cours de secourisme mixtes et ont fait part de leur refus, par principe, de porter secours à des hommes. Quant aux autres services publics, on notera l'ouverture des infrastructures sportives adaptées en fonction du sexe, les cas de fonctionnaires exigeant de porter un signe religieux sur leur lieu de travail. Même l'entreprise est touchée avec la multiplication des cas d'employées qui portent le voile (après la signature du contrat de travail, ce qui dénote clairement la volonté politique sous-tendue par cet acte), de femmes refusant de serrer la main d'un collègue masculin, ou d'hommes récusant l'autorité de cadres féminins.

Ces quelques comportements sont lourds de sens et porteurs de menaces. Ils démontrent qu'une minorité activiste s'efforce de procéder à une islamisation rampante de la société par la politique du fait accompli et la recherche de l'affrontement permanent. Mais, surtout, ces actes renforcent l'exclusion de ceux qui s'y livrent et qui, à terme, sabordent leur scolarité, sont écartés du marché du travail et perdent toute chance d'intégrer la fonction publique. À tel point qu'on a pu parler d'autodiscrimination. Les femmes et les jeunes filles sont, bien entendu, les premières victimes de ces attitudes, car elles sont soumises à une violence quotidienne. Sexisme et misogynie débouchent sur des pressions morales, des agressions physiques et verbales. Sans compter les agressions sexuelles de plus en plus systématiques contre les « putes » qui ne se conforment pas au code qui impose des tenues couvrantes et asexuées ainsi que la « modestie » face à un homme (obligation de baisser les yeux, interdiction du contact physique). Dans des cas extrêmes, ces déviances ont débouché sur des mutilations et des meurtres qui ont, à raison, choqué l'opinion, mais face auxquels les pouvoirs publics n'ont réagi que trop timidement. Kaina Benziane, la sœur de Sohane, brûlée vive le 25 mars 2002 à Vitry-sur-Seine, a ainsi pu déclarer un jour : « [certains garçons me disent] : Si ta sœur avait choisi son statut de jeune fille musulmane et avait porté le voile, elle ne serait pas morte. »

Pour « s'en sortir », pour échapper à la violence, de nombreuses jeunes filles revêtent le voile, comme une protection et non pas comme l'exercice de leur libre volonté de choix. On assiste alors à cet effrayant paradoxe, souligné lui aussi par la commission Stasi : c'est le voile qui procure la sécurité que devrait, normalement, garantir l'État, en devenant une barrière contre l'agression. Et l'on ne citera que pour mémoire ces autres violences faites aux femmes que sont la polygamie, la répudiation, le mariage forcé (souvent à l'occasion des vacances) qui entraîne l'arrêt de la scolarité. Nicole Guedj, devenue ministre mais qui, en 2003, participa aux travaux de la commission Stasi, a témoigné, en décembre 2003, dans un hebdomadaire français, de l'ambiance dans laquelle s'étaient déroulées les auditions : « Beaucoup [de jeunes filles] nous ont confié leur détresse lors d'auditions privées. La plupart sont sous influence. Elles subissent le voile et sont venues nous demander de les en libérer. Leurs témoignages étaient souvent bouleversants : nous ne pouvions pas ne pas entendre leurs supplications [1]. »

La montée du « nouvel antisémitisme » : un symptôme

Autre signe visible de cet activisme islamiste : l'« importation » du conflit du Moyen-Oorient en Europe, et particulièrement dans des pays comme la France et la Belgique, où les incidents antisémites se sont multipliés depuis le début de la seconde Intifada. Une fois de plus, ce thème est extrêmement sensible. Après avoir ignoré ou purement et simplement nié, pendant plus d'un an, la recrudescence de l'antisémitisme, les autorités ont fini par la reconnaître, mais continuent de se montrer extrêmement réservées en ce qui concerne la désignation des responsables de ces actes. En 2003, l'Union européenne a purement et simplement annulé un rapport d'universitaires allemands respectés qui mettaient en cause la responsabilité de jeunes appartenant à la communauté arabo-musulmane dans l'explosion et la propagation de la violence antisémite. Quelques mois plus tard, en mars 2003, un nouveau rapport, réalisé, lui, par l'Observatoire européen des phénomènes racistes et xénophobes, concluait à la culpabilité de bandes néo-nazies ou de groupuscules d'extrême droite dans ces attaques. Plutôt curieusement, ces conclusions étaient en contradiction flagrante avec le corps même du rapport, dans lequel on pouvait lire que ces attaques étaient « imputables à la jeunesse des quartiers sensibles au conflit israélo-

1. Entretien pour *Valeurs actuelles*, 12 décembre 2003.

palestinien, principalement celle d'origine nord-africaine », alors que le pourcentage attribuable à l'extrême droite était « seulement de 9 % en 2002 [1] ».

L'embarras des politiques ne peut masquer la réalité : le phénomène des agressions antisémites – insultes, coups, profanation de lieux de culte ou de cimetières, incendies volontaires, etc. – progresse de manière réellement effrayante. De « seulement » 32 actes antisémites recensés en France en 2001, on est passé à 193 en 2002 et pour le premier trimestre 2004 à 67 [2]. Certes, les auteurs des actions les plus graves – comme l'incendie d'une école – n'ont pas toujours été identifiés, mais la majorité des personnes dénoncées par les victimes ou interpellées par la police appartenait bien à cette jeunesse de la communauté musulmane qui « rejoue l'Intifada » dans les banlieues.

Ce climat d'antisémitisme, volontairement entretenu par les prêches de certaines mosquées et encouragé par des sites Internet et des réseaux islamistes, n'a éveillé, le plus souvent, que l'indifférence dans les partis de gauche et les organisations de défense des droits de l'homme qui, elles aussi, sont travaillées au corps par l'antisémitisme. Curieusement, « droits-de-l'hommistes », extrémistes de droite et de gauche ou militants altermondialistes – qu'il soit clair que je n'accuse pas ici l'ensemble de ces mouvements, mais bien des individus et des factions – se retrouvent parfois au coude à coude avec leurs nouveaux camarades islamistes dont ils espèrent naïvement se faire des amis. Ainsi, aucun de ces nouveaux compagnons de route ne semble particulièrement choqué lorsque Mohamed Latrèche dénonce l'« influence juive » sur George Bush, ou lorsque Rachid

1. Extraits du rapport cité dans le *Daily Telegraph*, 1er avril 2004.
2. *Associated Press*, dépêche du 7 juin 2004, 10 h 05.

Benaïssa[1] fait conspuer les journaux et journalistes « juifs » lors de la fameuse manifestation de défense du voile le 17 janvier 2003.

Une véritable Internationale

La mobilisation en faveur du voile a eu au moins un avantage : faire apparaître l'existence d'une véritable Internationale islamiste politique. Un peu partout dans le monde, en effet, des manifestations se sont déroulées dans lesquelles on a pu entendre scander les mêmes slogans. Ainsi, le 17 janvier 2004, deux cortèges – totalisant près de 3 000 personnes – ont défilé à Londres, près de l'ambassade de France, tandis qu'au Caire ou à Amman, quelques centaines de femmes conspuaient Paris. *Idem* à Damas, Bahreïn, Rabat, Gaza, Bethléem et Naplouse, Khartoum, au Koweït ou encore à Bruxelles. En Suède, les manifestants étaient 2 000 à Stockholm, 500 à Malmö et 300 à Göteborg. Ils étaient un millier à Berlin, une centaine à Montréal et 50 à Helsinki. En Égypte, Mohammed Mehdi Akef, un Frère musulman, a dénoncé un courant « malveillant qui combat le voile et est similaire au courant existant en Turquie et en Tunisie ». À Beyrouth, le Hezbollah a organisé une manifestation de 5 000 jeunes filles voilées devant l'ambassade de France. Et partout les mêmes mots d'ordre. Et, partout ou presque, l'ombre des Frères musulmans.

Même les États-Unis n'ont pas échappé à la fièvre islamiste antifrançaise. Sayyid Muhammad Syeed, secrétaire général de l'Islamic Society of North America (ISNA), basée à Plainfield, dans l'Indiana, a fait envoyer des

1. Une personnalité intéressante que Rachid Benaïssa. Installé en France à la fin des années 1980, après avoir été un activiste à la faculté des lettres d'Alger, il fait aujourd'hui la jonction entre l'islamisme radical et l'extrême droite et il est, notamment, lié au GRECE, le phare intellectuel de la « nouvelle droite ».

dizaines de milliers de lettres à Jacques Chirac. Apparemment assez modérée, l'ISNA est, en fait, liée au Hamas et aux Frères musulmans : elle est l'un des bailleurs de fonds du Quranic Literacy Institute, dont une partie des biens ont été placés sous séquestre suite à des soupçons de financement d'activités terroristes. Muzammil Siddiqui, ancien président de l'ISNA, est d'ailleurs un propagandiste connu du djihad et s'oppose à l'entrée de musulmans dans l'armée américaine : pour lui, un musulman ne peut combattre pour une cause non musulmane.

À la question de savoir s'il y a bien une offensive « politique » islamiste en Europe, la réponse me semble donc ne pouvoir être que positive. Les axes de cette offensive sont la défense du voile, l'antisémitisme, l'homophobie et la solidarité avec les « musulmans agressés » depuis septembre 2001. Les islamistes sont en train de tester la tolérance et le potentiel de résistance des démocraties, pour savoir jusqu'où ils peuvent aller. Ils prennent surtout en otages la majorité des musulmans qui n'aspirent, comme ils nous le disent souvent, qu'à une vie normale et calme, mais qui, trop souvent livrés à eux-mêmes par les autorités, sont terrorisés par l'agressivité des activistes.

Certains propos ou actes tenus ou commis dans le cadre de cette offensive relèvent, à l'évidence, des tribunaux. Mais y a-t-il eu des procès ? La réponse est négative. Or cet islamisme politique fournit aux organisations djihadistes – qu'il soutient d'ailleurs souvent directement – le réservoir de recrutement et de sympathies qui leur permet de développer leurs réseaux en Europe ou dans les autres pays industrialisés. Et de les remplacer rapidement lorsqu'ils sont démantelés. Il faut bien comprendre, en effet, que l'on ne devient pas djihadiste du jour au lendemain, mais à la suite d'une maturation plus ou moins longue. Et le passage par la case politique est une étape essentielle de cette maturation.

De plus, l'existence d'une véritable Internationale fournit aux djihadistes la couverture qui leur permet de voyager, de faire transiter des fonds et de transmettre des messages. Pour avoir été longtemps trop tolérante envers un islamisme politique qu'elle jugeait peu dangereux et se refusait à réprimer par respect de la liberté d'expression, la Grande-Bretagne s'est réveillée, un beau jour, confrontée à la prolifération cancéreuse des cellules djihadistes, qu'elles soient logistiques ou purement opérationnelles. La France est en train de vivre la même expérience. Quel autre pays, demain, paiera de la sorte un respect mal compris de la différence ? Le prêche de la haine et de l'écrasement de l'autre – qu'il s'agisse de la femme, du juif, de l'homosexuel ou encore de l'athée – n'est pas une opinion. C'est un délit. Qui encourage le passage à d'autres délits et, un jour, au crime.

Conclusion

Comment vaincre l'Internationale djihadiste : trente propositions pour lutter contre le terrorisme

Une mouvance intelligente qui évolue rapidement à chaque nouvelle menace, omniprésente – ou active dans des dizaines de pays –, analysant chacune de ses erreurs, tirant bénéfice des tensions qui traversent le monde musulman pour se renforcer et recruter, habile à susciter les crises qui généreront de nouveaux djihads locaux : telle que je l'ai décrite, la mouvance du djihad semble invincible. Je ne crois pas, pourtant, que ce soit le cas. Je pense, au contraire, que l'islamisme – qu'il soit politique ou armé – peut être vaincu exactement comme le furent le nazisme et le communisme, ces deux autres grandes idéologies totalitaires du XXe siècle. Tout est question de volonté. De volonté politique, pour être précis.

Avant tout, il faut faire l'effort de la clarté, du « parler vrai » dont s'enorgueillissent tant de responsables politiques. « Mal nommer les choses, disait Albert Camus, c'est ajouter au malheur du monde. » C'est aussi s'interdire de les identifier clairement et, ainsi, de les traiter comme elles doivent l'être. On ne soigne pas un cancer de la peau comme on soignerait un cancer des voies digestives : chacun des deux réclame sa propre médication. De même, s'il est vrai qu'un même remède peut soigner différents maux, on ne combat pas le terrorisme islamique comme on combattrait le terrorisme nationaliste de l'ETA ou le terrorisme mafieux du FLNC. Chacun a ses spécificités propres et ne pas en tenir compte condamne à l'échec.

Pourtant, en relisant les déclarations faites par les gouvernements et autres autorités, nationales ou supranationales, après la plupart des attentats attribuables à la mouvance djihadiste, on chercherait en vain, en Europe du moins, les vocables « islamiste » ou « djihadiste ». Nos dirigeants condamnent, certes, le terrorisme, mais ne le qualifient pas. Par peur des amalgames, certainement, par soucis de ne pas blesser, très probablement, mais sans doute aussi pour éviter d'attiser un possible « conflit de civilisation », ils évitent de mettre en exergue le côté religieux de ce conflit. J'estime qu'il y a là une erreur, une injustice et une faute. Erreur, d'abord, parce que refuser la réalité n'a jamais permis à personne de l'affronter. Injustice, ensuite, parce que ce non-dit entretient le flou et risque de nuire gravement à l'ensemble des musulmans que la « rue occidentale » pourrait, un jour, mettre tous dans le même sac, alors qu'ils sont souvent les premiers à souffrir de la terreur islamiste. Faute, enfin, parce que cette attitude isole, au sein du monde musulman, ceux qui luttent contre l'islamisme.

Il faut accepter, donc, que, dans l'esprit de ceux qui nous ont déclaré la guerre, il y a bel et bien un « conflit de civilisation ». Et que cette guerre, pour eux, est religieuse. Ce n'est pas pour voir satisfaire quelque revendication purement politique, nationale ou territoriale que les islamistes, qu'ils soient armés ou non, subvertissent ou frappent, mais pour faire triompher un projet politico-religieux global qui consiste en l'établissement, par la force, de la cité de Dieu sur terre, le califat.

Quand l'Europe se refuse à voir les choses en face

Ces trois dernières années, passé l'émotion qui a suivi les attentats du 11 septembre 2001, aux quelques-uns, dont je suis, qui – chercheurs, journalistes, magistrats, militaires, policiers ou officiers de renseignement ou parfois un mélange de certaines de ces fonctions – avaient le malheur de souligner que le conflit était global, on a trop souvent opposé le sourire poli mais agacé habituellement réservé aux enfants qui tentent de se mêler des conversations des grandes personnes. Et si nous avions l'invraisemblable outrecuidance d'évoquer une « guerre », nous étions bons pour une volée de bois vert et *illico* accusés d'attiser les braises du conflit des civilisations. Déformation bien connue de la perception des réalités qui veut que, lorsque quelqu'un apporte de mauvaises nouvelles, ce soit à ce messager, qui n'y peut pourtant rien, que l'on réserve l'essentiel de sa hargne.

Puis les choses ont commencé à frémir et, ensuite, à bouger : d'autres attentats se sont produits, un peu partout dans le monde. Peu à peu, la presse a commencé à poser les vraies et bonnes questions, mais les politiques, étrangement muets, n'y répondirent point. À peine, de temps à autres, déclaraient-ils, du bout des lèvres, que notre continent était « protégé ». Protégée, l'Europe ? N'y avait-il pas d'Européens dans le vol Air France au départ de Paris que Richard Reid tenta de faire sauter avec sa chaussure piégée, en décembre 2001 ? À Djerba, en mars 2002, n'a-t-on pas visé des touristes allemands dans la synagogue de la Ghriba ? Et à Karachi, quelques semaines plus tard, des ingénieurs et techniciens français ne sont-ils pas tombés sous les bombes ? À Riyad et à Casablanca, ne ciblait-on pas, entre autres des Européens ? Le pétrolier *Limburg*, frappé au large du Yémen, n'était-il pas affrété par une société française ? Et à

Istanbul, en novembre 2003, n'a-t-on pas tué des Britanniques ?

On pourrait, du reste, remonter au-delà. Le terrorisme islamique a tué en deux vagues distinctes : la première, celle d'un terrorisme chiite, originaire du Liban, dans les années 1980 et la seconde, la vague du terrorisme sunnite, provenant entre autres d'Algérie puis issue de la mouvance djihadiste internationaliste, dans la décennie suivante – plus de cinq cents Européens tués et quelque 3 000 autres mutilés ou blessés. Ces attentats et ces morts n'ont jamais amené un seul décideur politique européen en vue à accepter de reconnaître publiquement qu'un djihad était mené contre l'Europe.

Puis il y eut Madrid, le 11 mars 2004. Une fois dépassé les cafouillages des premiers jours, on pouvait s'attendre à ce que l'Europe parle, enfin, d'une seule voix et prenne ses responsabilités. Côté discours, nous ne fûmes pas déçus. Côté prise de conscience, en revanche, on aurait pu faire beaucoup mieux. D'autant que, en coulisse, une petite musique lancinante commença rapidement à s'élever. Bien entendu, l'Europe avait été touchée (du point de vue géographique et politique, il est, quand même, assez difficile de dénier à l'Espagne le statut d'État européen...), mais était-elle, pour autant, visée ? N'est-ce pas plutôt pour le soutien de son gouvernement à la politique américaine et à la guerre en Irak que Madrid avait subi la terreur ?

La preuve de l'incompréhension européenne face au terrorisme islamiste et à son caractère global allait bientôt être apportée de manière éclatante. Onze jours après l'attentat de Madrid, le 22 mars 2004, le cheikh Ahmed Yassine, fondateur et dirigeant spirituel du Hamas, était tué par l'Armée israélienne au cours d'une de ces « frappes ciblées » dont Tsahal et les services de sécurité israéliens se sont fait une spécialité. De Paris au Vatican, de Bruxelles à Moscou, le monde entier condamnait aussitôt cet acte inqualifiable ne « pouvant se justifier dans aucun État de droit ». Dans un touchant unanimisme, l'ensemble des dirigeants politiques du monde oubliait soudain que le Hamas était une organisation terroriste, officiellement répertoriée comme telle, du reste, par l'Europe et les États-Unis. Seule Condoleezza Rice, conseiller de George Bush pour la sécurité Nationale, rappelait que « cheikh Yassine était lui-même, nous le croyons, impliqué dans la planification d'attentats terroristes », ce qui suffisait, au terme du droit international de la guerre, à en faire une cible militaire légitime. Pour le reste, et, particulièrement du point de vue européen, le « crime » commis par Israël était impardonnable. On peut tout à fait comprendre que des États démocratiques aient regretté cette attaque, estimé qu'elle était inappropriée du point de vue politique, ou encore pensé qu'elle rendait encore un peu plus difficile la recherche d'une solution politique au Proche Orient. Mais était-il nécessaire pour autant de faire d'un assassin dont les décisions avaient causé la mort de centaines de civils israéliens, arabes, américains et européens, et en avaient blessé des milliers d'autres, le fils spirituel de l'abbé Pierre et de mère Teresa ? D'autant que, en privé, plusieurs de ces dirigeants européens qui avaient, publiquement, condamné l'élimination du cheikh nous disaient – l'ESISC avait publié une « note brève » soulignant que, du point de vue de la lutte antiterroriste, la mort du cheikh Yassine était une « bonne nouvelle [1] » – que nous avions, évidemment, raison. Fallait-il vraiment, dès lors, se complaire à ce point dans l'hypocrisie et la lâcheté ?

Pour l'emporter contre le terrorisme islamique, trois conditions sont nécessaires. La première est d'accepter que l'état de guerre existe bel et bien entre la frange

1. « The death of cheikh Yassine », note de l'ESISC diffusée le 23 mars 2004.

extrémiste du monde musulman et le reste du monde. La deuxième est de définir la bonne stratégie et de s'y tenir, mais en faisant montre de la même souplesse et de la même adaptabilité que l'adversaire. La troisième est de se donner les moyens d'appliquer la stratégie décidée. Or chacun doit être conscient que toute stratégie antiterroriste suppose l'articulation de trois types de politiques – purement sécuritaire d'abord, internationale ensuite, et enfin sociétale ou « socioculturelle ». Ces politiques montreront leurs effets dans le court, le moyen et le long terme. Si les mesures purement sécuritaires sont des conditions nécessaires du succès – il existe une menace immédiate et il faut s'en prémunir en temps réel –, elles ne permettront pas de vaincre le terrorisme si elles ne s'accompagnent pas de décisions et de réformes à long terme. En revanche, privilégier une politique de changements à long terme en négligeant ou en mésestimant les aspects purement sécuritaires de la lutte reviendrait à s'exposer gravement à la menace.

L'ESISC a diffusé dans les milieux politiques européens, en mars 2004, quelques jours après les attentats de Madrid, un document intitulé *Trente propositions pour lutter contre le terrorisme*. Il n'a rien perdu de son actualité. On me permettra donc de le citer *in extenso*.

La lutte antiterroriste et la riposte à court terme

1. Certains pays européens ne disposent toujours pas, à ce jour, de législation antiterroriste spécifique. Il y a lieu de combler cette lacune. Il a été prouvé, dans les pays où cette législation existe, comme en France, que celle-ci fait considérablement progresser la répression des activités terroristes. L'adoption d'une législation antiterroriste homogène par les États membres devrait donc être considérée comme une priorité par les Vingt-Cinq. Seul ce

cadre légal commun permettra aux services européens de collaborer efficacement.

2. Cette législation antiterroriste, pour être efficace, doit s'accompagner, dans les pays qui n'en disposent pas, de lois autorisant des mesures « techniques » qui sont le gage de la réussite : possibilité de pratiquer des écoutes téléphoniques « de sécurité » (non couvertes par un juge), rallongement de la garde à vue pour les crimes et délits liés au terrorisme, etc.

3. Le mandat d'arrêt européen doit, effectivement, être appliqué par les États membres.

4. L'Europe s'est dotée d'une « liste noire » des organisations terroristes. Les organisations portées sur cette liste et leurs membres doivent effectivement se voir infliger les restrictions de mouvements et autres mesures d'interdiction prévues (interdiction de toute activité politique, gel des comptes et des avoirs, interdiction de déplacement, etc.). Ce n'est pas le cas aujourd'hui.

5. L'Europe manque d'une coordination centrale de la lutte antiterroriste. Cette mission a certes été confiée, en partie, à Europol, mais étant donné la nature, la composition et les habitudes de travail de cette organisation, ce choix, peu judicieux, devrait être revu. Tous les policiers actifs en Europe vous diront en effet que, peut-être par manque de moyens, Europol (installé à La Haye) ne brille pas par son efficacité. Par ailleurs, les services de renseignement répugnent à partager leurs connaissances avec cette organisation purement policière.

6. Un nouveau centre de coordination européen devrait, entre autres choses, être chargé d'une mission d'analyse et de la production d'un rapport d'évaluation quotidien sur l'exemple du *Daily Threat Matrix*, secret, édité par le *Terrorist Threat Integration Center* aux États-Unis. Il ne s'agit pas ici de créer une « CIA européenne » (chargée de récolter et de traiter le renseignement), mais bien de mettre sur pied un centre

d'évaluation des menaces et de coordination à l'échelle du continent. Un lieu où les services spécialisés pourraient, en temps réel, échanger et confronter leurs informations.

7. Une grande part des succès de la lutte antiterroriste repose sur l'acquisition de renseignements pertinents en temps réel. Cet aspect des choses, qui permet d'éviter des attentats, doit être privilégié ; les moyens matériels et humains dont sont dotés les services de renseignement nationaux en matière de contre-terrorisme doivent être accrus, et les échanges entre services fortement encouragés.

8. Il arrive que, pour des raisons « culturelles », services de police et de renseignement ne collaborent pas pleinement. Cette collaboration doit donc être intensifiée et contrôlée.

9. Il y a lieu de recruter dans les services de police spécialisés et les services de renseignement davantage de nationaux d'origine allochtone qui maîtrisent à la fois la langue, la culture et les coutumes de leur pays d'origine. Ces recrutements, évidemment précédés des enquêtes de sécurité d'usage, amélioreront les performances des services concernés.

10. Dans chaque unité de police de base (commissariat), un officier devrait être formé plus spécialement aux questions se rapportant au terrorisme. Il pourrait ainsi détecter les « signaux faibles » perceptibles sur le terrain et devant être transmis aux services concernés, et serait à même de dresser un tableau local de la menace.

11. En ce qui concerne les armes de destruction massive, leur conception et les matériaux entrant dans leur fabrication, un effort particulier devrait être fait en vue de sensibiliser les milieux industriels et scientifiques à certaines procédures de sécurité. Des contrôles du commerce de ces matériaux devraient être instaurés ou renforcés. Il y aurait lieu de pousser la communauté

scientifique à adopter une attitude prudente dans les publications relatives à ces matières.

12. L'ensemble des infrastructures sensibles et des cibles potentielles devrait être clairement identifié dans chaque État, une évaluation du risque précis réalisée, et un plan de sécurité, même sommaire, mis au point ; dans ce cadre, les rapports entre le secteur privé et les services compétents devraient être vivement encouragés et codifiés.

13. Dans les secteurs économiques particulièrement ciblés ou sensibles (tourisme, industrie agro-alimentaire, énergie, transports, etc.), des spécialistes devraient être formés, et des procédures de sécurisation mises en place et testées.

14. Dans le même ordre d'idées, l'ensemble des procédures de sécurité devrait faire l'objet de tests réguliers (y compris des exercices surprises) et d'une mise à jour permanente.

15. Il est nécessaire d'instaurer des relations étroites entre les services de police et de renseignement, les universités et les centres de recherches indépendants. Cette coopération a fait ses preuves, de longue date, aux États-Unis et en Grande-Bretagne. Les services compétents pourront ainsi bénéficier de l'expertise qui leur est nécessaire pour mieux percevoir le contexte dans lequel évolue le terrorisme islamique.

16. Dans le même ordre d'idées, un centre privé (sous statut d'ONG) susceptible de créer et de coordonner un véritable réseau international de chercheurs et de structures spécialisées devrait être créé à Bruxelles, capitale de l'Europe.

17. Au plan international, il y a lieu de collaborer activement avec les gouvernements alliés afin de réduire les zones de non-droit qui peuvent abriter des camps de formation et autres infrastructures lourdes (Afghanistan, Tchétchénie, certaines parties de la Géorgie, etc.).

18. Il y a lieu d'encourager les pays arabo-musulmans à engager rapidement les réformes socio-économiques qui amèneront un meilleur partage des richesses et plus de justice sociale. Des réformes politiques devraient suivre et permettre, progressivement, une expression politique normale dans ces pays. Ces mesures socio-économiques et politiques permettront de faire baisser les tensions et de limiter ainsi l'attractivité et le potentiel de recrutement de la mouvance du djihad.

La riposte à moyen terme : gagner la guerre des idées

L'islamisme radical progresse, en Europe comme ailleurs, grâce à la force de séduction qu'il a acquise auprès des intellectuels désenchantés et des exclus. Il n'y a pourtant, là non plus, aucune fatalité.

19. De larges efforts devraient être faits en matière d'information pour mettre en relief la supériorité et les avantages du modèle démocratique. De même devrait être mis en avant, de manière systématique, tout l'intérêt que le monde en voie de développement aurait à se rapprocher de ce modèle. Ceci pourrait se concrétiser, notamment, à travers des échanges d'intellectuels, d'artistes et de journalistes. Pour centraliser ces efforts et leur donner la puissance nécessaire, une Agence culturelle européenne pourrait être créée.

20. Les femmes et les jeunes filles peuvent être un vecteur naturel de cette information, et donc un puissant facteur de changement et de démocratisation. Aussi bien dans les communautés musulmanes d'Europe que dans le monde arabo-musulman lui-même, des programmes spécifiques destinés aux jeunes filles et aux femmes devraient être multipliés, tandis que l'information plus générale insisterait sur l'importance du respect des droits des femmes.

21. L'un des problèmes fondamentaux du monde

arabo-musulman est l'absence de laïcité et la non-séparation de la mosquée et de l'État. Les intellectuels arabo-musulmans travaillant dans ce sens devraient être encouragés, y compris matériellement, par l'octroi de bourses ou l'organisation de tournées de conférences en Europe.

22. Il y aurait lieu, entre autres, d'encourager la représentation, au plan national, des citoyens appartenant à la communauté musulmane mais n'étant pas eux-mêmes croyants ou pratiquants. Il n'y a aucune raison que seuls les religieux aient le monopole de la représentation de la « communauté musulmane ». Exemple pourrait être pris sur la communauté juive qui, dans certains pays (comme la France et la Belgique), est représentée par le Consistoire israélite pour toutes les questions liées au culte et par d'autres organisations (CRIF, CCOJB ou autre) pour toutes les autres matières.

23. Au niveau de la représentation religieuse des communautés arabo-musulmanes, il y a lieu de favoriser, chaque fois que possible, le dialogue avec les responsables engagés dans une démarche de « modernisation » de l'Islam et de ne pas encourager les représentants liés à l'Arabie Saoudite ou, à l'inverse, proches des Frères musulmans et autres organisations représentant la même idéologie.

24. Dans les écoles, des cours pourraient être consacrés à l'histoire de l'immigration, de manière à sortir les jeunes d'origine immigrée de leur « ghetto », à les valoriser à leurs propres yeux et aux yeux de leurs condisciples, et à pouvoir développer des modèles positifs.

25. La démocratie ne peut s'imposer, mais les accords de coopération internationale devraient faire une large part à l'obligation de démocratisation, de promotion de la société civile et de respect des droits des femmes pour bénéficier de certaines politiques et aides.

26. Les mesures positives ne suffisent pas : à l'intérieur de ses frontières, l'Europe devrait se doter d'un arsenal juridique lui permettant de poursuivre les appels à la haine et à la violence et autres manifestations verbales ou écrites extrémistes, où qu'elles soient exprimées, y compris dans les mosquées.

27. De même, les curriculum vitae des imams, des enseignants de religion islamique et des visiteurs de prison devraient être contrôlés. On sait que les wahhabites et autres salafistes dépensent, par exemple, énormément d'énergie dans les prisons et y jouent un rôle pernicieux.

28. De manière générale, tout devrait être fait pour limiter et isoler autant que faire se peut, tant en Europe que dans le monde, l'influence de l'Arabie Saoudite sur le monde musulman.

29. Il est nécessaire de former, dans les hôpitaux et les services de secours, des professionnels capables de faire face aux besoins cliniques et psychologiques spécifiques des victimes d'actes de terrorisme.

30. L'assistance aux victimes des actes de terrorisme devrait être revue de manière à être plus souple, plus rapide et plus importante ; des efforts particuliers devraient être faits dans le domaine de l'assistance psychologique.

Voir le monde tel qu'il est et pas tel qu'on voudrait qu'il soit

Que faudra-il pour qu'enfin l'Europe se décide à affronter le monde réel et arrête de le voir tel qu'elle voudrait qu'il soit ? Combien de bombes, de morts, de sang et de larmes faudra-il pour accepter qu'une guerre existe, qu'elle nous a été déclarée et qu'elle est menée par un ennemi implacable ? Je n'ai pas la réponse à cette question. Ce que je sais, c'est que des attentats, des morts et du sang, il y en aura encore. Car cette guerre ne fait que commencer.

De notre capacité à l'accepter, de notre cohésion, du choix de nos alliés – y compris, bien entendu, au sein du monde arabo-musulman – et de notre volonté réelle de nous défendre dépendent nos chances de succès. Je citerai, pour finir, quelques mots du stratège soviétique Mikhaïl Frounze : « Dans la bataille, la victoire appartient à celui qui trouve en lui la force d'attaquer. »

Cela fait peut être un peu vieillot, cela ne cadre sans doute pas tout à fait avec le siècle des ordinateurs et d'Internet, c'est certainement politiquement incorrect, mais, fondamentalement, au plan individuel comme à celui des nations, cela reste vrai et pourrait, sans doute, être traduit pas une autre formule : ne survit que celui qui fait tout pour survivre.

Et c'est bien de cela qu'il s'agit : de la survie, face à la barbarie et à l'oppression du modèle démocratique qui est le nôtre. Imparfait certes, mais seul à reconnaître à l'individu son libre arbitre et à lui donner la possibilité de s'épanouir.

Démocratie ou barbarie : c'est ainsi, et pas autrement, que la question se pose.

À nous d'y répondre.

ANNEXE

Les organisations appartenant à la mouvance du djihad

Ce passage en revue des organisations liées à Al-Qaïda et composant, avec l'organisation d'Oussama Ben Laden, la « mouvance du djihad » ne peut être qu'incomplet ; il représente seulement un instantané de cette mouvance : une organisation peut en effet disparaître alors qu'une autre va naître puis se rapprocher de la nébuleuse tandis qu'un énième groupe peut éclater en tendances diverses et rivales. On ne reviendra pas ci-dessous sur Al-Qaïda *stricto sensu*. De même, certaines organisations ont été laissées de côté, comme le Kumpulan Mujahidin Malaysia, qui poursuit le même but que le Jamaah Islamiyya indonésien (l'établissement d'un grand califat en Asie du Sud-Est), mais semble déconnecté de la mouvance internationaliste.

D'autres groupes, comme le Pagad (People Against Gangsterism And Drugs) d'Afrique du Sud, n'ont pas été pris en compte parce que leur action apparaît essentiellement locale. Le cas du Pagad, pourtant, illustre bien les limites de l'exercice : ce petit réseau (quelques dizaines d'activistes) a mené à bien près de deux cents attaques depuis 1996, dont certaines contre des synagogues et des intérêts occidentaux, ce qui tendrait à le rattacher au djihadisme international. On ne trouve, toutefois, aucune trace de liens quelconques entre le Pagad et la mouvance, mais cela pourrait changer, étant donné l'intérêt profond qu'Al-Qaïda et certaines de ses organisations affiliées portent à l'Afrique. Seule une veille permanente et l'examen attentif des « signaux faibles » permettent de déterminer quelles sont les organisations impliquées dans le djihad international.

Au début de l'été 2004, ces groupes étaient environ vingt-cinq (Al-Qaïda comprise), fortement implantés dans une vingtaine de pays amis et possédant des ramifications dans le monde entier.

Ansar al-Islam *(Irak)*

L'Ansar al-Islam (AI, « Les Partisans de l'Islam ») a été formé en septembre 2001 dans le nord de l'Irak sous les doubles auspices des services secrets irakiens, qui voulaient l'utiliser pour lutter contre les organisations indépendantistes kurdes, et d'Al-Qaïda, qui souhaitait s'assurer des refuges dans la perspective de son éviction d'Afghanistan.

Le groupe n'a jamais compté plus de quelques centaines de membres qui se sont livrés, pour l'essentiel, à des attentats contre l'Union patriotique du Kurdistan (UPK) et ses cadres. L'opération militaire menée par les États-Unis en Irak au printemps 2003 et l'occupation qui a suivi ont dispersé les militants de l'AI et détruit ses camps. Il ne compte plus aujourd'hui que quelques cellules opérationnelles en Irak et en Turquie. Le nombre de membres de l'AI ayant échappé à la capture et à la mort et susceptibles de participer à des actions terroristes ou de créer des réseaux à l'étranger est inconnu.

Asbat al-Ansar *(Liban)*

L'Asbat al-Ansar (AA, « Ligue des Fidèles »), qui est essentiellement formé de réfugiés palestiniens, est apparu au Liban au début des années 1990 et a mené, depuis, de nombreuses attaques terroristes, notamment contre des dignitaires religieux. Mais cette organisation s'est aussi livrée, comme d'autres membres de la mouvance, à des attaques ciblées contre des lieux de plaisir ou de loisirs, tels que clubs de nuit, bars ou théâtres. Depuis 2000, l'organisation a pris une nouvelle dimension avec une attaque au missile contre l'ambassade russe à Beyrouth – cette attaque, probablement liée à la répression russe en Tchétchénie, est typiquement « internationaliste » –, des attentats contre des restaurants fast-food étrangers et l'assassinat d'un missionnaire américain.

La base opérationnelle de l'AA serait le camp de réfugiés d'Aïn el-Eloueh, près de Sidon, dans le Sud Liban, et ses effectifs sont estimés à quelques centaines de personnes (environ 300).

Bataillon Riyadus-Salikhin de reconnaissance et de sabotage des martyrs tchétchènes (Tchétchénie)

Le Bataillon est l'une des trois organisations islamistes tchétchènes (avec la Brigade islamique internationale et le Régiment islamique à destination spéciale). Il a participé à la prise d'otages du théâtre Doubrovka, à Moscou, le 23 octobre 2002. Il est peu connu des experts et on estime, en général, que ses membres ne doivent pas être plus de quelques dizaines.

Brigade islamique internationale de maintien de la paix (Tchétchénie)

Connue sous plusieurs noms et habituellement désignée sous son acronyme anglais (IIPB), la Brigade est l'une des trois organisations purement islamistes de Tchétchénie. Elle a été créée en 1998 par Chamil Bassayev, et son commandement confié à Ibn al-Khattab, le chef des wahhabites dont la présence dans le Caucase est en partie liée au déclenchement de la seconde guerre de Tchétchénie. Responsable de nombreuses attaques en Tchétchénie et dans le sud de la Russie, la Brigade a été l'une des organisatrices de la prise d'otages du théâtre Doubrovka, à Moscou, le 23 octobre 2002.

Financée par des sympathisants saoudiens et plus généralement du Golfe, elle entretient des liens étroits avec Al-Qaïda et d'autres organisations de la mouvance du djihad. Elle compterait 500 membres, dont au moins 15 Arabes et autres étrangers. Outre ses camps d'entraînement en Tchétchénie, elle entretient des bases logistiques en Géorgie, en Turquie et en Azerbaïdjan.

Gama'a al-Islamiyya *(Égypte)*

Le Gama'a al-Islamiyya (GI, « Groupe islamique ») est le plus ancien et le plus important groupe armé islamiste présent et toujours actif en Égypte. Il a été créé dans les années 1970 par un groupe de militants incluant le cheikh Omar Abd al-Rahman (condamné à la prison à vie, à New York, en 1996, pour son implication dans le premier attentat contre le World Trade Center). Le GI prône le renversement du gouvernement « impie » du Caire et l'établissement d'un califat. La situation actuelle du GI est toutefois assez confuse depuis qu'un cessez-le-feu unilatéral a été proclamé en 1999, avant d'être dénoncé par une partie de l'organisation dirigée par Rifa'i Taha

Musa. En tout état de cause, Musa a disparu en 2002 et son sort exact reste inconnu tandis que, par ailleurs, aucune action terroriste d'ampleur attribuable au GI n'a été commise en Égypte depuis 1998.

Entre le moment de sa création et le cessez-le-feu de 1999, le GI a mené des attaques contre la communauté copte, les responsables musulmans modérés, les forces de l'ordre et les fonctionnaires, ainsi que contre les touristes étrangers. C'est à lui que l'on impute, entre autres, l'assassinat de cinquante-huit touristes à Louxor, en novembre 1997, et la tentative d'assassinat du président Moubarak à Addis-Abeba (Éthiopie), en juin 1995. On estime généralement que le GI, à son apogée (entre 1985 et 1997), a dû compter des milliers de membres actifs et autant de sympathisants, mais ces effectifs auraient été fortement réduits, ces dernières années, par la répression et les défections. Les bases principales du GI seraient situées en Haute-Égypte. Il disposerait d'antennes importantes au Caire et à Alexandrie, et des cellules seraient disséminées un peu partout dans le monde, entre autres en Grande-Bretagne et dans divers pays européens.

Groupe Abou Sayyaf (Philippines)

Le Groupe Abou Sayyaf opère dans le sud des Philippines. Il est issu d'une dissidence du Front de libération Moro, intervenue au début des années 1990 et menée par Abdurajak Abubakar Janjalani, tué le 18 décembre 1998 dans un affrontement avec les forces de l'ordre. La structure du groupe est assez floue : plus d'une organisation structurée, il s'agit d'un réseau de cellules plus ou moins autonomes qui reconnaissent la même autorité centrale et coordonnent certaines de leurs actions. Bien qu'inscrivant son action dans le cadre général de la revendication de l'autonomie pour une partie de Mindanao et de Sulu, le

Groupe Abou Sayyaf, qui s'est spécialisé dans les enlèvements contre rançon, ressemble de plus en plus à une bande criminelle recherchant le simple profit. À plusieurs reprises, des personnes enlevées par le Groupe Abou Sayyaf ont été assassinées, notamment par décapitation.

Ses effectifs sont estimés à quelques centaines de membres (200 à 500). Certains de ses dirigeants ayant été formés en Afghanistan durant le djihad contre les soviétiques, l'organisation semble avoir entretenu des liens avec la mouvance du djihad, mais les organisations plus orthodoxes se méfient de ceux qui passent pour des mercenaires. Il est toutefois clair que l'insécurité entretenue par le groupe et la nécessité pour le gouvernement philippin et, parfois, les forces spéciales de pays alliés d'engager des moyens importants pour le combattre profitent aux organisations de la mouvance présentes dans le sud de l'Asie.

Groupe combattant tunisien (Tunisie)

Le GCT aurait été créé à la fin des années 1990 ou en 2000 par Tarek Maaroufi (condamné depuis en Belgique pour sa participation au complot ayant abouti à l'assassinat du commandant Massoud) et Seifollah Ben Hassine. Il serait largement impliqué dans le soutien logistique à Al-Qaïda et à la mouvance du djihad, et plusieurs de ses membres seraient impliqués dans la préparation de divers attentats en Europe. La force exacte du GCT est inconnue, mais il pourrait compter entre plusieurs dizaines et 200 à 300 membres. Pourchassés en Tunisie, la plupart des membres du GCT ont probablement trouvé refuge en Europe où ils ont intégré les réseaux de la mouvance.

Groupe islamique combattant marocain (Maroc)

L'histoire et les activités du GICM étant largement décrites dans ce livre, il n'est pas utile de s'étendre davantage, ici, sur le groupe responsable des attentats de Casablanca (mai 2003) et de Madrid (mars 2004). Outre le Maroc et l'Espagne, le GICM semble fort implanté en Belgique, en France, aux Pays-Bas, en Italie et en Grande-Bretagne.

Groupe salafiste pour la prédication et le combat (Algérie)

Le GSPC est né d'une scission des GIA (Groupes islamiques armés) intervenue dans la seconde moitié des années 1990. La plupart des GIA étaient définis comme « algérianistes » (ou encore djezairistes, si l'on se réfère au nom arabe de l'Algérie, Al-Djezair), ce qui signifie qu'ils portaient l'essentiel de leurs coups contre le gouvernement algérien et ses représentants, même s'ils ne répugnaient pas à frapper la présence « infidèle » dans le pays. Face à cette tendance majoritaire s'est développé un courant dit internationaliste qui estimait qu'il ne servait à rien de s'attaquer au gouvernement local puisque celui-ci était soutenu depuis l'étranger (par la France, en l'occurrence) : il fallait donc d'abord s'en prendre à Paris, et ce n'est qu'une fois la France convaincue de cesser son soutien à Alger que le gouvernement algérien pourrait être combattu. Au plan intérieur, le GSPC a gagné des sympathies en refusant de s'en prendre aux populations civiles, comme le faisaient les GIA.

Le GSPC, dirigé par Hassan Hattab, s'est rapproché d'Al-Qaïda et de la mouvance du djihad au service de laquelle il a placé les réseaux et cellules dont il disposait en Europe, et notamment en France, en Belgique, en Italie, aux Pays-Bas, en Espagne, en Italie et en

Grande-Bretagne. Très affaibli par les arrestations opérées dans ses rangs européens après le 11 septembre 2001, sujet à une répression accrue en Algérie, le GSPC a également été victime de dissensions internes et aurait éclaté en deux branches, l'une active en Kabylie et l'autre dans le Grand Sud algérien et dans le nord du Mali, du Tchad et du Niger. Les dernières actions d'éclat attribuables au GSPC sont l'enlèvement de trente-deux touristes européens dans le sud du pays en 2003 et des attaques meurtrières contre des convois militaires en Kabylie en 2004.

Le 20 juin 2004, le gouvernement algérien a annoncé la mort de Nabil Sahraoui, devenu « émir national » du GSPC. Ce coup dur présage peut-être un nouvel affaiblissement du GSPC, mais l'on peut craindre également que, très marginalisé sur le terrain algérien, le groupe ne jette toutes ses forces dans la préparation d'attentats au plan international. On estimait, en juin 2004, que le GSPC devait encore compter quelques centaines de membres en Algérie et un nombre inconnu de membres et de sympathisants à l'étranger.

Harakat ul-Jihad-i-Islami *(Afghanistan)*

Le Harakat ul-Jihad-i-Islami (HUJI, « Mouvement de la guerre sainte islamique ») a été créé en Afghanistan en 1980 pour lutter contre la présence soviétique. Il se rattache à l'école radicale de l'Islam deobandi (voir plus loin la notice consacrée au mouvement pakistanais Lashkar-i-Jhangvi). Aujourd'hui, le HUJI, commandé par Amin Rabbani, concentre ses efforts sur le Cachemire. Sa force exacte est inconnue, mais on l'estime à quelques centaines de combattants, afghans, pakistanais ou étrangers. Le HUJI n'est pas formellement affilié à la mouvance du djihad, mais peut lui rendre des services.

Harakat ul-Mudjahidin *(Pakistan)*

Le Harakat ul-Mujahidin (HUM, « Mouvement des combattants de la guerre sainte ») est l'une des principales organisations islamistes armées du Pakistan, il opère essentiellement au Cachemire. Comme certaines organisations européennes, le HUM a une branche politique, le Jamiat-i-Ulema-i-Islam. Fazlur Rehman Khalil, autrefois émir du HUM et devenu son secrétaire général en février 2000, fut l'un des premiers signataires de l'appel au « Djihad contre les Juifs et les Croisés », lancé en février 1998 par Oussama Ben Laden. Le groupe est responsable de nombreux attentats contre les forces indiennes et des civils au Cachemire, ainsi que d'attaques et d'enlèvements de touristes étrangers – dont cinq furent assassinés entre août et décembre 1995. Ahmed Omar Sheik, reconnu coupable de l'enlèvement et de l'assassinat du journaliste américain Daniel Pearl, était membre du HUM.

Le HUM compte plusieurs milliers de membres basés au Pakistan et au Cachemire. Longtemps, il a bénéficié d'une position quasi officielle à Islamabad où il avait pignon sur rue, était soutenu par l'armée, les services de sécurité et de renseignement (ISI) et une bonne partie de la classe politique. Largement financé par les Saoudiens et d'autres donateurs du Golfe, le HUM possède des cellules en Europe (Grande-Bretagne, et sans doute France, BelgiqueBelgique et Pays-Bas) et aux États-Unis. Il semble avoir assez peu souffert de la rupture officielle du gouvernement pakistanais avec les groupes terroristes, dans la foulée du 11 septembre 2001, et pourrait toujours compter sur d'importants soutiens dans l'establishment militaro-sécuritaire pakistanais.

Hizb-i-Islami Gulbuddin *(Afghanistan)*

Fondé par Gulbuddin Hekmatyar, l'un des dirigeants afghans les plus extrémistes du djihad contre les Soviétiques, le HIG entretient de longue date des liens avec Al-Qaïda, et en particulier avec Oussama Ben Laden que Hekmatyar a proposé d'héberger et de protéger après son expulsion du Soudan, en 1996. Dans les années 1990, le HIG a géré plusieurs camps et centres d'entraînement en Afghanistan et au Pakistan et a formé de nombreux volontaires étrangers. Aujourd'hui, le HIG se livre à des opérations terroristes et de guérilla contre la présence internationale à Kaboul et contre les autorités de transition. Il compterait plusieurs centaines de membres.

Islamic Movement of Uzbekistan *(Ouzbékistan)*

L'IMU, fondé par Tohir Yuldashev, regroupe des militants islamistes d'Ouzbékistan, mais aussi d'autres États d'Asie centrale ex-soviétique. Bien que son objectif principal soit le renversement du régime du président Karimov, l'IMU a longtemps été incapable d'agir à l'intérieur des frontières ouzbèkes et a déplacé ses activités dans les pays voisins, tel le Tadjikistan. Il aurait aussi élargi ses objectifs en préconisant des attaques contre tous les « ennemis de l'Islam ». L'IMU semble avoir beaucoup souffert de l'opération *Enduring Freedom* lancée contre l'Afghanistan en octobre 2001 : nombre de ses combattants auraient été capturés ou abattus, dont son chef militaire, Juma Namangani, tué dans un bombardement. Toutefois, après une période de flottement, une série d'attaques et d'affrontements imputés à l'IMU ont fait plusieurs dizaines de morts à Tachkent en mars 2004. Les effectifs de l'IMU seraient d'un peu moins d'un millier de personnes, essentiellement présentes en Asie centrale.

Ittihad al-Islami *(Somalie)*

L'Ittihad al-Islami (II, « Union islamique ») est la plus importante organisation islamiste d'Afrique de l'Est. Il est soupçonné d'avoir conduit des attaques contre l'armée éthiopienne, d'autres factions somalies et des employés d'organisations humanitaires présentes dans le pays. Il contrôle des régions entières de Somalie, et un certain nombre de ses membres cultiveraient des liens avec la mouvance du djihad. L'II compterait environ 2 000 membres armés et entretiendrait en Éthiopie et au KenyaKenya des cellules susceptibles de préparer ou de commettre des attentats pour le compte de la mouvance.

Jaish Aden al-Islami *(Yémen)*

Le Jaish Aden al-Islami (« Armée islamique d'Aden »), aussi connu sous une demi-douzaine d'autres noms et habituellement désigné sous l'acronyme anglais IAA) s'est fait connaître en 1998 en publiant des communiqués de soutien à Oussama Ben Laden, en appelant au renversement du gouvernement yéménite et en prônant des attaques contre les intérêts américains et occidentaux. En décembre de la même année, il passait à l'action en kidnappant seize touristes américains, australiens et britanniques. En octobre 1999, le chef du groupe, Zine al-Abidine al-Mihdar (Abou Hassan), était exécuté, ce qui ne semble pas avoir découragé ses compagnons. Toutefois, depuis l'attentat d'octobre 2000 contre l'ambassade britannique à Sanaa, l'IAA n'a plus fait parler de lui que par des communiqués de presse. On ne dispose d'aucune preuve le liant aux attentats commis contre le *USS Cole* en 2000 ou contre le pétrolier *Limburg* en 2002. Les effectifs actuels de l'IAA ne sont pas connus.

Jaish-e-Mohammed *(Pakistan)*

Le Jaish-e-Mohammed (JEM, « Armée de Mahomet ») a été créé en 2000 au Pakistan par Masood Azhar. Comme le HUM, auquel il aurait pris des militants, le JEM combat pour le rattachement du Cachemire au Pakistan. Sa première action d'éclat a été l'attaque de l'Assemblée législative du Cachemire indien, à Srinagar, en octobre 2001 (31 morts). New Delhi considère également que le JEM aurait participé à l'attaque contre le Parlement indien, le 13 décembre 2001 (9 morts et 18 blessés), tandis que les autorités pakistanaises attribuent à cette organisation plusieurs attentats commis en 2002 contre des chrétiens pakistanais et étrangers. Le groupe possède des moyens assez importants, malgré sa création récente, et compterait jusqu'à plusieurs centaines de membres répartis en petites unités de combat. Le JEM semble moins lié à l'appareil militaire pakistanais que ne l'est le HUM.

Jama'a al-Islamiyyah al-Muqatilah *(Libye)*

Le JIM (« Groupe combattant islamique libyen », ou « Groupe combattant libyen »), créé en 1995 par des Libyens qui avaient combattu les Soviétiques en Afghanistan, prône le renversement du gouvernement Kadhafi qu'il juge anti-islamique. Il serait responsable d'une tentative d'assassinat du « guide suprême » en 1996 et de plusieurs attaques contre les forces de sécurité libyennes dans la seconde moitié des années 1990. On estime que ses effectifs doivent être de plusieurs centaines de personnes ; le JIM pourrait disposer de petites cellules à l'extérieur de la Libye, notamment en Europe.

Jamaah Islamiyya *(organisation régionale présente dans toute l'Asie du Sud-Est)*

Le JI est la plus importante organisation djihadiste de l'Asie du Sud-Est et l'une des plus importantes de la mouvance djihadiste internationaliste. Son but est de créer un califat englobant l'Indonésie, la Malaisie, la Birmanie, Singapour, le sud des Philippines et le sud de la Thaïlande. Le JI est connu pour avoir exécuté ou encouragé des dizaines d'attaques contre les minorités chrétienne, bouddhiste et hindouiste de la région, et pour avoir comploté en vue de commettre des attentats contre les intérêts locaux des États-Unis, de la Grande-Bretagne, de l'Australie et d'Israël. En décembre 2001, notamment, les autorités singapouriennes ont découvert un complot visant les missions diplomatiques et des intérêts militaires de ces pays.

À ce jour, les trois actions les plus importantes imputées au JI sont les attentats coordonnés de décembre 2000 contre des églises chrétiennes en Indonésie et aux Philippines, les explosions de Bali (12 octobre 2002) et l'attaque de l'hôtel Marriott de Djakarta (5 août 2003). Les effectifs exacts du JI sont inconnus et extrêmement difficiles à évaluer du fait de l'étendue de la zone d'action de l'organisation et de la dispersion de ses réseaux. On pense toutefois qu'il pourrait compter entre 5 000 et 10 000 membres.

Jamaat al-Tahwid wa'l-Jihad *(Jordanie)*

Le Jamaat al-Tahwid wa'l-Jihad (« Groupe de l'Unité et du Djihad ») a été créé par Abou Musab al-Zarqawi (alias Ahmed Fadan al-Khalayak, ou encore Abdel Fadil Nazzali Abou al-Moutaz) à la fin des années 1990 en Jordanie. Son but premier était alors le renversement du pouvoir « impie » à Amman. Al-Zarqawi s'est rapidement rapproché d'Oussama Ben Laden et d'Al-Qaïda, mais son organisation est restée indépendante et compte de nombreux réseaux et cellules en Europe (notamment en Allemagne et en Grande-Bretagne) et au Moyen-Orient (entre autres en Turquie, en Syrie, au Liban…). D'origine palestinienne, Al-Zarqawi est également très proche du Hezbollah libanais dont il apprécie tout particulièrement les opérations menées contre Israël. Le Jamaat al-Tahwid wa'l-Jihad serait responsable de la plupart des attentats de masses islamistes commis en Irak.

Jihad al-Islamiyya *(Égypte)*

Le Jihad al-Islamiyya, aussi connu comme le « Djihad islamique égyptien », est actif depuis la fin des années 1970 et vise, comme le Gama'a al-Islamiyya, au renversement du président Moubarak. Responsable de l'assassinat du président Anouar el-Sadate en octobre 1981, il s'est spécialisé dans les attaques menées contre les personnalités politiques et les fonctionnaires de haut niveau, mais n'a plus commis d'attentat en Égypte depuis 1993. Il s'est toutefois attaqué à l'ambassade d'Égypte à Islamabad en 1995, et a tenté d'organiser un attentat contre l'ambassade américaine à Tirana (Albanie) en 1998. Les effectifs du Jihad al-Islamiyya sont estimés à plusieurs centaines de membres et autant de sympathisants. Incapable d'agir encore en Égypte (où il ne disposerait de réseaux qu'au Caire et, peut-être, à Alexandrie), le groupe aurait déplacé toutes ses activités à l'étranger et aurait mis ses réseaux logistiques et opérationnels au service exclusif d'Al-Qaïda. Des cellules du Jihad al-Islamiyya sont, notamment, présentes en Arabie Saoudite, au Yémen, au Liban, mais aussi en Grande-Bretagne et aux États-Unis.

Lashkar-e-Tayyiba *(Pakistan)*

Le Lashkar-e-Tayyiba (LT, « Armée des Justes ») est une organisation islamiste pakistanaise combattant tout à la fois la présence indienne au Cachemire, les intérêts américains et occidentaux au Pakistan et la présence missionnaire chrétienne dans ce pays. Le LT s'est livré, depuis 1993, à de nombreuses attaques de militaires et civils indiens au Cachemire. L'organisation apparaît comme étant très liée à Al-Qaïda : c'est dans une maison refuge du LT, à Faisalabad (Pakistan), qu'Abou Zoubeidah, l'un des plus proches collaborateurs d'Oussama Ben Laden, a été arrêté en mars 2002. Le LT compterait plusieurs centaines de membres et aurait des antennes, notamment financières et logistiques, en Grande-Bretagne.

Lashkar-i-Jhangvi *(Pakistan)*

Le Lashkar-i-Jhangvi (LJ, « Armée de Jhangvi ») tire son nom du souvenir de Maulana Nawaz Jhangvi, un dirigeant extrémiste pakistanais tué en février 1990. Il s'inscrit dans la mouvance deobandie. Ce courant sunnite radical est apparu au XIXe siècle avec la création d'une école islamique dans la ville de Deoband (d'où son nom), à 120 kilomètres au sud-est de New Delhi. Cette école, Darul Uloom (« Maison de la Connaissance »), est aujourd'hui le deuxième centre d'études islamiques au monde après l'université d'Al-Azhar au Caire : près de 70 000 étudiants y ont été diplômés. En Asie, 15 000 madrasas (dont 4 000 pour le seul Pakistan) se réclament de l'école deobandie.

L'idéologie deobandie est extrêmement puritaine et rétrograde. Ainsi, on enseigne à Darul Uloom que les femmes sont inférieures aux hommes, qu'elles doivent être voilées et séparées et que, étant donné qu'elles sont moins intelligentes, on ne doit rien leur enseigner au-delà de l'âge de huit ans. Les deobandis entendent revivifier l'Islam en le purifiant de toute influence étrangère, de toute impureté et de toute hérésie. Ils sont, en particulier, farouchement opposés au chiisme, mais aussi à la mystique soufie. Le régime taliban, créé par des deobandis et ardemment soutenu par Darul Uloom, donne une idée assez juste du type de régime que les deobandis souhaitent voir s'instaurer dans le monde.

Le LJ, qui a été créé, en 1995, par Riaz Basra, est l'une des plus petites et des plus mystérieuses organisations islamistes armées du Pakistan. Probablement organisées sur une base clanique, voire familiale, ses cellules ne regrouperaient pas plus d'une centaine de militants. Selon les autorités, le LJ serait lié à l'enlèvement et à l'assassinat de Daniel Pearl, ainsi qu'à l'attentat de Karachi contre des techniciens et ingénieurs français de la DCN (mai 2002) et à l'attaque du consulat américain de la même ville en juin 2002. Mais les enquêtes n'ont conduit à aucune arrestation de militants du LJ. Par ailleurs, le LJ serait impliqué dans diverses attaques contre des cibles chrétiennes et dans des attentats visant la communauté chiite du Pakistan. Notamment ceux qui ont été commis en mai 2004 et ont coûté la vie à des dizaines de personnes.

Mouvement islamique du Turkestan oriental (Chine)

L'ETIM (acronyme anglais), une petite organisation basée dans la province du Xinjiang, prône l'indépendance des territoires occupés par l'ethnie ouïghoure et leur rattachement à un califat qui engloberait tout ou partie de la Turquie, du Kazakhstan, du Kirghizstan, du Pakistan, de l'Afghanistan et du Xinjiang.

En mai 2002, deux militants de l'ETIM qui préparaient apparemment un attentat contre l'ambassade américaine au Kirghizstan ont été arrêtés. Les liens de l'ETIM avec la mouvance djihadiste sont avérés mais probablement assez limités. Les effectifs de l'organisation sont inconnus mais sans doute assez faibles si l'on tient compte du fait que la grande majorité de l'ethnie ouïghoure ne soutient pas le projet de califat de l'ETIM.

Régiment islamique à destination spéciale (Tchétchénie)

Le Régiment est l'une des trois organisations islamistes armées en Tchétchénie. Il a été créé par Movsar Barayev et a participé, avec le Bataillon Riyadus-Salikhin et la Brigade islamique internationale, à la prise d'otages du théâtre Doubrovka, à Moscou, le 23 octobre 2002. Movsar Barayev a été abattu à l'issue de cette opération, de même que tous ses camarades. Le successeur de Movsar Barayev est un certain Khamzat, dont l'identité exacte n'est pas connue. Le groupe compterait une centaine de membres spécialisés dans les attaques contre les troupes russes et les enlèvements d'Occidentaux à fin de rançon. Il pourrait comprendre, entre autres, des anciens des forces spéciales soviétiques (l'expression « à destination spéciale » désignait, entre autres, dans l'Armée rouge, les unités spéciales dites *spetsnaz*.)

Bibliographie sélective

Les lecteurs qui voudraient prolonger leur réflexion, ou explorer le contexte politique ou religieux dans lequel se développent l'islamisme radical et le djihadisme, trouveront ci-dessous quelques orientations bibliographiques récentes. Quand une édition française de l'ouvrage existe, c'est elle qui a été retenue.

Sur Al-Qaïda et la mouvance du djihad

Armesto, Marie-Rose, *Son mari a tué Massoud*, Paris, Balland, 2002.

Bergen, Peter, *Guerre sainte multinationale*, Paris, Gallimard, 2002.

Émerson, Steve, *American Jihad : The terrorists living among us*, New York, The Free Press Paperbactus, 2002.

Farah, Douglas, *Blood from stones : the secret financial network of terror*, New York, Broadway Books, 2004.

Fouda, Yosri et Fielding, Nick, *Les Cerveaux du terrorisme. Le 11 septembre raconté par ceux qui l'ont commis*, Paris, Éditions du Rocher, 2003.

Gunaratna, Rohan, *Inside Al Qaeda, Global Network of Terror*, New York, Columbia University Press, 2002.

Moussaoui, Abd Samad, *Zacarias Moussaoui, mon frère*, Paris, Denoël, 2002.

Reeve, Simon, *The New Jackals : Ramzi Youssef, Osama Bin Laden and the future of terrorism*, Londres, André Deutsch, 1999.

Sifaoui, Mohamed, *Mes « frères » assassins : comment j'ai infiltré une cellule d'Al-Qaïda*, Paris, Le Cherche-Midi, 2003.

Sur le contexte général du djihad

Abou Zahah, Mariam et Roy, Olivier, *Réseaux islamiques. La connexion afghano-pakistanaise*, Paris, Autrement, 2002.

Baer, Robert, *Or noir et Maison Blanche : comment l'Amérique a vendu son âme pour le pétrole saoudien*, Paris, Jean-Claude Lattès, 2003.

Basbous, Antoine, *L'Arabie Saoudite en question*, Paris, Perrin, 2002.

Carlos (Ilitch Ramirez Sanchez), *L'Islam révolutionnaire* (textes et propos recueillis, rassemblés et présentés par Jean-Michel Vernochet), Paris, Éditions du Rocher, 2003.

Cooley, John K., *CIA et Jihad 1950-2001*, Paris, Autrement, 2002.

Géré, François, *Les Volontaires de la mort. L'arme du suicide*, Paris, Bayard, 2003.

Ghandour, Abdel-Rahman, *Jihad humanitaire. Enquêtes sur les ONG islamiques*, Paris, Flammarion, 2002.

Khosrokhavar, Farid, *Les Nouveaux Martyrs d'Allah*, Paris, Flammarion, 2002.

Laïdi, Ali, *Le Jihad en Europe, les filières du terrorisme islamique*, Paris, Le Seuil, 2002.

Murawiec, Laurent, *La Guerre d'après*, Paris, Albin Michel, 2003.

Primakov, Evgueny, *Le Monde après le 11 septembre et*

la guerre en Irak, Paris, Presses de la Renaissance, 2003.

Racine, Jean-Luc, *Cachemire. Au péril de la guerre*, Paris, Autrement, 2002.

Sur le terrorisme international

Chaliand, Gérard et Blin, Arnaud (sous la direction de), *Histoire du terrorisme, de l'Antiquité à Al-Qaïda*, Paris, Bayard, 2004.

Combs, Cindy et Slann, Martin, *Encyclopedia of Terrorism*, New York, Checkmark Books, 2003.

Hoffman, Bruce, *La Mécanique terroriste*, Paris, Calmann-Lévy, 1998.

Moniquet, Claude, *La Guerre sans visage : de Waddi Haddad à Oussama Ben Laden, les réseaux de la peur*, Paris, Michel Lafon, 2002.

Sur le contre-terrorisme et ses stratégies

Baud, Jacques, *La Guerre asymétrique ou la Défaite du vainqueur*, Paris, Éditions du Rocher, 2003.

Clarke, Richard A., *Against all Enemies : Inside America's war on terror*, New York, Free Press, 2004.

Miniter, Richard, *Losing Bin Laden, How Clinton's Failures unleashed Global Terror*, Washington, Regnery Publishing, 2003.

Moniquet, Claude et Étienne, Genovefa, *Histoire de l'espionnage mondial*, vol. II : *De la guerre froide à la guerre antiterroriste*, Paris, Éditions du Félin, 2002.

Weiss, Murray, *The man who warned America : the life and death of John O'Neill, the FBI's embattled counterterror warrior*, New York, Regan Books, 2003.

Sur l'Islam et l'islamisme

Dictionnaire mondial de l'islamisme, Paris, Plon, 2002.
Ramadan, Hani, *L'Islam et la dérive de l'Occident*, Paris, Maison d'Ennour, 2001.
Ramadan, Tariq, *Ce que je crois* (entretiens avec Jacques Neirynck), Paris, Favre, 2004.
Ramadan, Tariq, *Jihad, violence, guerre et paix en islam*, Lyon, Tawhid, 2002.
Ternisien, Xavier, *La France des mosquées*, Paris, Albin Michel, 2002.
Zarka, Yves-Charles (sous la direction de), *L'Islam en France* (numéro hors série de la revue *Cités*), Paris, Presses universitaires de France, 2004.

Index

Remerciements

Une fois de plus, j'en ai bien peur, les remerciements constituent un exercice périlleux. Non pas tant que je craigne d'oublier quelqu'un, mais beaucoup de ceux qui ont contribué à ce travail ne souhaiteraient certainement pas voir leur nom cité ici.

Tout d'abord, ce livre n'aurait pas été possible sans la confiance et la patience de Bernard Lefort, mon éditeur et ami. Il a réussi à convaincre Zéline Guéna que, si je n'étais pas l'homme le plus drôle de la terre, les quelques petites choses que j'ai apprises sur la mouvance du djihad ces dernières années valaient la peine d'être rassemblées en un tout cohérent. J'espère que mes retards ne leur auront pas causé trop de cheveux blancs. À tous deux, merci.

Ensuite, une partie de mes recherches, depuis trois ans, a été facilitée par les financements obtenus grâce à mes collaborations avec la chaîne CNN et les hebdomadaires *VSD* et *Ciné Télé Revue* qui m'emploient tous trois comme consultant. Que Christian Moguérou, Christophe Gautier et Marc Deriez soient ici remerciés. De même que Henry Schuster, Christian « Fuzz » Hogan, et Sheila McVicar qui a quitté la barque CNN et vogue désormais sur CBS-News.

J'ai largement bénéficié de l'accueil qui m'a été fait dans plusieurs *think-thanks* américains et des conversations passionnantes que j'ai pu y avoir. Notamment avec :

Laurent Murawiec et Ken Weinstein (Hudson Institute), Jeremy Shapiro (The Brookings Institution), Mark Dubowitz et Clifford May (The Foundation for the Defense of Democracies), Bruce Hoffman, Seth Jones, William Rosenau et Kevin O'Connell (Rand Corporation), Erik Peterson, Thomas Sanderson et Arnaud de Borghrave (Center for Strategic & International Studies), James Phillips (The Heritage Foundation), Matthew Levitt (The Washington Institute For Neart East Policy), Michael Ledeen (American Enterprise Institute). De plus, Jason Isaacson et Rosalinda Seldowitz, du Transatlantic Institute, m'ont permis de faire de très intéressantes rencontres en m'invitant à participer à un panel international d'experts après les attentats du 11 mars 2004.

Des diplomates et responsables politiques m'ont également apporté une aide précieuse en m'éclairant sur la manière dont leurs pays percevaient la menace djihadiste et s'en défendaient. C'est le cas de Michael Fitzpatrick, Hans Wechsel, Peter Kujawinski, Van Reidhead et Marc Norman (Departement d'État américain), de Mark Helmke (Senat américain), de Richard Mereu et Vincent Morelli (Chambre des représentants américaine), de Malek Twal (ministère jordanien des Affaires étrangères), de Daniel Saada (ministère israélien des Affaires étrangères) et d'Oussama Romdhani (Agence tunisienne de communication extérieure).

D'autres ne peuvent, je l'ai dit, être cités ici : ce sont souvent des diplomates de pays dits « sensibles » et des membres de la communauté du renseignement et des services de police. Qu'ils sachent, pourtant, que je suis très conscient de ce que je leur dois. Je pense en particulier à Alain, Alekseï, André, Bernard, Christian, Gilles, Mark, Matthieu, Nourredine, Patrick, Paul.

Tout au long des presque trois années qui se sont écoulées depuis les attentats du 11 septembre, j'ai eu de très intéressants échanges avec d'anciens confères (et d'anciennes consœurs) journalistes. En particulier avec : Marie Rose Armesto (RTL), Osnat Attali (Israeli News Agency), David Beriain (*La Voz de Galicia*), Philippe Brewayes (*Le Soir Magazine*), Noureddine Fridi (Middle East Broadcasting Centre), Mike Gonzales (*The Wall Street Journal*), Cathrine Lochstoer (Norvegian Broadcasting Corporation), Wayne Madsen (Elsevier), Guy Vanden Noordgate (Nara Press), Ben Van der Velden (NRC Handelsblad).

Je dois encore remercier l'équipe de l'European Strategic Intelligence and Security Center (ESISC), le centre de recherches que je dirige, pour sa confiance, son amitié et son soutien. En particulier Frédéric Moser et Ingrid Morvan. Et surtout Genovefa Étienne, ma complice depuis dix-sept ans maintenant et sans laquelle rien ne serait possible.

Merci aussi aux amis qui m'ont soutenu et supporté : William Racimora (près d'un quart de siècle de patience !), mais aussi Corentin de Salle, Drieu Godefridi, Frank Nouma ou Joël Rubinfeld.

Enfin, une mention particulière pour Raïssa, Rantanplan, Alba et Cheyen, quatre chats qui, au fil des années, ont appris à se mouvoir entre les piles de documents et de livres sans les renverser et à ne pas réclamer leurs repas à des heures indues, et qui, pourtant, se font toujours respecter. Ce pourrait être pour eux que Françoise Giroud a écrit : « On ne possède pas un chat, c'est lui qui vous possède. »

En dépit de ces nombreux concours, il se peut que des erreurs demeurent dans mon texte ou que certaines de mes interprétations soient erronées. Il va de soi que ces faiblesses et manquements ne pourraient être imputés qu'à moi-même…

Table des matières

Composition : Facompo, Lisieux